THE UNTOLD INSIDE STORY OF THE BRIAN CASHMAN ERA

布萊恩·凱許曼打造棒球王朝的經營革命

# 洋基之道

# THE yankee WAY

"Andy Martino has uncovered the secret sauce behind the Yankees' sustained excellence."
— **Michael Kay**

**Andy Martino**
安迪·馬提諾
文生大叔——譯

此書獻給露比

那些你聽過的洋基隊秘辛全是錯的。

——布萊恩·凱許曼，洋基隊總經理，一九九八年至今

那，要不要讓我把真相寫出來？

——我對凱許曼說

# 目錄

作者的話 9
前言　「這場比賽根本是隻怪物」 11

第一部　吉恩・麥寇爾、喬治・史坦布瑞納，還有飛天熱狗

1　谷底 31
2　吉恩・麥寇爾駕到 39
3　比利來了；比利走了；再來一次 48
4　建立王朝的棒球哲學 58
5　「別看球」 63
6　老棍再度領導洋基隊 71
7　比利・艾普勒問了對的問題 82

第二部 布萊恩·凱許曼的洋基之道


8 布萊恩馴了一匹馬 89
9 開始實習 99
10 從比利到巴克 107
11 洋基隊的秘方 118
12 洋基之道 139
13 大老闆回歸，休瓦特和那群渾蛋最好打進世界大賽 156
14 那些渾蛋沒打進世界大賽 172


第三部 王朝


15 「小鬼，你準備好了嗎？」 181
16 布萊恩上陣了 192
17 早年那些人事內幕 197
18 「翻天覆地」，迎接更多勝利 214

## 第四部　德瑞克、艾力克斯，還有喬


19「好」，基特終於同意了　231
20 起源　237
21 漫長的前行　247
22「真的像要殺了他一樣」　270
23 垃圾話　280
24 療傷、贏球、爭鬥　295


## 第五部　進入新世代


25 下一個前線　313
26 發明新數據　320
27 遺留至今的老毛病：他媽的閉嘴　330
28 取代一個偶像　342
29 新核心、新文化、全新的挑戰　362

30 格瑞特・寇爾和查克・布里頓：解析洋基隊的資訊分析 375
31 新領袖 392
32 亞倫・賈吉極度不尋常、極度讓人焦慮的自由球員之路 411
33 最後要解決的一件小事：「這真的值得嗎？」 429
感謝 439
參考資料 443

# 作者的話

我採訪紐約的棒球新聞已經有十五年，這本書的內容來自於我累積的人脈關係、第一線的觀察，以及多年來對球員、老闆、球團高層、總教練、教練團、球探、經紀人的深入訪談。

打從二〇二一年我開始專注寫作這本書起，布萊恩・凱許曼和我就非常清楚這不是一本他的書，也不是一本我們合寫的書，但是他仍然在二〇二一年至二〇二三年間同意接受了大約十幾次的獨家訪問，包括在電話上、在洋基球場他的辦公室、在球場上、在球員休息區，還有一部分則是透過電話簡訊；他受訪的唯一條件就是我必須要訪問許多其他的相關人士，並且不能把這本書說成是他的書，而這與我原先的計畫完全相符。除此之外，有部分內容來自於二〇一八年我在凱許曼辦公室進行的一次深入訪談。

大部分的採訪對象都同意具名受訪，我在書中都有明確陳述，有些消息來源則因為內容敏感而要求隱匿身份，這些在書中也都做了說明；參考資料中所引用的書籍和文章對於這本書至關重要，但是德瑞克·基特（Derek Jeter）和艾力克斯·羅德里奎茲（Alex Rodriguez）都分別透過代表婉拒了受訪。

# 前言 「這場比賽根本是隻怪物」

四十七歲的德瑞克．基特體態勻稱，走路時的步伐帶著一股天生的霸氣，從上個世紀結束前就一直保持著沒變。

二〇二一年九月八日早上，基特漫步走進紐約古柏鎮奧特沙嘉渡假旅館的大廳，他的肩膀挺直，下巴微揚，和他一起的是另一位同樣滿是自信的洋基傳奇人物，瑞吉．傑克森（Reggie Jackson）。

傑克森比基特年長接近三十歲，看起來和他差不多健壯，而且同樣時髦；他說話時帶著一抹得意的笑，毫不掩飾的流露出他的自信，但微笑時隱約下沉的嘴角，卻也顯得他對周圍的一切都覺得只是有趣，他戴著細框眼鏡，唇上蓄著的小鬍子修剪得整齊無比。

整個奧特沙嘉的陳設完全配得上這些名人堂大人物的身份，他們每年定時蒞臨，就為了參加新一屆的名人堂入堂儀式。旅館在一九〇九年落成，大廳前方是一個氣派的、有白色柱子圍繞的正門，背後的露臺可以俯瞰整個奧齊戈湖；奧齊戈湖以湖水波光粼粼著稱，被當地居民暱稱為微光鏡，每年所有尚在世的名人堂成員都會聚集在這個露臺上，參加一場專屬於他們的宴會。

站在入口處左側華麗地毯上的，是一個對這周圍華麗的一切毫無知覺的中年男子，他的心思始終牢牢的被卡在他的辦公室裏，也離不開他的手機，那是布萊恩．凱許曼（Brian Cashman），他正在倒咖啡。

他五十四歲了，身高五呎七吋，光亮的頭頂搭配著周圍和後腦一圈密密梳理過的直髮；紐約洋基隊，這支他從一九九八年起就擔任總經理的球隊，已經逐漸接近這個球季的尾聲，這是他所經歷過最折磨人的一個球季。

前一天晚上，多倫多藍鳥隊（Toronto Blue Jays）剛剛以五比一打趴了洋基隊，擊敗了身價三億兩千四百萬美元的王牌投手格瑞特．寇爾（Gerrit Cole），也在洋基隊晉級季後賽的路上又設下了阻礙；比賽的內容總是讓凱許曼的腸胃翻攪，他那平淡的語調和不帶情緒的凝視只是為了要掩飾他內心的風暴。

然而今天他必須要到古柏鎮來，身為一個傳奇球隊的掌舵者，他的職責之一是必須到這裏來見證球員被引進名人堂這個聖殿；特別是當這位球員完完全全定義了凱許曼在洋基隊這段期間的成敗，不管這位冠軍游擊手和這位冠軍主管之間的鴻溝已經變得有多深，他都必須要出席。

凱許曼站在不銹鋼咖啡桶邊，緩緩啜飲著他第一口滾燙的咖啡，他注意到目前擔任電視球評的前大聯盟球員哈洛德．雷諾斯（Harold Reynolds）也在一旁；他們聊了幾句，然後凱許曼就注意到逐漸接近的基特和傑克森。

「嘿，」基特對凱許曼打了個招呼，「如果你有空的時候，我們可以聊一下嗎？」

現在正是最好的時機，於是他們兩人離開了傑克森和雷諾斯，沿著長廊走了下去。

凱許曼猜想，現在身份已經是邁阿密馬林魚隊執行長的基特，大概是想要尋求許可，要面試哪位洋基隊的高階主管或是教練吧？自從四年前踏入球團經營的領域之後，基特已經從凱許曼手下挖角走了好幾位員工。

不過這次他猜錯了，基特心裏有更重要的事想說：他想把他們兩人之間的一切糾葛都做一個了結，就算只是為了他自己內心的平靜也好。

「他直接開口就說，『嘿，我只是想要感謝你在我職業生涯中為我所做的一切，』」凱許曼敘述了當時的狀況，「『我知道我們有過一些問題，但對我來說，那些都過去了，現在我到了球團經營者這一邊，對於所有的一切有了全新的體認；我想要感謝你所做的一切，從我的角度來看，我們之間不該再有什麼不愉快了。』」

基特的話出乎了凱許曼意料之外，他們兩個都是神獸般的人物，一個和喬．迪馬喬（Joe

DiMaggio）[1]、米奇・曼托（Mickey Mantle）[2]、尤吉・貝拉（Yogi Berra）[3]等傳奇球員並列，另一個則是洋基隊歷史上任期最長的總經理，帶領著洋基隊建立起最後一個洋基王朝，直到職業棒球的規則變得讓王朝幾乎再也不可能出現。

不管在公開場合還是在私底下，他們兩人都曾有過意見衝突、對彼此表達過不滿，甚至對事件也有過完全不同的記憶，和解幾乎是一個不可能的選項；但是現在它就這麼突然的發生了，終於，他們兩人一起鬆了一口氣。

「從我的角度來看，我只能跟他說『兄弟，老實說我也不好過，因為我覺得有些人對你說了謊，』」凱許曼說，「『一直以來我對你的一切都是誠實以待，我覺得有很多人因為你是大明星而沒辦法對你實話實說，因為他們害怕會失去你的友誼，但我只是盡我的職責而已。』」

凱許曼沒說到底是哪些人說了謊，這兩位洋基領袖一起經歷了太多太多，那些細節在他們彼此之間已經不重要了。

後來凱許曼說，「我很感激有那次機會，能夠把話這樣子說開是一件好事。」

事實上，這二十多年來有太多的情感堆疊在他們之間需要被消化，在凱許曼領導洋基隊的長篇故事情節中，有些人物角色當時正好也在那美輪美奐的度假旅館裏，像是喬・托瑞（Joe Torre）、馬里安諾・李維拉（Mariano Rivera）、艾力克斯・羅德里奎茲、還有現在已經過世了的喬治・史坦布瑞納（George Steinbrenner），這些全都是傳奇人物；但他們也全都是個人意志堅定、情感豐沛，卻各自帶有不同人格缺陷的英雄角色，他們的聚集創造了這個完美的時代，也攜手寫下了現代棒球最偉大的故事，難以再有來者。

## 所以，總經理到底要做些什麼？

在古柏鎮和基特短暫交談之後的第二年，凱許曼悄悄達成了一個屬於他個人的里程碑，他超越了艾德．巴洛（Ed Barrow），成為這支世界最知名的運動隊伍歷史上在位最久的總經理。

「總經理」（General Manager）這個職位在棒球界其實是有點難以定義的，我們可以理解在現代棒球裏，總經理就是那個把球隊組建起來的人，但是實際上職稱和職責多年來已經經過了許多改變。

1 喬．迪馬喬是美國棒球名人堂成員，效力紐約洋基隊十三個球季，每年皆入選明星隊，曾三度獲得美國聯盟最有價值球員，並保有連續五十六場比賽皆擊出安打的紀錄，是美國職棒史上最偉大的球員之一。

2 米奇．曼托是美國棒球名人堂成員，接替迪馬喬成為紐約洋基隊固定的先發中外野手，以長打火力著稱，曾三度獲得美國聯盟最有價值球員，四度獲得美國聯盟全壘打王，並於一九五六球季獲得三冠王。

3 尤吉．貝拉是美國棒球名人堂成員，效力紐約洋基隊十八個球季，每年皆入選明星隊，曾三度獲得美國聯盟最有價值球員，並於退役後轉任教練，被認為是美國職棒史上最偉大的捕手之一。

在十九世紀和二十世紀初，有些球團老闆和球隊總裁，像是芝加哥白襪隊（Chicago White Sox）的查爾斯·克明斯基（Charles Comiskey）和匹茲堡海盜隊的巴尼·德來弗斯（Barney Dreyfuss），他們會親自挑選球員；但其他的球隊就可能由強勢的總教練來負責這項工作，例如當年紐約巨人隊的約翰·麥格勞（John McGraw）。

二十世紀和二十一世紀初開始掀起的潮流，則是把「總經理」這個職稱套在球隊名單的建構者身上，這股風潮流行起來之後，甚至連整個產業每年球季結束後的第一個重大會議，都被命名為總經理會議。

近年來球隊高層又為這些職稱加上了新的變化，發明出像是棒球事務總裁（President of Baseball Operations）或是棒球執行長（Chief Baseball Officer）之類的職稱，然後由這些人來聘雇球隊的總經理；實際上這些「總經理」比較像是「總裁」和「執行長」的助理，而那些總裁和執行長的職務內容才像是我們所熟知的總經理。

要理解這些職稱命名演變的道理，最好的方式就是稍微深入探索一下現代職棒球隊的整體架構。

在球團老闆之下通常會是一位球隊總裁，以洋基隊來說，藍迪·拉文（Randy Levine）自二〇〇〇年起就一直在這個位置上；在那之下則是各個部門的最高主管，棒球事務、商業事務、行銷宣傳、媒體公關等等。

自一九九八年起，凱許曼就主管著洋基隊的棒球事務部門，「總經理」這個職位在他接任時是業界常規，所以他一直保持著這個職稱至今；但是位在紐約市的另一端，大都會隊職務和他完全相同的的大衛．史登斯（David Stearns），他在二〇二三年加盟球隊時的職稱則是棒球事務總裁。

凱許曼和史登斯都必須負責管理球隊的大聯盟球員名單、小聯盟農場系統、總教練人選、教練團人選、肌力與體能訓練，以及其它所有與球隊勝負息息相關的大小事項，它們的工作內容是完全一樣的。

在洋基隊歷史上，巴洛自一九二一年至一九四四年期間同時也具備了商業事務經理以及球隊總裁這兩個職稱，但是他實際的工作內容就和我們現在所理解的球隊總經理一樣。

對於一般球迷來說，他們原本根本就不在意這些職稱和職務內容上的改變，直到二十一世紀初期的一件重大發展改變了他們的看法，那就是麥可．路易斯（Michael Lewis）所著作的暢銷書《魔球》（*Moneyball*）正式面世；這本書以戲劇化的手法記述了奧克蘭運動家隊總經理比利．比恩（Billy Beane）如何以數據和創新的管理方式來組建球隊，以及他的種種新穎想法和做法。

這本書讓球隊總經理們得到了新的關注，而且剛好遇上「夢幻總教頭」（Fantasy Sports）遊戲的普及性正在爆炸性的成長；這類遊戲讓參與者扮演球隊總經理來管理虛擬的球隊，也讓真實世界的總經理一個個都成了名人，連電影中的比恩都是由布萊德．彼特（Brad Pitt）來扮演。

也因為如此，比恩成為了所有棒球事務主管中名聲最響亮的一位，但他堅持認為凱許曼才是有史以來最優秀的職棒總經理。

「光看布萊恩（凱許曼）的成就，我會說他是職業棒球歷史上最偉大的主管，」比恩說。「他拿過四次冠軍，而且資歷又最久，就像湯姆・布雷迪（Tom Brady）[4]的生涯成就一樣，從主管的角度來看，他就是所有總經理中的湯姆・布雷迪。」

在古柏鎮一共有七位球隊總經理因為生涯成就而被選入名人堂：艾德・巴洛、喬治・懷斯（George Weiss）、布蘭奇・瑞基（Branch Rickey）、賴瑞・麥克菲爾（Larry MacPhail）、李伊・麥克菲爾（Lee MacPhail）、派特・吉利克（Pat Gillick），以及約翰・薛爾霍茲（John Schuerholz）；先後終結了波士頓紅襪隊和芝加哥小熊隊世界冠軍魔咒的西歐・艾普斯汀（Theo Epstein）總有一天會加入他們，另一位大概會是曾經率領舊金山巨人隊拿下三次冠軍的布萊恩・塞比恩（Brian Sabean）。

在比恩眼中，凱許曼的成就遠遠高過這些人，事實上，當在電話訪問中被問到凱許曼是否夠資格被選入名人堂時，比恩甚至忍不住提高聲量來表達他認為這個問題有多荒謬。

「你看看主管人員被選進名人堂的衡量標準，然後你看看其他人的那些成就，他完完全全把所有人都打趴啊！」比恩說。

「他拿過好幾次冠軍，他職業生涯這麼久，所有你能想到的條件他都符合，所以光是要討論他夠不夠資格，以我所能理解的名人堂入堂標準來看，根本就是一件荒謬離譜的事。」

「名人堂怎麼可能不選他進去？這問題對我來說根本就不應該被問，老實說，如果你要講到布萊恩的話，『準名人堂』這幾個稱號應該就要固定跟著他的名字；也許聽起來有點老套，但這就是件毫無疑問的事，老實說，你格局應該再大一點，跳出棒球圈好了，在整個運動產業裏有誰比布萊恩厲害？」

不是只有比恩一個人這樣想，塞比恩曾經在一九八〇年代末到一九九〇年代初和年輕的凱許曼共事，後來他搬到了舊金山市（San Francisco），以和比恩完全不同的另一套哲學來管理與其相鄰的巨人隊；塞比恩對於傳統的球探評鑑較為注重，勝過他對資料與數據分析的重視，但是儘管管理哲學大相逕庭，塞比恩對凱許曼的看法卻和比恩完全一致。

「布萊恩是棒球歷史上最偉大的總經理，」塞比恩說，完全不知道比恩也幾乎一字不差的說過同一句話。

「人們對他的要求比天還高，他們是一個豪門，在那個城市、在那支球隊，你不可能退下來

4 湯姆．布雷迪在二十三年的職業美式足球生涯中一共獲得七次超級盃（Super Bowl）冠軍，其中五次為冠軍賽最有價值球員，並三度獲選為全聯盟最有價球員，保有多項四分衛紀錄，包含生涯最高二百五十一勝、生涯最高六百四十九次傳球達陣成功，以及生涯最高季後賽三十五勝等等，普遍被認為是職業美式足球史上最偉大的四分衛。

喘一口氣說，『啊！我們要重建，或是稍微調整一下，』他每年都要想辦法贏下分區、努力在季後賽晉級，然後打贏世界大賽；他每天都要面對這一切，因為他不可能像很多其他球隊那樣，放慢腳步等個幾年再說，球隊老闆不會准的，球迷也忍受不了。」

「那是個沉重的壓力，這場比賽根本是隻怪物，你每天都要面對它，他一年三百六十五天都在面對它，而且每天都得拼命打贏。」

如果凱許曼的競爭對手們真的仔細想想，他們就會對他的種種成就感到驚駭。在他的領導之下，洋基隊的戰績勝率從來都沒有掉到五成以下過，他們從一九九三年就開始保持著五成以上的勝率，而那時的凱許曼已經是總經理吉恩．麥寇爾（Gene Michael）部門裏的重要幕僚。

在這段期間，沒有任何一支球隊連續保持五成勝率的年數到達過洋基隊的一半；真要說的話，歷史上除了洋基隊之外，從來就沒有任何一支球隊曾經這樣連續二十五年都保持勝率超過五成。

從凱許曼接任總經理之後一直到二〇二三年球季結束為止，洋基隊一共打了四千一百〇八場比賽，這其中只有二十二場比賽是洋基隊已經完全被排除在季後賽之外的狀態，這是所有競爭對手都根本無法想像的；他是所有世界冠軍中最年輕的球隊總經理，而且是唯一一位在第一次接任總經理之後就連續三年都贏得冠軍。

質疑凱許曼的球迷會批評說洋基隊自二〇〇〇年之後只贏過一次冠軍，而且已經超過十年沒有封王了，這嚴重違反了球團老闆喬治・史坦布瑞納多年以來所建立起的軍令：沒有拿下世界冠軍的球季，就是一個失敗的球季。

隨著每一年過去，球隊內外越來越緊繃，挫敗沮喪的球迷開始一一檢視那些失敗的交易和未能成材的潛力新人，這些在凱許曼的帳上多不勝數；他自己在八月的一場記者會上也說，二〇二三年球季就是「一場災難」，最後洋基隊甚至被淘汰在季後賽門外，這是二〇一六年以來的第一次。

到了九月，球迷們不滿的情緒已經到了高峰，有球迷甚至在球場拉起了「開除凱許曼」的標語；洋基隊連續第三十一年創下了超過五成的戰績勝率，這也是美國職棒歷史上第二長的紀錄，僅次於一九二六年至一九六四年時的洋基隊，但八十二勝八十敗這樣的戰績遠遠不到凱許曼的標準，也無法滿足他身邊的那些目光。

進入二十一世紀之後，洋基隊職業運動豪門巨擘的身份面臨了新的挑戰，競賽方式的改變讓那些終日緬懷過去一九五〇和一九九〇年代冠軍王朝的球迷難以再得到滿足；季後賽的規模逐年從兩隊變成了十二隊，要打進季後賽比過去容易了很多，但是要熬過那麼多輪的挑戰就比過去要艱難多了。

洋基隊在凱許曼接任總經理之後連續贏得了三次世界冠軍，最後一次是在二〇〇〇年，但是在那之後再也沒有球隊曾經衛冕成功過；雖然舊金山巨人隊、休士頓太空人隊，以及波士頓紅襪隊在二十一世紀都曾經不只一次贏得世界冠軍，但是超過一個世紀以來整個職業棒球界所定義的「王朝」卻已經不復存在。

但是這本書並不是為了洋基隊的冠軍王朝和爭冠失利而寫，至少那不是重點，這本書寫的是職業棒球運動長久以來的轉型與改變；比起單單一支球隊每年的成敗與世代的興衰，整個大環境的故事要重要得多了。

簡單的說，自一九八六年十九歲的凱許曼加入洋基隊擔任實習生以來，這支球隊的每一個篇章就拼湊出了職業棒球在這段期間的完整故事；洋基隊的歷史傳統比任何其他球隊都深厚，而現在他們創新的腳步也和其他球隊不相上下，他們沉浸在數據資料和尖端科技裏，但也依然重視老派的球探評鑑。

從傳統到創新，從直覺到分析，從總教練掌管大局到總經理操控一切，百餘年來被稱做是國球的棒球運動，現在的面貌已經和過去截然不同。

在一九八〇年代，大多數的棒球主管們都是由球員轉任，而現在的這些主管們來自華爾街、常春藤，以及各種工程學院的博士班，有些甚至是貨真價實的火箭科學家；有些過去的老規矩被一刀兩斷，但新的業界常規也隨之而生。

這些職業棒球環境的大幅進化會讓人想要從洋基隊高層的角度來寫這支球隊的故事，記錄這支球隊在球場上戰績表現的書很多，但是這本書希望能從球隊主管的層面來解析洋基隊的運作方式，以及他們是如何面對這快速變遷的業界環境。

洋基隊不僅僅只是一支球隊而已，不管你對他們是愛是恨，他們是一個強勢的國際品牌；然而凱許曼親口說過，洋基隊的故事常常被人傳頌，但是從來都不正確。

「那些你聽過的洋基隊秘辛全是錯的。」凱許曼不只一次這樣跟我說過。

於是有一次我直接問他，「那，要不要讓我把真相寫出來？」

我認識凱許曼已經好多年了，多年來對他的報導和訪談也讓我從他口中聽到許多他在球隊內部的經歷，這些都被要求過不得公開；第一次見面時他才加入洋基隊幾年，而我正在新聞學院的碩士班進修，想要寫一篇關於他和洋基隊的文章來做為報告，後來我成為《紐約日報》的記者，又轉職到紐約體育電視網擔任記者和播報員，我們的交情也越來越好。

我們之間有一定程度默契，而他似乎也覺得我每天的報導內容算是公正，所以我總覺得要說服他接受訪問讓我寫一本關於洋基隊和他的書，應該不是一件太難的事。

我錯了，二〇二一年十月我撥了電話給凱許曼向他解釋我的想法，並問他是否願意接受訪問做為書的內容，他一下子就變回了那個公眾眼光下的他，沉默而難以捉摸。

「我想寫一本書，內容和你在洋基隊的這段時間有關，所以我希望能訪問你，」我是這樣問的。

他沉默了幾秒鐘。

「好，」他終於開口回答的時候，但是語氣中並沒有同意的意思，反而比較像是「好，我聽到你剛剛說的了，但是我並沒有要做任何回應。」

為了打破沉默，我開始解釋我想要寫的內容，就像我前面寫的那一大段那樣，像是在凱許曼領導之下的洋基隊就足以代表整個產業的演變等等。

「好，」他又回給我一個字，而且語氣就和前一次一樣平淡。

我結結巴巴的回覆他說我會盡快跟進。

「好，」凱許曼說。

幾個星期之後是大聯盟一年一度的總經理會議，這是每年球季結束後的第一件大事，所有球隊人員齊聚一堂，初步討論一些交易球員的構想或是簽下自由球員的可能性，這一年，球隊主管和媒體人員全都悄悄集合在加州的卡爾斯巴德（Carlsbad）。

會議第一天早上剛過六點，凱許曼和我都還在過東岸時間[5]，我們同時走進了咖啡店。

「要不要坐下來聊一下那本書？」我問。

「好啊！」他答。

我再一次企圖說動他，但大多時候他的目光都落在我肩膀後方。

「你有什麼擔心的事嗎？」我問他。

「沒有，」他說，「我只是在想事情。」

「還是你覺得我不要再拿這件事煩你，不要寫了？」

「不會，你還是可以再問我。」

好……吧。

接下來整整六個月我偶爾會再提起這個話題，但是最後我決定最後一次和凱許曼清楚說明：這不會是一本傳記，更不會是他個人的回憶錄或是我們的共同著作。

這本書絕對會跟他有關，但是也會寫到洋基隊歷史上的那些重要角色，像是吉恩·麥寇爾、比利·馬丁（Billy Martin）、比爾·利弗賽（Bill Livesey），當然也會有明星球員；這些人成就了洋基隊的獨特之處，也只有他們的故事才能讓人更清楚理解凱許曼所經歷的年代。

這會是一本關於整個洋基隊球團的書，整個年代、整個棒球界都會被寫在裏面，我計畫要訪問現任及過去的洋基隊主管高層、總教練、教練團、球探、球員，甚至球隊裏各個不同層級的員工，還有聯盟裏的其他競爭球隊，這些訪談內容都不會讓凱許曼檢視。

「這樣啊！」他終於有了反應，「如果你是想寫那樣的書，那我完全沒有立場不准你寫啊！」

於是他同意將會接受我的深度訪問，也願意為他所陳述的內容在書中具名。

5 加州位於美國西岸，和東岸有三小時時差，加州早上六點時，位於東岸的紐約已經是早上九點。

凱許曼的遲疑是有道理的，他的工作已經夠忙碌，而因為我的這本書，他現在要比平常花更多時間和我說話，而且他必須信任我，由我這樣一個外人來撰寫這本與他職業生涯息息相關的書，這對他來說確實承擔了一些風險。

不管怎麼說，凱許曼在這個過程當中，對於訪談的時間或是他所提供的幕後消息都是非常配合的，不管洋基隊的戰績是好是壞，在寫作這本書的兩年之中，他從來沒有拒絕過我撥去的電話，而且通常都是在早上他從位於康乃狄克州（Connecticut）的家開車去球場的時候；我們會一直通話，一直到他開進球隊位在南布朗克斯區一百六十四街的車庫，或是他回答問題到一半突然說「我該走了」或是「這個電話我非接不可」為止。

在這些訪談過程當中，凱許曼逐一解析了過去三十多年以來他親身經歷的洋基隊歷史，以及整個棒球環境的演變，我們的對話中滿是他清晰的回憶、真誠的分享，以及偶爾帶著怒氣的抱怨。

就像我對凱許曼承諾的，書的內容不僅僅是這些而已，除了與他的訪談之外，我花了更多時間在其他人身上，從球員休息室一直到球隊的老闆海爾．史坦布瑞納（Hal Steinbrenner）都是我的談話對象。

這些經歷就像是讓我得到了特權，可以一探職業球團的內部運作；我對此深懷感激，也希望讀者在閱讀時能感受到與我寫作時同樣的快樂。

我希望這本書能成為最準確的忠實紀錄，不光只是關於洋基隊在凱許曼這個年代的建構與運作，也包括整個棒球界大環境的演變與進步。

這支球隊始終不缺乏大人物和戲劇性的爭議，贏球是家常便飯，但各種事件也層出不窮：基特和凱許曼的對決、喬治・史坦布瑞納和所有人的對決、基特和艾力克斯・羅德里奎茲的對決，還有凱許曼公開叫羅德里奎茲「他媽的閉嘴」；除此之外還有格瑞特・寇爾如何利用先進的資訊分析成為最頂尖的投手之一，以及亞倫・賈吉如何在挑戰全壘打紀錄的同時，也為自己贏得了一份創下紀錄的合約等等。

洋基隊的歷史上有太多個不同的時間點可以做為這整本書的起點，現在讓時光倒轉到一九六六年克里夫蘭（Cleveland）的一間旅館裏，這是洋基隊的谷底，但也是接下來五十多年光輝歷史的起點。

# 第一部

## 吉恩・麥寇爾、喬治・史坦布瑞納，還有飛天熱狗

# 1 谷底

時間是一九六六年四月十九日，洋基隊明星球員羅傑．馬里斯（Roger Maris）[6]和艾爾斯登．霍華德（Elston Howard）[7]站在克里夫蘭喜來登飯店的大廳，他們正討論著今晚即將面對的對戰投手山姆．麥克道爾（Sam McDowell）[8]。

一名女士和她的丈夫走向他們。

「你們今天晚上輸定了，知道吧！」女士對這兩位已在職業生涯尾聲的洋基隊名將說。

「是這樣的嗎？」馬里斯回答。

---

6 羅傑．馬里斯曾效力多支球隊，職業生涯一共選明星隊七次，並曾兩度獲選為美國聯盟最有價值球員，最為人知的成就是一九六一年效力洋基隊期間，以單一球季六十一支全壘打打破貝比．魯斯所保持的六十支紀錄。

7 艾爾斯登．霍華德於一九五五年成為洋基隊的第一位黑人選手，並於一九六三年成為美國聯盟第一位獲選為最有價值球員的黑人選手，在效力洋基隊期間一共入選明星隊十二次，並曾兩度獲得金手套獎。

8 山姆．麥克道爾曾效力多支球隊，職業生涯一共入選明星隊六次，並曾五度獲得美國聯盟三振王。

「你知道印地安人隊比你們強吧?」女士繼續說。

「我們可不會放棄,」霍華德說,「我們看得多了。」

女士笑了,然後繼續和兩位球員說著笑,最後才要了簽名離開。

「哪來的蠢女人?」馬里斯看著她離去的背影嘀咕著,然後模仿著她的語氣說,「你們輸定了。」

那位「蠢女人」可不是隨便說說,那天晚上的比賽麥克道爾主投擊敗了洋基隊的王牌投手梅爾·史陶德邁爾(Mel Stottlemyre)[9],讓洋基隊的球季戰績掉到了一勝六敗,繼續向著未知的領域沉淪;洋基隊前一年的戰績是四十年來第一次勝率不到五成,但現在他們正在向五十三年以來的第一次最後一名前進。

看來,洋基隊第一個所向無敵的光輝世代終於要開始沒落了。

一切都要從一九〇三年一月九日開始說起,下東城區(Lower East Side)[10]出身的法蘭克·法洛(Frank Farrell)是幾座小賭場的老闆,有時也被人叫做撞球大王,他和曾經因為賄賂和勒索而被逮捕的前紐約市警局總監大比爾·迪弗瑞(Big Bill Devery)合作,以一萬八千美元的金額買下了一支美國聯盟的球隊。

根據洋基隊的官方紀錄,法洛和狄弗瑞買下的是巴爾的摩(Baltimore)一支解散了的球隊,並將其遷往紐約,但其他資料則顯示這兩人其實是付出了權利金成立一支新球隊,也就是說洋基隊的根源其實和巴爾的摩毫無關聯，但這件事至今尚無定論。

不管真相如何，這支洋基隊的前身於一九〇三年四月三十日在曼哈頓第一次登場比賽，以六比二擊敗了華盛頓隊；在那個年代，球隊名稱總是不停改變，而且常常是被報紙標題任意命名，以這場開幕戰的賽後報導來說，有一家報社稱呼這支美國聯盟的紐約球隊是「迪弗瑞人隊」，另一家報社則用了「侵略者隊」來做為隊名。

早年由於球隊的主場位在華盛頓高地（Washington Heights），山頂人和高地人都是常常被媒體使用的暱稱；最早大概可以回溯到一九〇四年四月七日，當時《每日晚報》（*Evening Journal*）上一則「洋基擊敗波士頓」的頭條，是洋基這個名字首度出現，後來就被固定下來了。

洋基隊前十年的戰績大多乏善可陳，直到一九一五年啤酒大亨雅各伯．魯伯特（Jacob Ruppert）上校與合夥人狄林賀斯．赫曼迪歐．哈斯頓（Tillinghast L'Hommedieu Huston）一起買下球隊之後，才進入了洋基隊的新時代。（魯伯特後來在一九二三年買下了哈斯頓的所有權。）魯伯特雇用了紅襪隊的總教練艾德．巴洛來管理他的球隊，巴洛擅長評鑑球員，他一手打造了

---

9 梅爾．史陶德邁爾效力洋基隊十一年，職業生涯一共入選明星隊五次，退役後成為優秀的投手教練，並曾五度以教練身份獲得世界大賽冠軍。

10 美國紐約市曼哈頓東南部，當地人慣以下東區稱之，過去為移民及工人階級聚居的區域，但近年經由都市重劃吸引中產階級遷入，現已成為精品店與高檔餐廳分布的新興社區。

一九二〇年代被稱為是「殺手打線」的洋基隊，也創建了一九三〇年代的洋基王朝；時至今日，洋基隊對於戰積與勝利的高標準都是在當時就被奠定下基礎。

魯伯特於一九三九年過世，他的遺產管理人在一九四五年將球隊賣給了丹．托平（Dan Topping）、戴爾．韋伯（Del Webb），以及賴瑞．麥克菲爾；托平和韋伯於一九四七年買下了麥克菲爾的股份，並帶領洋基隊度過了一九五〇年代的王朝，一直到一九六四年才售出球隊賺了一筆。

哥倫比亞廣播公司（Columbia Broadcasting System）從他們手中買下了洋基隊，但也開啟了球隊歷史上的一段黑暗時期；在那之前，洋基隊在一九二〇年代贏過三次世界冠軍、一九三〇年代贏過五次、一九四〇年代贏過四次、一九五〇年代贏過六次，米奇．曼托和懷堤．福特（Whitey Ford）的鼠黨（Rat Pack）世代在一九六〇年代前期的最後一搏也拿下過兩次世界冠軍，接下來洋基隊就整個陷入了黑暗之中。

洋基王朝衰敗的原因很多，曼托的健康和球技都衰退了，馬里斯因為手傷而失去了長打火力，福特和內野手鮑比．理查森（Bobby Richardson）、東尼．庫貝克（Tony Kubek）等人都因為退化而逐一退休；而一些年輕好手，像是吉姆．鮑頓（Jim Bouton）、喬．派彼托恩（Joe Pepitone），還有湯姆．特瑞西（Tom Tresh）等人，也未能保持夠水準的表現來帶領球隊走向成功。

就在同時，商業競爭與棒球環境的改變也讓洋基隊更難建構一個冠軍球隊的核心，數十年以來，洋基隊球探總是以經典的條紋球衣和每年進軍世界大賽的理想來吸引優秀的高中球員和他們的父母，而他們也都可以自由與洋基隊簽約，但是大聯盟在一九六五年開始施行的業餘球員選秀制度徹底瓦解了這個優勢。

一下子洋基隊就不能隨意和他們看上的球員簽約了，他們只能在選秀裏耐心等待輪到他們選擇球員；大聯盟的自由球員制度要到十多年後才會發生，因此這一刻的洋基隊被強迫變成和所有其他球隊一樣，必須要公平競爭了。

布朗克斯轟炸機（Bronx Bombers）[11]一下子失去了他們的自信，而且好多年都找不回來；然而哥倫比亞廣播公司的經營團隊在總裁麥克．柏克（Mike Burke）和總經理李伊．麥克菲爾領導之下，悄悄展開了一系列的重建計畫；這些幕後的操作為未來的洋基王朝打下了基礎，但是數十年來幾乎從未被人提起過。

洋基隊的傳說和歷史事實從這裏開始偏離，傳說故事是有一個來自克里夫蘭市運輸業豪門的世家子弟、曾經當過美式足球助理教練、自稱是個硬漢、名字叫做喬治．史坦布瑞納的人，他在

---

11 布朗克斯轟炸機是洋基隊的暱稱之一，原因是洋基球場的所在地是紐約市的布朗克斯區，而轟炸機則是形容洋基隊多年來引以為傲的強打火力。

一九七三年買下了球隊，也因此拯救了這支球隊。

但歷史事實是，哥倫比亞廣播公司在管理球隊期間所種下的種子，在史坦布瑞納買下球隊之後沒有多久就開始綻放開花。

麥克菲爾在發現大環境的改變之後，就立刻開始啟動了重建，他將馬里斯、霍華德，以及資深三壘手克里特・波伊爾（Clete Boyer）都交易了出去；他在一九六八年的選秀中選進了日後成為洋基隊隊長的捕手瑟曼・蒙森（Thurman Munson），三年之後他又選進了未來的王牌投手羅恩・吉德里（Ron Guidry），一九七二年他透過交易換來了投手史巴奇・賴奧（Sparky Lyle）以及三壘手葛雷格・奈托斯（Graig Nettles），這些選手後來都成為洋基隊成功的支柱。

史坦布瑞納接收了一個堅實的基礎，到了一九七〇年代中期時來運轉，自由球員制度的出現改變了這支球隊的命運；這制度完全就像是依照史坦布瑞納善於招募人才的特長量身打造，讓他可以用高薪簽下明星球員來強化球隊，例如投手「鯰魚」詹姆士・杭特（Catfish Hunter）和強打者瑞吉・傑克森的加入，後來就在一九七七及一九七八年幫洋基隊贏得了兩次世界冠軍。

麥克菲爾後來曾經寫到，「現在一般人的認知都是哥倫比亞廣播公司沒有好好管理這支球隊，也不願意花錢來改善球隊，但事實是哥倫比亞廣播公司在當時的職棒規則之下盡了全力想辦法要強化球隊的體質；我們提高了球探和球員養成系統的預算，要是當時有優秀球員可以直接用高薪買過來的話，球隊一定也會出手，而且真要說的話，球隊確實有變得比以前更好。」

史坦布瑞納為洋基隊帶來了兩個王朝，一次是一九七〇年代以哥倫比亞廣播公司留下的基礎所建立，另一次則是一九九〇年代末期當他被棒球界排擠在外時，由傳奇人物吉恩．麥寇爾擔任總經理和他旗下團隊（包括凱許曼）所建構完成。

二〇二〇年代的洋基隊球迷大多把二〇一〇年去世的史坦布瑞納當作像神一般的存在，喬治的兒子海爾．史坦布瑞納接下了洋基隊管理合夥人（Managing General Partner）的領導位置，他深刻知道上一個世代對他家族有完全不同的評價，不像現在的球迷常常在球場噓他，甚至緬懷著希望要是他的父親能夠起死回生就太好了。

「那些批評我的人都忘記了一件事，那就是當年喬治其實並不受人喜愛，」海爾說，「一點也不，特別是在八〇年代。」

但這些史坦布瑞納拯救洋基隊的傳說深入民心，連凱許曼都理所當然的接納了這些故事，他甚至不知道史坦布瑞納第一個洋基王朝的核心其實是哥倫比亞廣播公司所建構起來的。

「真的嗎？喬治買下球隊的時候，那些選手早就已經在球隊上了？奈托斯？蒙森？」當我把真相告訴凱許曼的時候，他是這樣反問的。

「是的。」

「哇！」他藏不住他的訝異。

所以，如果史坦布瑞納不是洋基隊的救世主，那真正的救世主到底是誰呢？

如果我們真的要細細推理出一個人選，把洋基隊的成就都歸功於他，那我們必須先深入研究一位游擊手；在克里夫蘭的旅館大廳，馬里斯和球迷言語交鋒之後沒有多久，這位游擊手就加入了洋基隊。

# 2 吉恩・麥寇爾駕到

吉恩・麥寇爾在洋基傳說裏的地位，是建立在一個由飛天熱狗所堆疊出來的基石上，但是我們先說一點背後的故事。

被暱稱為「老棍」的尤金・理查・麥寇爾（Eugene Richard Michael）[12]於一九三八年出生在俄亥俄州（Ohio）的肯特市（Kent），他在大聯盟以內野手的身份打過十年球，其中七年是在洋基隊；在那之後他成為教練、球隊主管、球探、總教練，最後也最重要的是他成為了洋基隊的總經理，在任期內籌組延續了目前為止最後的一個洋基王朝，同時也一手栽培了布萊恩・凱許曼。

同事及同業都熱愛麥寇爾對棒球的天賦，以及他個性上的一些特異之處。

「他就像是電影《隨身變》（The Nutty Professor）裏面那個瘋狂教授，」曾經是洋基隊小聯盟

12 尤金・理查・麥寇爾為吉恩・麥寇爾的正式全名，英文口語中常以吉恩（Gene）作為尤金（Eugene）的暱稱。

球員，也擔任過洋基隊總教練，後來成為麥寇爾好朋友之一的巴克・休瓦特（Buck Showalter）說，「他會頂著一頭亂髮進來，一臉不太正常的樣子，臉上還帶著那種得意的賊笑。」

「你知道他像誰嗎？」曾經在麥寇爾任期尾聲擔任洋基隊的副總經理，後來轉往洛杉磯天使隊和紐約大都會隊擔任總經理的比利・艾普勒（Billy Eppler）說，「他就是電影《回到未來》（Back to the Future）裏的布朗博士，他就是一個有著瘋狂髮型的天才，分毫不差。」

麥寇爾進入棒球界的方式與一般人不同，因為另外一項運動才是他真正的摯愛；他以籃球獎學金進入肯特州立大學（Kent State University）就讀，並成為了一位職業籃球選手，但是在一九五八年他以兩萬五千美元的簽約金加入了匹茲堡海盜隊。

「我不認為他在籃球界可以賺到比棒球界更多的錢，所以他就轉來棒球了，」麥寇爾在棒球界認識最久的朋友朗恩・布蘭德（Ron Brand）說，他們曾經一起在海盜隊的小聯盟打過球；數十年之後，麥寇爾任命了布蘭德成為洋基隊的最高球探，洋基隊在一九九〇年代所爭取加盟的許多選手都是受到他的影響，連二〇〇九年的世界冠軍之爭他也做出了貢獻。

布蘭德說，雖然麥寇爾從未放下他對籃球的熱愛，但棒球這項運動確實比較適合他的精明睿智和無止盡的求知慾。

「他很後悔沒能留在籃球界，」布蘭德說，「但是當他全心投入棒球之後，他對這項運動就有了更深一層的理解，籃球員靠著天賦本能、能夠不怕失敗，就會成為一位優秀的選手，美式足球也差不多，對體能比較重視，但棒球相比起來就是個比較用腦的運動，他的頭腦夠好，也更適合棒球。」

確實如此，隨著觀賽者的眼光逐漸銳利，他們就能看出棒球比賽中的更多細節，以麥寇爾來說，他很快就建立起足夠的自信，讓他後來可以卸下洋基隊老闆喬治．史坦布瑞納的防備並為自己辯護，這是其他總教練或高階主管都做不到的，而這一切的起源其實是一九五〇年代他還在小聯盟打球的時候。

「他跟好幾位總教練都起過爭執，」布蘭德說，「如果他們糾正他、而他不覺得有道理的話，他就會為自己辯解，就像他後來對喬治那樣，所以如果他覺得一件事情是對的，他也一定會全力去做。」

和大老闆史坦布瑞納的大聲爭辯是幾十年以後的事了，但是當年麥寇爾還在小聯盟，而且還只是海盜隊陣中的一位潛力新秀時，他就已經開始反抗總教練了。

「如果你不高興，你可以把我送走！」他都會這樣對著批評他的前輩們大吼。

「老棍是個很難對付的游擊手，」當年的小聯盟隊友吉姆．普萊斯（Jim Price）在二〇二三年過世前的一次訪問中說，「如果你滑壘進二壘想要破壞雙殺，他會直接用球砸你，然後第一個準備好開始打架。」

（「老棍」這個外號也是普萊斯幫麥寇爾取的，一開始只是單純用來形容他六呎二吋高、一百八十磅重[13]的修長體格，普萊斯回憶說，「我在淋浴間裏看到他，忍不住說了句『兄弟，你看起來瘦得像根棍子，』結果這就變成他一輩子的外號了。」）

還在小聯盟打球的時候，麥寇爾對他自己認定的好球帶有極高的自信，有一次當裁判的判決與他的認知不同，他直接就拒絕回到打擊區內。

於是裁判最後下令投手投球，投手照辦，裁判就判了好球，麥寇爾當場暴怒抗議，然後就被裁判給驅逐出場。

還有一次是一位三壘手在觸殺滑壘的麥寇爾時，手套打在了他的肚子上，力道不小；麥寇爾用力推開對手手套的時候，力道大到把球都打出了手套，還一路滾到了左外野去。

雖然麥寇爾「絕不吃一點虧」，但是布蘭德也說，他所經歷過的挫敗與恐懼以及他東山再起的經驗，都讓他在日後得以從其他球員身上辨識出那些相同的特質。

匹茲堡海盜隊於一九六七年將麥寇爾交易給洛杉磯道奇隊，換得了明星游擊手莫利．威爾斯（Maury Wills）[14]，洛杉磯這個大舞臺讓麥寇爾第一次感受到什麼是怯場。

「從匹茲堡一下子去到道奇球場，他告訴我說『我整個卡住了，什麼也做不了，我居然怕了，』」布蘭德說。

「從那時起，他一眼就可以看出球場上有哪些球員是害怕的，因為他知道那是什麼感覺，他也知道表現出來會是什麼樣子，從他們的動作、他們的眼神都可以看得出來；他們會遲疑而不確定，就像卡在壘包當中被夾殺的跑者一樣，他們因為突然改變心意而進退失據，於是就卡住了，那種球員少了決斷力，就像當年的他一樣，那困擾了他很久。」

到了一九六七年十一月，道奇隊將麥寇爾賣給了洋基隊，接下來的球季麥寇爾就親眼目睹了米奇・曼托的衰退，一個光榮的時代也帶著遺憾隨之終結。

「他們說服了米奇再打一個球季，」在二〇一七年因為心臟病發以七十九歲高齡過世的麥寇爾曾在二〇一四年的一次訪問中告訴我說，「米奇本來前一年就要退休的，他已經想退休了，但是說服他多打一年並不是一件多難的事，他們給了他十萬美元，在當年那可是一筆大錢。」

曼托的最後一場比賽是九月二十八日，地點在波士頓的芬威球場（Fenway Park），他靠著一種叫做保泰松（Butazolidin）的強力消炎藥撐過了整個球季，但最後副作用逼使他不得不將其戒除，到了球季結束時他幾乎已經不能行走。

「最後兩天在芬威球場，他幾乎連要走下球員休息區的階梯都做不到，」麥寇爾說，「我會知道是因為有一次我就跟在他後面。」

13 大約一百八十八公分、八十二公斤

14 莫利・威爾斯在十四年的大聯盟職棒生涯中曾七度入選明星隊，並於一九六二年以單季一百〇四盜壘成功獲選為國家聯盟的最有價值球員，同時也是一九六二年度明星大賽的最有價值球員。

他們兩人在那一年球季因為喜歡玩撲克牌而成為好友，麥寇爾的牌技勝過曼托許多，而且在那個時候，他就已經很會唬人了。

那年球季曼托住在紐約的聖摩里茲旅館，當旅館送帳單來時，曼托總是跟經理開玩笑說，「你打電話給吉恩．麥寇爾，我的錢都在他那裏，他會開支票給你。」

當曼托的時代被劃下句點，伴隨著的明星光芒也隨之消散，麥寇爾在一九六九年成為了洋基隊的看板球員，他交出了兩成七二的打擊率、防守稱職，同時也展現出充分的拚戰精神。

「在加入洋基隊之後，那一年他打得不錯，兩成七的打擊率而且很明顯的就是球隊裏的最有價值球員，」布蘭德說，「他學會了怎麼去克服那些恐懼，而也正是因為如此，他學會怎麼去找出那些有同樣能力的球員。」

現在讓我們回到熱狗。

一九七三年一月三日當史坦布瑞納宣布買下洋基隊的時候，距離當年法蘭克．法洛和大比爾．迪弗瑞成立球隊差不多剛好要七十年，這時麥寇爾還是洋基隊陣中的一員。

「對於洋基隊的經營管理，我們不會介入，」這位即將登場的大老闆在記者會上說，「我們不會假裝去做自己不懂的事，我專心造船就好。」

七個月之後，在一個達拉斯的八月午後，史坦布瑞納根本就不在造船廠，他專程飛到了達拉斯來看洋基隊出戰德州遊騎兵隊，這時他正站在球場上看洋基隊的球員進行賽前的防守傳接球練習。

一切都很正常，背景不時傳來球棒的擊球聲、手套的接球聲，還有一些場上人員的閒聊，直到突然有一個六呎二吋高、瘦得像跟棍子一樣的球員從休息區尖叫著衝上了球場、連手套都飛向了半空中。

根據史坦布瑞納傳記作者比爾・梅登（Bill Madden）的紀錄，史坦布瑞納驚嚇的看著一條熱狗從半空的手套中飛出，不偏不倚剛好落在他的腳邊；他寫下了那位球員的背號，然後要求總教練勞夫・郝克（Ralph Houk）要不就是處罰這位球員，不然就是把他交易出去，因為球隊不能允許有這樣的胡鬧醜態。

郝克幾乎憋不住笑，強忍著解釋說道那位球員的名字叫做吉恩・麥寇爾，而這一切都不能怪他。

郝克說麥寇爾對於昆蟲、蛇類，以及各種怪異的爬蟲類都有嚴重的恐懼，看起來應該是有隊友為了開他玩笑，故意在他的手套裏塞了一條熱狗，想看他突然受到驚嚇時的強烈反應。

比賽結束之後，史坦布瑞納怒氣沖沖的帶著一位德州州警走進洋基隊的球員休息室，質問賽前的惡作劇到底是誰搞的鬼，最後查明是內野手海爾・藍尼爾（Hal Lanier），不過他並沒有被逮捕。

對史坦布瑞納來說這並不是一個好的開始，但最少這位大老闆現在知道吉恩・麥寇爾是誰了；隨著時間慢慢前進，史坦布瑞納會變得越來越信任「老棍」，逐漸讓他成為在史坦布瑞納一手掌管洋基隊的三十七年間最倚仗仰賴的對象。

郝克在那一年球季結束之後辭職，但是他告訴大老闆說麥寇爾以後會有能力擔任球隊總經理；從那時起，麥寇爾是個「精明的年輕主管人才」這句話就被史坦布瑞納掛在嘴邊。

大老闆很明顯的也很讚賞麥寇爾急躁中帶著傲慢、又不受控的個性；史坦布瑞納在買下球隊沒有多久，就建立了一條直到他過世後都一直被堅守著的洋基規範，那就是任何洋基球員都不得留長髮，八字鬍的範圍也不能超過嘴角，瑟曼・蒙森和盧・皮涅拉（Lou Piniella）都同意遵守規定，只有麥寇爾拒絕就範。

「你要幫我付理髮的錢嗎？」他問。

但是當史坦布瑞納同意買單時，他又繼續往前進逼。

「如果你的目的是想讓我們大家看起來順眼一點，」他順著繼續說，「那你應該乾脆幫我們買新西裝好了。」

史坦布瑞納的脾氣差點爆發，但麥寇爾即時以一臉燦笑化解了危機；不知道是什麼原因，他總是可以這樣子擺弄大老闆，那一次是這樣，以後的無數次也都一樣。

到了一九七五年，他們兩人的私人情誼已經好到當麥寇爾拒絕了總經理蓋布・保羅（Gabe Paul）所提出的四萬五千美元合約、而保羅揚言要將他釋出時，麥寇爾直接搬出了大老闆來當王牌。

「史坦布瑞納先生知道這件事嗎？」麥寇爾問道。

大老闆並沒有插手阻止這件人事案，但是當波士頓紅襪隊在一九七六年也釋出麥寇爾之後，史坦布瑞納就把他給請回了球隊；從那時起，麥寇爾就一步步變成了洋基隊歷史上對球隊影響最深遠的一位員工。

但是在麥寇爾成為總經理之前，史坦布瑞納先把他塞在了他另一位棒球兒子的身邊：精明幹練但偏執多疑的比利・馬丁。

# 3 比利來了；比利走了；再來一次

「去他的老棍。」

當比利．馬丁聽到吉恩．麥寇爾將會成為他的教練團成員之一時，他就是這樣對他的投手教練以及酒友亞特．法奧勒（Art Fowler）說的，那是一九七六年，同時在場的還有好幾位洋基隊的隨隊記者。

亞佛雷德．曼威爾．馬丁（Alfred Manuel Martin）[15]從小就是一位洋基球迷，他在北加州的柏克利（Berkeley）長大，成長環境艱困，但是在一九五〇年代實現了夢想，得以在總教練卡西．史丹格爾（Casey Stengel）[16]麾下擔任內野手；職業生涯在球季正規賽事中的打擊率只有兩成五七，但是馬丁總是能在每年十月的季後賽就蛻變成英雄，五次的世界大賽中他交出了三成三三的打擊率，還擊出了五支全壘打。

馬丁是個不肯輕易服輸的人，他在球場上會和教練爭論，在球場外狂歡也毫不保留；一九五七年有六名洋基隊球員因為在紐約市一個叫做科帕卡巴納（Copacabana）的夜總會中打群架而引起爭議，除了馬丁之外還有曼托、福特、貝拉、漢克・鮑爾（Hank Bauer）以及投手強尼・庫克斯（Johnny Kucks）。

對於這個在洋基光環上所造成的汙點，球隊把馬丁當成了代罪羔羊，將他交易到堪薩斯市（Kansas City）去；於是馬丁的職業生涯後期就這樣在那些邊陲城市遊走，再也沒能回到華麗璀璨的紐約市曼哈頓（Manhattan）去。

球員生涯結束之後，馬丁先後在明尼蘇達雙城隊、底特律老虎隊、德州遊騎兵隊等球隊擔任總教練，到一九七五年八月一日才被史坦布瑞納帶回了紐約；從那一天起，一直到一九八九年十二月二十五日馬丁在酒醉車禍中過世為止，大老闆在這段期間一共雇用又開除了他五次之多，那是一個天縱英明的總教練遇上了酗酒、暴力，以及各種風波的時代。

馬丁對他的職責領域有強烈的堅持，也因此他非常排斥史坦布瑞納將麥寇爾硬塞進來的決定；棒球總教練總是懷疑自己的教練團中藏有球隊高層的耳目，而馬丁對此更是特別敏感。

---

15 亞佛雷德・曼威爾・馬丁為比利・馬丁的正式全名。

16 卡西・史丹格爾是美國棒球名人堂成員，球員及教練生涯一共獲得九次世界大賽冠軍，但最著名的是在擔任洋基隊總教練時，曾於一九四九年至一九五三年連續五次贏得世界大賽冠軍。

「我才不是什麼奸細，」麥寇爾在三十多年後告訴作家比爾・潘寧頓（Bill Pennington），「我知道比利痛恨我的存在，但我的工作就是要推動一些東西然後回報給喬治（史坦布瑞納），我知道這不是業界的常態，但我並沒有在喬治面前多說什麼與我職責無關的事，我不是他的密探，我是去幫忙比利的，但是他不相信。」

接下來的幾年，馬丁在洋基隊來來去去，但是球隊還是在一九七七年和一九七八年拿下世界冠軍，麥寇爾也在球團裏轉換了幾個不同的職位；到了一九七九年球季尾聲，麥寇爾正在俄亥俄州的哥倫布市（Columbus）擔任洋基隊三A的總教練，史坦布瑞納決定在球季結束後將他升任為洋基隊的總經理，當時才四十一歲的麥寇爾興奮無比，因為他終於有機會可以管理一個球團了。

但沒有多久，馬丁就差點打亂了這整個計畫；那年十月二十三日他和一位朋友在明尼蘇達州（Minnesota）布魯明頓市（Bloomington）的一間旅館酒吧裏喝酒，同時在場的還有一位來自伊利諾州（Illonis）的棉花糖銷售員，五十二歲的喬瑟夫・古柏（Joseph Cooper）。

他們開始聊起棒球，古柏說他認為蒙特婁博覽會隊的迪克・威廉斯（Dick Williams）應該得到當年（一九七九）的年度最佳總教練獎，雖然巴爾的摩金鶯隊的厄爾・威佛（Earl Weaver）也相當不錯。

要激怒馬丁動手打架並不難，特別是當他覺得你看不起他的時候。

「他們兩個都是混帳，你會這樣說就表示你跟他們一樣混帳，」當時仍是洋基隊總教練的馬丁說，「我們現在就到外面去，我要揍扁你。」

馬丁從口袋裏掏出了五張百元鈔票，重重的甩在吧檯上。

「我跟你說，我用五百塊賭你的一分錢，我會把你揍倒在地上爬不起來，」馬丁說。

古柏把一分錢放到了那疊鈔票上，然後兩個人就向大門走去，但是才走到通往門口的拱廊，馬丁就轉身揮拳偷襲了古柏。

事後古柏被縫了十五針，馬丁也丟了工作；在事情發生的第二天，史坦布瑞納就告訴麥寇爾要他擔任洋基隊的新任總教練。

「但是你說要讓我當總經理的，」麥寇爾說。

「那時候我還不需要總教練。」史坦布瑞納說。

麥寇爾要想辦法保住他在主管樓層的新職位，於是他說服了史坦布瑞納聘請迪克．豪瑟爾（Dick Howser）擔任洋基隊的總教練，豪瑟爾是一位備受敬重的前任洋基隊教練，當時他正擔任佛羅里達州立大學的總教練；豪瑟爾接下總教練的位置之後，麥寇爾才第一次開始可以以總經理的身份來建構洋基隊的球員名單。

他立刻就展現了在這一方面的才能，上任還不到一個星期，麥寇爾就把一壘手克里斯．錢布勒斯（Chris Chambliss）交易到多倫多藍鳥隊去，換來了左投手湯姆．安德伍德（Tom Underwood）和捕手瑞克．塞隆（Rick Cerone）；塞隆最大的挑戰就是要填補瑟曼．蒙森這位洋基隊長所遺留下來的空位，蒙森在前一年夏天因為空難墜機而不幸身亡，塞隆在加入球隊之後就補上了這個空缺，後來一共在洋基隊打了六年。

麥寇爾同時也簽下了一壘手鮑勃・華特森（Bob Watson）和左投手魯迪・梅伊（Rudy May），這些選手都表現得很好，幫助洋基隊在那年贏了一百〇三場比賽，也拿下了美國聯盟東區的冠軍，但是後來他們在美國聯盟冠軍戰中被堪薩斯皇家隊以三比〇橫掃出局。

在美國聯盟冠軍戰結束幾天後，記者打電話向豪瑟爾求證史坦布瑞納是否如謠傳一般，想要雇用他在佛羅里達賽馬場的好夥伴唐・齊默（Don Zimmer）來擔任三壘教練。

「我覺得讓我來決定是否要讓哪位教練加入球隊，這應該是最基本的尊重吧！」豪瑟爾說。

這被史坦布瑞納認為是不服從上級，於是他立刻就將麥寇爾調職成為總教練；大老闆後來決定改變心意，要麥寇爾打電話要求豪瑟爾返回職位，但是豪瑟爾拒絕了，他說為史坦布瑞納工作的壓力實在太大了。

豪瑟爾後來帶領皇家隊拿下了世界冠軍，但「老棍」卻困在了洋基隊總教練這個位置上下不來。

不管對麥寇爾還是整個大環境來說，一九八一年球季都是慘澹的一年，球員們從六月十二日開始罷工了五十天，在他們重返球場之後，麥寇爾這支以資深球員為主的球隊表現不佳，在八月份一度在七場比賽中輸掉了六場。

史坦布瑞納又忍不住手癢，要求麥寇爾在陷入低潮的超級明星球員瑞吉．傑克森打擊時更換代打；到了八月二十六日，史坦布瑞納甚至命令傑克森接受完整的健康檢查。

「他就是要故意讓我難看，」傑克森告訴媒體。

兩天之後洋基隊又吃了一場敗仗，傑克森結束了健檢回到芝加哥寇米斯基球場（Comiskey Park）的客隊休息室，他沒有和記者說話就消失進了球隊的醫療室裏，麥寇爾召集了所有的記者，把他們請進了總教練辦公室。

「關於瑞吉，可以告訴我們什麼嗎？」紐華克（Newark）的《明星紀事報》（*Star-Ledger*）記者摩斯．克萊恩（Moss Klein）率先發問。

「瑞吉很好，」麥寇爾說，「但是我不想聊瑞吉，我有些其他事情想說。」

他調整了一下桌面上幾張黃色的記事紙，然後開始了一整段對大老闆滔滔不絕的批判；從來沒有一位史坦布瑞納的員工敢這樣公開挑戰他的權威。

「喬治今天又找我了，」麥寇爾說，「我已經受夠了在比賽後要接到他的電話，聽他一次次說我們輸球都是我的錯，接下這份工作的時候我以為我已經知道這件事情有多煩人，但是我沒想到這些麻煩會這麼直接，而且這麼無止無休。」

記者們彼此偷偷互看了一眼，不確定麥寇爾是不是在開玩笑，但是他回瞪著他們，繃著一張臉眉頭緊皺。

「去年我當總經理的時候，喬治曾經告訴我說他要開除豪瑟爾，但是他從來沒有去跟豪瑟爾說，」麥寇爾繼續說道。

「但是現在換我當總教練了，他卻不停告訴我說：『老棍，我覺得我不能再留你了，』所以今天當他又這樣說的時候，我直接回他：『好啊！還等什麼？這樣子的總教練我也不想當了，快點開除我，別浪費時間，不然就不要再威脅我，這總教練我不想當了，我受夠了，』我不認為外人知道在他手下工作是什麼感受。」

記者們急急忙忙的趕回樓上的記者室去，要把麥寇爾這些充滿情緒的言論寫成報導，結果在上樓的途中剛好就遇上了史坦布瑞納正和客人坐在球場看臺上。

「我和總教練之間的對話都不該被公開，」大老闆說，「如果他以為這樣子公諸於世就可以改變什麼，那是他的問題。」

專欄作家大衛．安德森（Dave Anderson）在《紐約時報》（*The New York Times*）的專文中寫道，「就算是比利．馬丁也從未這麼大膽、這麼公開的和喬治．史坦布瑞納硬碰硬。」

接下來的八天，史坦布瑞納給了一個比開除還要糟的懲罰：他把麥寇爾吊著不上不下，什麼決定也不做；他在國家廣播公司（National Broadcasting Company）的每週賽事轉播中告訴全國觀眾說他還在考慮當中，之後才終於將麥寇爾開除，並重新迎回了曾經在一九七八年帶領球隊拿下冠軍的鮑伯．列蒙（Bob Lemon）。

一個星期之後，史坦布瑞納把麥寇爾召回了洋基球場，告訴他說自己把他當成「像是兒子一樣」，然後給了他一個球隊高層的職位。

麥寇爾拒絕了，但他的自我放逐並沒能持續多久，一九八二年球季才剛開始十四場比賽，史坦布瑞納就開除了列蒙，並把麥寇爾又引回了球員休息區裏。

這一次回歸能持久嗎？一點也不能。

八月四日清晨一點〇五分，洋基隊在雙重戰中連續以一比〇和十四比二敗給了芝加哥白襪隊兩場之後，史坦布瑞納氣沖沖的走進了洋基球場記者室，直接宣布開除了只在職八十六場比賽的麥寇爾，而斷斷續續擔任投手教練的克萊德・金恩（Clyde King）則會接任成為球隊那一年的第三任總教練。

這是史坦布瑞納接手球隊的前十年間第十次更換球隊總教練，在同一時期比任何其他球隊都多。

「有時候我寧可開除一些球員，而不是總教練，」史坦布瑞納那晚這樣跟記者們說。「但是棒球界的結構不允許我這樣做，我們球隊有些選手太高估了自己，我一點都不怪麥寇爾，但我覺得換人是必須的，我沒打算拖拖拉拉的，所以讓我告訴大家這個決定已經做了，我也預祝克萊德能夠有好成績。」

靠著史坦布瑞納的庇蔭，麥寇爾在一九八三年球季又回到了洋基隊的主管階層，一九八四年則是回到了教練團；當他們不需要對彼此大吼大叫的時候，他們經由彼此對馬匹的熱愛逐漸培養起友誼，常常在坦帕（Tampa）一帶聚餐，這個複雜的關係讓麥寇爾有時覺得無法、或是說不願意再為大老闆服務，多年之後的布萊恩．凱許曼也同樣是如此。

但是這種拉扯在表面上卻讓人迷惑，「老棍」到底為什麼一直乖乖回家？

「錢啊！」凱許曼在二〇二三年平淡的說，「雖然我能確定在一開始時他一定不喜歡在這樣的環境之下工作，但時間久了就有了連結。」

「喬治，他就是大老闆，」凱許曼接著說，「他有一個天賦，就是當他如果真的想要得到什麼，他一定可以找到方法如他所願，他很有魅力，他面面俱到而且很會說話，這些加在一起就讓他特別有說服力，而且你知道嗎？這是紐約洋基隊啊！這還是一個最偉大的運動隊伍，而他讓這支球隊重返榮耀，讓紐約洋基隊成為棒球世界的中心；這世界上當然沒有一個十全十美的地方，但是這裏集合了大老闆的魅力、他吸引人才的能力、他貫徹目標的執行力，以及他願意掏錢好好照顧人。」

「在一起工作的時間一久，大家開始有了連結，而忠誠度就培養起來了，我想所有這些原因都促成了麥寇爾始終留在這裏沒有離開。」

「麥寇爾和我父親，他們的關係幾乎就像是和比利．馬丁一樣，」海爾．史坦布瑞納說。「我父親熱愛比利．馬丁，那是互相的，麥寇爾也是那種會直接和喬治對嗆的人，他不會忍受喬治那些手段，他會直接反擊；在我父親一生所經歷的所有事務之中，這種是他最欣賞的人格特質，也讓他培養出許多友誼，他喜歡這樣。」

在麥寇爾過世之前不久，他是這樣對潘寧頓說的，「我教了史坦布瑞納許多棒球知識，只要是棒球類的話題，他最信任的就是我，但是在此同時，他教導了我努力工作，還有怎麼善用自己的優勢；他很沒有耐性、很難相處、根本就是讓人如芒刺在背，但他也是一個絕佳的老師，一個人生導師。」

# 4 建立王朝的棒球哲學

麥可．路易斯在二〇〇三年出版的暢銷書《魔球》中，把奧克蘭運動家隊主管山迪．奧德森（Sandy Alderson）和比利．比恩彰顯為最早開始注重上壘率，也就是打者選球及保送能力的拓荒者，他們發現保送上壘是一個長期被棒球界忽略的數據，但卻是製造得分能力、並因此促進贏球最有效的方式之一。

曾是海軍陸戰隊的奧德森是一名律師，在加入運動家隊之前從未有何與棒球有關的經歷，但是從一九八〇年代早期起，他就將統計學家比爾．詹姆士（Bill James）的資訊分析理論運用在職棒上；對棒球來說他完全就是個圈外人，但是就因為一開始對棒球完全陌生，出於需求才產生了這些想法。

在美國大陸的另一邊，棒球選手出身的吉恩．麥寇爾正靜悄悄的推行著幾乎相同的理念，唯一的差別是他從未閱讀過詹姆士的理論，當然後來他也沒能像奧德森和比恩一樣，被人寫進了書中並獲得追捧。

除了一九九五年的一次短暫交會之外，這兩支球隊幾乎從不曾有機會討論到它們不約而同所採用的這些做法，那時史坦布瑞納剛剛開除了巴克．休瓦特，而奧克蘭運動家隊打算邀請他來接任球隊的總教練。

「當我去奧克蘭面試的時候，山迪和比利．比恩就只想聊那些，」休瓦特說，「他們滿嘴的上壘率講個不停，那是老棍和我在紐約推動的東西，但是他們表現出一副好像是什麼創新的大發現似的。」

確實沒錯，雖然上壘率這件事要到數十年之後才會在洋基隊成為內部討論的重點，但麥寇爾早在一九七〇年代末期就已經開始向球員強調這個數字的重要性。

效力洋基隊多年的二壘手威利．藍道夫（Willie Randolph）就是麥寇爾理想中的基礎原型，也成為他在一九九〇年代籌建洋基隊時的範本。

在一九七〇到一九八〇年代，中線內野手的職責就是做好防守、打安打、觸擊，還有盜壘，選球上壘並不是那麼重要，但是藍道夫天生就具備了極佳的選球能力，他在一九八〇年球季被保送的次數領先全聯盟，八年職棒生涯的上壘率也是相當優異的三成七三。

「老棍和我老早就開始討論資訊分析還有上壘率的事了，」藍道夫說，「他是最早發現上壘對贏球有多重要的人之一，我們的關係會這麼密切是因為他知道我完全理解我的角色，也知道我該做些什麼；我就是來為隊友製造機會的，不管球隊需要我做什麼，打不了安打就保送上壘，都行，只要能上壘就是機會。」

「老棍大概是第一個真正和我聊棒球、聊棒球比賽每一個不同區塊的人，我們中線內野手有一種要彼此照顧、互相學習的默契，那大概就是我在洋基隊早期時印象最深的事，從教練這件事情上來說，老棍總是一直幫著我、支持著我。」

然而麥寇爾和藍道夫因為棒球所建立起來的緊密關係，卻會在談合約時讓雙方都變得有點尷尬，藍道夫總是必須向麥寇爾指出，那些他所強調的重要技能，往往都不能讓洋基球團以實際的薪資來回饋。

「我們談合約的時候，球隊當年會把打數當成一個激勵獎金的計算條件，」藍道夫說，「我記得我說過『我的合約要改，因為如果你說激勵獎金要用打數來計算的話，那我就不要去選保送了（保送不列入打數中）。』」

「他的回答是『你說得有道理，我也不想看到你亂揮棒，我希望看到你繼續發揮所長，如果你能繼續選到保送，這才是對球隊最好的貢獻。』」

絕大多數麥寇爾的好友和同事們，像是朗恩·布蘭德和凱許曼，都不記得麥寇爾是從什麼時候開始、在哪個地方，或是為什麼會開始注重上壘率的，但是麥寇爾在洋基隊最後幾年的一位同事比利·艾普勒給出了答案。

「你說這想法從哪裏來的?就是戰略棒球(Strat-O-Matic)[17],」艾普勒說的是一種發明於一九六〇年代的棒球棋盤遊戲,「百分之百就是,他說他在年少時就破解了這遊戲,他把保送和安打上壘的價值做了對比,『我是照著機率在玩,我在算每個數據的概率,』他總是這麼說。」

對於麥寇爾為什麼這麼重視上壘率,休瓦特也有他自己的看法。

「老棍總是說他並不是個多好的打者,」休瓦特說,「『所以我該怎麼幫助球隊呢?想辦法不被三振吧!認真做好守備吧!』對了,老棍跑得特別快,他跑得像在飛一樣,『那我想辦法被保送吧?』那時候很多打擊好的選手,他們被保送的次數都很低。」

從記錄上來看,麥寇爾職業生涯的上壘率只有兩成八八,一點也不出色,但是雖然他自己做不到,他卻深刻瞭解這個數字的價值,也能辨識出其他多到數不清的球員特質。

「老棍對於評鑑球員確實有獨到之處,」曾經三度率領舊金山巨人隊拿下世界冠軍的球隊總經理布萊恩.塞比恩說,他職業棒球生涯的第一份工作就是在一九八五年加入洋基隊的辦公室。「特別是在大聯盟這個層級,他對於他喜歡的球員,以及他想要帶進洋基隊的球員,都有相當精準的眼光。」

17 戰略棒球是一款早期的棒球模擬遊戲,以大量代表球員的紙牌進行,上面記載球員的統計數據以及與骰子數字對應的各種結果,玩家透過紙牌選秀來組成球隊,並可透過交易紙牌來改進球隊陣容。

除了辨識出上壘率這個重要的統計數字之外，是這個精準的眼光才讓麥寇爾成為眾人心目中的棒球奇才。

# 5「別看球」

巴克·休瓦特和吉恩·麥寇爾相識於一九七〇年代末，那時的巴克還是位用著本名威廉·內森奈爾·休瓦特三世（William Nathaniel Showalter III）的洋基隊小聯盟選手，而且有一個叫做奈特（Nat）的暱稱；純樸而求知若渴的奈特來自佛羅里達州（Florida）的森楚里市（Century），是一位高中校長之子，而奈特這個暱稱很快就因為他喜歡在休息室裏全裸著走動而被改成了巴克（Buck）[18]，而這也告訴我們，近代洋基歷史上最重要的兩位人物都是在身無寸縷時獲得了他們的暱稱。

幾乎是從相識的那一刻起，這兩個人就開始了一段歷時數十年的對話交流，他們討論著棒球

18 英文口語中常以Buck naked來形容身無寸縷的人，也因此隊友才將巴克（Buck）用來取代奈特（Nat）做為休瓦特的暱稱。

的種種細微之處，而他們對於棒球的通透理解也遠勝於人。

休瓦特在職業生涯中獲選過四次年度最佳總教練，是棒球史上最受推崇的總教練之一，而他評鑑球員的精準眼光，則來自於他和麥寇爾一起看球時所學到的一個重要觀念，那就是「不去看球」。

在看棒球比賽的時候，觀眾的視線很自然地會跟著球走，看投手投球、聽球棒擊球的聲音、看球移動的去向、看野手向著球飛奔等等，但是像麥寇爾這種真正厲害的球探才知道要去看沒有球的地方，還有沒球可以處理時的選手。

當球被擊出並向著野手飛去時，處理這顆球是理所當然的事，但是麥寇爾發現如果要區分哪些是值得留用的選手，哪些又是可以放棄的選手，最簡單的方法就是去看當他們完全不需要處理球的時候有些什麼反應。

當打者打出一顆二壘方向的滾地球時，右外野手有沒有完全投入場上的狀況？投手有沒有跑往三壘補位？休息區裏的替補球員有沒有注意看場上發生了些什麼事？這些由麥寇爾問出的問題，讓休瓦特產生了前所未有的共鳴。

保羅·歐尼爾（Paul O'Neill）[19]剛剛加入洋基隊的時候，有一位隊友在比賽中擊出了一記右外野界外線方向的飛球，歐尼爾原本坐在休息區中一個視線受到阻隔的位置，他立刻跳了起來，激動的伸長了脖子想看球最後的落點。

那時洋基隊的團隊文化是冷漠的，舉例來說，同一時間也坐在板凳上的外野手梅爾·霍爾（Mel Hall），就連頭都沒有動，一點也不在意球飛去了哪裏。

或許是隱約感受到了團隊的壓力，歐尼爾很快就坐了下來，但是休瓦特看了他一眼，微笑著默默說了一句，「逮到你了吧！」那是他「不看球」就對歐尼爾做出的評價。

「比賽的關鍵往往都在沒有球的地方，」休瓦特說，「光是看那些球不在的地方，老棍一眼就可以揪出那些冒牌貨。」

休瓦特和後來在二〇〇四年加入洋基隊的比利·艾普勒都是，他們發現坐在觀眾席上和麥寇爾一起看比賽，對於自己評鑑球員的眼光是最好的磨練；艾普勒加入球隊的時候只是一個球探，但是到了二〇一一年就已經成為球隊的副總經理了。

「我開始的時候就是這樣子，」艾普勒說，「和他坐在一起一球一球的看，我就是這樣子學會更細膩、更深入去評鑑球員。」

在洋基隊的春訓熱身賽期間，艾普勒一定會確定自己在球探區坐在麥寇爾旁邊；每個球場的

---

19 保羅·歐尼爾在一九九二年被辛辛那提紅人隊交易到紐約洋基隊，並成為該段時期洋基隊最重要的主力球員之一，率領球隊五度獲得世界冠軍；他在十七年的職業生涯中五度入選明星隊，並於一九九四年以三成五九的打擊率成為美國聯盟的打擊王。

球探區都在本壘後方隔著幾排的位置；來自其他球隊的球探大多喜歡坐在一起閒聊，但麥寇爾從不參與，他很友善，但是他會坐到一旁去專心看比賽。

球賽一開打他就會用那細瘦的手肘頂一下艾普勒。

「比利小帥哥，」他會說，「你覺得那孩子怎麼樣？」

麥寇爾會仔細聽艾普勒逐步陳述他的觀點，但有時候也會透露一些他所注意到的地方。

「你看在準備區的那個傢伙，」麥寇爾會這樣說，「他看起來非常專心呢！」

艾普勒會跟著把眼光移到那位還在準備上場打擊的球員身上，觀察他有沒有注意看投手；

**啊！原來老棍要我們注重的過程從這裏就開始了，我們想要的結果是可以安全上壘，他要我注意的是這完整的過程。**

專注在這個層面上，幾乎讓人在春訓期間就可以用直覺判斷一個選手準備好了沒有；有一次艾普勒在三月底去一場春訓熱身賽看安迪．派提特（Andy Pettitte）投球，那時他手上握著雷達測速槍，但是麥寇爾只是坐在一旁，腿上放著一疊黃色的記事紙。

麥寇爾會寫下每一球的球速，還有一些相關的觀察筆記，像是球路、好球壞球，或是揮棒出界等等；然後他會畫下一條線區隔開來，再繼續記錄下一球，一場比賽可以寫下幾百球。

「每一球投出來發生了什麼事他全都知道，」艾普勒說，「我記得超級清楚，那天安迪大概投了三局還是四局，老棍就轉過來看著我，他放下了筆然後說，『他準備好了，球季可以開始了，你看看這些配球，還有他的球速。』」

「打者也是一樣，他看著打者面對的每一球都一一記錄，他們揮棒了沒有？他會說『這一棒揮得不錯，』或是『這一球揮得太急了，』他在腦子裏不停的算，我沒辦法像他那樣，我一定要全都寫下來。」

「他光是坐在那邊就可以說，『光是看某個選手有沒有揮棒，我就可以看出他的專注度到了什麼地步，』然後因為他曾經是球員，所以他總是可以利用比賽的狀況來做出他的結論，壘上有人、比數多少、第幾局等等，打者應該揮棒嗎？這不是一個單純的問題，揮棒與否從來就不是那麼一翻兩瞪眼，但是我從他這種分析的方式學到了很多。」

麥寇爾評鑑打者靠選球保送而上壘的能力中，最重要的一個關鍵，就是一個似乎是由他所發明出來的概念，而且他總是把這句話掛在嘴邊，那就是「他能不能放掉這一球？」

艾普勒是這樣解釋的：「這個意思是說，當你觀察一名打者的時候，你會發現當投手開始啟動要投球時，打者也會啟動準備揮棒；當球飛向本壘時，也就是球離開了投手之後，打者的肩膀和雙手是放鬆的嗎？有的打者會把球棒又靠回肩上，有的打者會讓肩膀沉下來，有的打者會把手放低，老棍會說那就是『放掉這一球。』」

艾普勒在大學時是位投手，他完全理解當打者放掉他投出的球時，對投手的挫折感有多大。

「對投手的打擊太大了，我的層級當然沒這麼高，但是我自己親身經歷過這種感覺，我的天賦並不足以壓倒對手，我的球速也不夠快，所以我必須靠著好球帶的邊邊角角來跟強打者周旋，當我看到他把球棒放回肩膀上，基本上那就是在告訴我說，我投出的那一球連跟他同場競技的資格都沒有，這對投手丘上的我來說真的太讓人洩氣了。」

麥寇爾會努力尋找這種特質，而且在找到時會特別興奮。

「『天啊！傑森．吉昂比（Jason Giambi）[20]，你看他放掉這一球。』」

「『巴比．阿布瑞尤（Bobby Abreu）[21]，你看他放掉這一球，你看蓋瑞．謝菲爾德（Gary Sheffield）[22]放掉這一球，你看他的揮棒速度，看他揮棒的軌跡，你看他怎麼停下來的。』」

麥寇爾所注意到的細微之處不光只是打者站在打擊區裏的肢體語言而已。

「他看的是球賽之中的球賽，」休瓦特說，「他透過一個不同的稜鏡來解析比賽，譬如說光是看一個人怎麼在換場熱身時接一壘手傳過來的滾地球，他就可以看出東西來。」

「我記得有一次歐瑪．維茲奎爾（Omar Vizquel）[23]在攻守換場時用手套背面接了捕手傳過來的一球，老棍看到時超開心的，他說像維茲奎爾這樣的選手很容易覺得無聊，所以會用這些不同的方式來接球。」

「他跟我說，『千萬別剝奪拉丁美洲內野手的想像力，他們以前都在破爛的球場上打球，他們接球就像是在為了保命似的，別嘗試去改變他們，讓他們保有那種流暢度，讓他們有自由發揮的空間，讓他們能做自己。』」

多年來坐在麥寇爾身邊吸收這些細節知識的不光只有休瓦特和艾普勒而已，布萊恩．凱許曼雖然不是球探出身，他也在麥寇爾身上花了足夠時間去瞭解洋基隊要找的球員到底該是什麼樣子。

這些基本原則多年來都未曾改變，凱許曼想起二〇一三年在匹茲堡海盜隊時被選為國家聯盟最有價值球員的安德魯．麥卡臣（Andrew McCutchen），他在生涯早期曾經被麥寇爾這樣評鑑過。

「有一年四月他看到安德魯．麥卡臣正站在打擊準備區待命，他看到他的專注，」凱許曼說，「然後在他筆記上的小格子裏他會寫下『不慌亂』，他是這樣說的，『這傢伙一定會成為一個超棒的球員，因為他一點也不慌亂，他夠專注。』」

二〇一八年，麥寇爾過世後第二年，凱許曼透過交易將麥卡臣收入洋基隊，用來補強球隊競爭季後賽資格的外野陣容。

20 職業生涯上壘率三成九九。
21 職業生涯上壘率三成九五。
22 職業生涯上壘率三成九三。
23 歐瑪．維茲奎爾在二十四年的大聯盟生涯中效力多隊，但是以在克里夫蘭印地安人隊的十一年最為人著稱，被公認為是大聯盟史上防守最優秀的游擊手之一，一共獲得過十一次的金手套獎。

舊金山巨人隊的傳奇人物總經理布萊恩·塞比恩說，「要評鑑球員的第一步就是要集中注意力，看比賽的時候要深度投入，完全專注在其中。」

「吉恩（麥寇爾）對於每個人的肢體語言就是有一種直覺，加上他們的棒球技能和肢體能力，他就能從比賽間看出這會是出色的好球員，還是那種不上不下的平庸貨色；他特別重視每個人的性格，他認為因為來自媒體和球隊老闆的壓力，不是每一個球員都能適應成為一名洋基隊的球員，他評鑑球員可不是隨便看看的。」

看球員的肩膀、雙手，還有眼睛，看球員的頭和臉，還有那些從細微之處洩漏出來的熱情或是無動於衷，麥寇爾就是用了這一整套對球員獨一無二的評鑑方式，逐步建構起了下一個洋基王朝。

但是如果不是因為史坦布瑞納又一次的不當行為導致雙方大起衝突，麥寇爾很可能根本得不到這個機會。

# 6 老棍再度領導洋基隊

喬治・史坦布瑞納從一九八〇年代初期就開始了和明星外野手大衛・溫菲爾德（Dave Winfield）之間的戰爭，大老闆在一九八〇年球季結束之後就開始招募這位自由球員，想讓他取代當時三十四歲、即將進入合約最後一年的瑞吉・傑克森，來提升洋基隊的戰力。

雙方簽下合約幾天之後，史坦布瑞納發現自己誤解了合約中會逐年上升的生活成本指數條款，讓十年合約的總值遠遠超過了他原先所預期的數字，這是洋基隊所犯下的錯誤，但是史坦布瑞納沒打算認輸。

那一年球季洋基隊在世界大賽中輸給了道奇隊，溫菲爾德在二十二次打擊中只擊出一支安打，更是讓史坦布瑞納氣得給了他一個「五月先生」的外號，和傑克森的「十月先生」是個強烈的反差，雙方之間的惡劣的關係也就此浮現檯面。

溫菲爾德的合約中還有另外一個條款，要求史坦布瑞納每年都必須捐出三十萬美元給他個人的慈善基金會，對於生活成本指數條款早已不滿的史坦布瑞納立刻就拒絕支付。

之後這兩人花了多年時間因為此事進行訴訟，這完全展現出史坦布瑞納對溫菲爾德的不滿，因為絕大多數的時候史坦布瑞納對於弱勢團體都很容易心軟，他非常樂意資助那些前來求助的人。

「我已經數不清有多少次，我在路上就會遇到有人告訴我，『我不知道可以跟誰說，但是喬治．史坦布瑞納偷偷幫我付了我的大學學費，』」洋基隊的資深轉播員蘇珊．瓦德曼（Suzyn Waldman）說，「他真的非常大方。」

但是大老闆始終冷酷對待溫菲爾德和他的基金會，而且還以各種越來越無理的手段來打擊溫菲爾德。

到了一九八〇年代末期，洋基隊的隨隊記者們開始在深夜時分接到打進他們旅館房間的電話，電話另一頭是一位自稱名叫豪伊．史派拉（Howie Spira）的神秘人物，每次都說自己有關於「溫菲爾德那個渾蛋」的負面消息。

記者們都在洋基球場見過史派拉，他是一位自由廣播記者，但是說自己曾經替溫菲爾德工作；他指責溫菲爾德曾經借過高利貸給他，威脅他，而且對基金會的資金使用不當，他還說溫菲爾德的經紀人曾經在一九八一年的世界大賽期間寄過假造的死亡威脅給溫菲爾德，用來轉移大家對溫菲爾德表現不佳的批評。

「我就是覺得豪伊・史派拉這個人怪怪的，」一九九〇年時還在《紐約日報》（*New York Daily News*）任職的洋基隊資深轉播員麥可・克伊（Michael Kay）說，「我曾經和他有過一些接觸，但就是覺得不對勁。」

克伊和其他的記者們都知道史派拉沉迷於賭博，所以也不認為他是一個可被信任的消息來源，但是偏偏史坦布瑞納卻相信了他；大老闆出了四萬美元的代價向史派拉換取了一些溫菲爾德的負面消息，同時也希望能制止史派拉繼續兜售這些消息。

想當然耳，一次的付款引來了後續更加激烈的勒索手段，史派拉騷擾了大老闆和他的家人，最後終於被逮捕，並以勒索取財罪被判刑兩年半，關進了聯邦監獄。

但是史坦布瑞納也沒佔到便宜，他沒有料到史派拉其實背地裏和紐約時報的調查記者理查・平西亞克（Richard Pienciak）合作；而報社在一九九〇年三月十八日這天刊出了一整篇洋基隊的內幕報導，詳細記述了球隊老闆居然花錢向一名賭徒購買自己陣中明星球員的負面消息。

包括助理農場主管布萊恩・凱許曼在內的洋基隊員工們都受到了這篇報導的震撼，他們都知道整個球團即將要面對翻天覆地的改變。

「我那時的層級很低，一開始根本什麼都不知道，一直到整件事情爆發開來，連大聯盟和會長都被牽扯進來，」凱許曼說，「在那之前我完全不知道有這樣的事。」

這起史派拉事件很快就成了所有洋基隊職員和球迷最關注的新聞事件，而他們大多早已經受夠了史坦布瑞納，等不及要有所改變。

七月三十日大聯盟會長費伊・文生（Fay Vincent）給了史坦布瑞納停權兩年的處罰，這是大老闆第二次受到這樣的懲處；前一次是一九七四年由當時的大聯盟會長波伊・庫恩（Bowie Kuhn）所裁定，原因是史坦布瑞納非法向總統候選人理查・尼克森（Richard Nixon）捐助了政治獻金，但是那一次的停權刑期後來被縮減到了十五個月。

詭異的是為了避免被停權，史坦布瑞納居然決定直接辭去洋基隊管理合夥人的職位，並被放上大聯盟的永不錄用名單上；當時他身兼美國奧會副主席的位置，他擔心「停權」這兩字的負面意義會讓他遭到撤換。

「基本上他打算用終身停權來代替兩年停權，」文生後來告訴作家比爾・潘寧頓，「這做法有點蠢，我勸他別這樣做，我跟他說『你會被放上永不錄用名單』，但是我不認為他理解永不錄用就是一輩子，他犯了個大錯。」

文生最後終於同意了史坦布瑞納這個「非常奇怪」的決定，大聯盟允許他繼續經手洋基隊的廣播及電視合約、銀行事務、球場餐飲及商品合約、租約，以及其他與政府機關的行政事務等等，史坦布瑞納也被允許保留了球隊的所有權，但是大老闆本人則被永遠驅逐出了職業棒球的世界。

在離開球隊之前，史坦布瑞納先是指定了由三十三歲的兒子漢克（Hank）接任管理合夥人的職位，但是漢克拒絕了這項安排。

喬治認為氣質與性格和他完全相反的次子哈洛德（Harold）會是他事業上的繼承人，但是被暱稱為海爾（Hal）的哈洛德當時正在威廉斯學院讀四年級，才二十歲的年紀實在是太年輕了。

漢克當時正在球隊的棒球事務部門工作，比起海爾更被洋基隊員工所熟識，但是凱許曼對這些早年的記憶很模糊。

「漢克在業餘球員的球探部門時，我還只是個實習生，所以喬治被禁賽的時候我肯定已經認識他了，」凱許曼說，「我不確定那時我有沒有見過海爾，我知道我是在大學之後認識他的，因為那時候他也到紐約來球隊工作了。」

凱許曼和海爾建立起深厚的合作關係還是未來的事，但在喬治被禁賽的那段時間，海爾還是在家人的要求之下開始接手了球隊的事務。

「被給予的越多，該付出的也越多，對吧？」海爾．史坦布瑞納說，「我只想要幫助我的家人，特別是當他被驅逐出棒球界之後，我有想過繼承他的位置嗎？那時我才二十二歲，喬治也正當壯年，我不認為任何人曾想過他會退休，我也一樣，我完全沒想過會繼承他，我只是盡一份我的力量幫助家人，也替他關心一下球隊的運作，那算是我該盡的職責吧！」

海爾雖然回歸球團，但資歷畢竟還不夠接手球隊最高的領導位置，於是他的父親只好將洋基隊有限合夥人羅伯特．尼德蘭德（Robert Nederlander）提升為管理合夥人。

一九九〇年七月三十日晚上，文生在曼哈頓城中區召開了記者會，宣布對大老闆的懲處，洋基隊正在布朗克斯比賽，比賽輸了，球隊的戰績也是全聯盟最差。

史坦布瑞納被停權的消息迅速透過收音機廣播在球場內傳開，歡呼聲從現場兩萬四千零三十七名球迷中響起，有許多人開始喊著「喬治滾蛋！喬治滾蛋！」的口號，音量甚至壓過了第七局固定的「帶我去看棒球賽」演唱聲，洋基隊轉播員東尼．庫貝克還提議說球隊可以舉辦一個「豪伊．史派克日」的活動。

為什麼大家要這麼高興？畢竟史坦布瑞納在一九七〇年代還是幫洋基隊拿下了兩座世界冠軍，而且雖然從一九八一年之後洋基隊就沒能打進季後賽，但最少在整個一九八〇年代，洋基隊的累積勝率是超過五成的。

對大部分的洋基隊球迷來說，這幾年球隊確實是走在一條錯誤的路上，一九九〇年球季的戰績直逼九十五敗，比利．馬丁和大衛．溫菲爾德之間的鬧劇已經演了超過十年，而洋基隊開除和雇用新任總教練及總經理的次數也比任何其他球隊都多，大家再也不能忍受史坦布瑞納；他缺乏耐性，一再命令總經理將年輕的潛力球員交易出去，而他競逐而來的自由球員又大多未能像過去的瑞吉．傑克森和「鯰魚」．杭特一樣對球隊做出貢獻。

這段期間球隊陣中最耀眼的明星是一壘手唐．麥汀利（Don Mattingly），他一再和史坦布瑞納發生衝突，成績表現到了一九九〇年也和溫菲爾德及明星終結者大衛．瑞格帝（Dave Righetti）

一樣開始衰退；洋基隊最後的戰績在聯盟墊底，這是他們自一九六六年以來的第一次，就是那個「蠢女人」在克里夫蘭激怒了羅傑．馬里斯的那一年，在史坦布瑞納似乎將洋基隊從那個谷底給拯救出來之後，他又將他們一路帶回了那個原點。

不管後來的公眾評價對史坦布瑞納有多麼崇拜，但是在當時他就是洋基隊的罪人。「時間久了，評價也就完全不一樣了，」一位當時在洋基隊任職的人員說，「喬治在那時是被人痛恨的，痛恨，後來球隊開始贏球了，每個人又都開始懷念他、把榮耀都歸功於他了，他的評價整個都變了；在他被停權的時候，整體的氣氛就是『叮叮叮，老巫婆終於死了』，球隊在他晚年開始贏球讓他的名聲好轉了很多，不然在當年他可是備受爭議的。」

史坦布瑞納在位的最後一天是八月二十日，晚上六點鐘他在洋基球場召開了記者會，表達他已經平靜的接受了這個決定。

「我並不懊惱或是後悔，我也不意外，」他說。

做為洋基隊老闆的最後一項人事任命（最少在當時看起來是那樣），他宣布吉恩．麥寇爾將會取代彼特．彼特森（**Pete Peterson**），再度擔任洋基隊的總經理，在場的媒體記者們完全沒有想到史坦布瑞納會宣布麥寇爾的回歸。

「沒人知道，」麥可．克伊說，「現在回想起來，他選擇吉恩．麥寇爾是有道理的，因為他信任吉恩會為球隊做出最正確的決定，而且絕對不會為自己牟利，他知道吉恩有多正直。」

麥寇爾當時已經轉任為洋基隊的球探，他接手的一團爛帳和一九六〇年代哥倫比亞廣播公司買下的洋基隊差不多；雖然洋基隊在選秀和小聯盟的球員培育上已經有了些進展，但是在史坦布瑞納的管理之下，整個球團的整體發展還是缺乏一個方向。

就和十年前他第一次接手總經理這個位置時一樣，麥寇爾立刻就為球隊帶來了改變；他放手讓瑞格帝以自由球員的身份和舊金山巨人隊簽下合約，因為在擔任球探時，他已經在近距離發現這位投手開始衰老的跡象，而瑞格帝在加入巨人隊之後的表現果然也不理想，但是麥寇爾同時簽下的新任終結者史提夫．豪爾（Steve Howe）和先發投手史考特．山德森（Scott Sanderson）則在加入洋基隊之後都交出了好成績。

在一九九〇年加入洋基隊教練團，並在一九九二年成為洋基隊總教練的巴克．休瓦特，在那段沒有史坦布瑞納的時期近距離觀察了麥寇爾。

「老棍在小聯盟裏認定了大概四到五位要緊握不放的潛力球員，」休瓦特說，「馬里安諾．李維拉、安迪．派提特、荷黑．波沙達（Jorge Posada）、伯尼．威廉斯（Bernie Williams），甚至傑洛德．威廉斯（Gerald Williams），因為我們認為他可以成為很棒的第四號外野手；如果史坦布瑞納沒有被停權的話，我覺得我們大概都留不住這些選手，我記得他曾經叫老棍把伯尼給交易出去，說『你們高估他了』之類的，老棍只能靠著幕後的一些操作把球員給留住。」

休瓦特眼中的麥寇爾是一位狡猾的球隊高層，能哄騙對手球隊接受那些後來都對洋基隊有利的球員交易，像是在一九九一年的冬季會議，麥寇爾和休瓦特在旅館套房接待了芝加哥白襪隊的總經理朗恩．舒勒（Ron Schueler）和高階球探艾迪．布林克曼（Eddie Brinkman），在簡單的討論了一些可能的交易提案之後，舒勒和布林克曼起身打算告別。

「喔對了，順便跟你們說一下，」麥寇爾很不經意的隨口說道，「如果真的有需要，我們或許會願意考慮交易薩克斯。」

事實上洋基隊非常想把曾經的明星二壘手史提夫．薩克斯（Steve Sax）給送走，他接下來球季的薪水是三百六十萬美元，雖然一九九一年他在洋基隊的打擊率仍然有三成〇四，但是麥寇爾銳利的球探眼光已經看出了他即將開始衰退。

從他對白襪隊說話的口氣，麥寇爾聽起來就像是幾乎不可能會考慮交易似的。

「我們真的不想放走他，」他繼續說，「但是如果你們真的有興趣的話，也不是不可能，就是讓你們知道一下而已。」

原本正在往門口移動的舒勒慢慢轉過身來。

「如果我們真的對薩克斯有興趣的話，你們會想要怎麼樣的代價？」他問道。

麥寇爾只是聳了聳肩。

「再看看吧！」他說，「我們再想想，我不覺得我們會放掉他，他真的是很棒的球員，你讓我再想想。」

舒勒和布林克曼這才離開，但是門一關上，麥寇爾看著休瓦特就開心的咧嘴笑了。

「他媽的上鉤了！」他得意地說，「有人上鉤了！」

三十多年之後，休瓦特還是為麥寇爾當天的演技讚嘆不已，「他把魚鉤就這樣子撒了出去，我真的就是覺得『老天爺這也太厲害了吧！』」他忍不住說道。

種子栽下去的下一個月，麥寇爾就成功的把薩克斯交易到芝加哥去，換回了投手梅利多・培瑞茲（Mélido Pérez）、鮑伯・威克曼（Bob Wickman），還有多明哥・金恩（Domingo Jean）；培瑞茲為洋基隊效力了四年，威克曼則是五年，但是薩克斯在芝加哥的第一年打擊率就降到了兩成三六，而且兩年之後就退出了棒球界。

「老棍的後口袋裏有一張名單叫做『別人家的麻煩』，」休瓦特說，「他的意思是說，只要你不去在意會換回什麼，那就誰都可以被交易出去，因為有些人的麻煩可能比你還糟。」

在麥寇爾的總經理生涯後期，他和休瓦特的麻煩之一就是和洋基隊簽下高薪合約、卻因為不太願意上場比賽而激怒球隊高層的外野手丹尼・塔達布爾（Danny Tartabull）。

麥寇爾告訴休瓦特說他會把塔達布爾交易出去，休瓦特卻不認為他能找到願意接手的買家。

「如果你能把他換出去，我就在本壘板前親你的屁股，」休瓦特說。

結果麥寇爾把別人的麻煩魯賓・席瑞拉（Rubén Sierra）給換了回來，他是一位資質優異的外野手，但是在奧克蘭運動家隊卻和總教練東尼・拉魯薩（Tony La Russa）頻起衝突，麥寇爾順利的用塔達布爾換回了席瑞拉。

當麥寇爾走進洋基球場的總教練辦公室，要告訴休瓦特他已經成功把塔達布爾交易出去的時候，他一邊走就一邊開始解開褲帶要讓休瓦特認賭服輸了，看起來就是他已經不想等到本壘板前去了。

「等一下等一下，」休瓦特說，「你拿他換了什麼回來？」

「沒什麼等一下，」麥寇爾一邊說一邊繼續開釦子，「我們的賭注可不管那些。」

但是如果要找出一件交易來完美詮釋麥寇爾精準的球探眼光、高明的交易手段，以及對未來洋基王朝的遠見，那絕對不會是薩克斯或是塔達布爾這兩起交易。

那是一起在球團內被傳誦多年，也讓許多後起的球隊高層人員都忍不住要不斷追問麥寇爾的經典交易案。

# 7 比利．艾普勒問了對的問題

比利．艾普勒唯一的任務就是要讓吉恩．麥寇爾在這趟從洛杉磯往東京的長途飛行上覺得舒適，但是他心裏也一直有一個壓了好久的問題想要問，現在應該就是最好的時機了。

這是二〇一一年，三十五歲的艾普勒是一位前途看好的球團人員，即將要被昇職為副總經理；麥寇爾此時已經是一位從洋基球團光榮退休的棒球大師，這兩人一起移動過，但通常都是去尋訪美國東岸洋基隊小聯盟球隊的短程旅途。

這一次他們從不同地點出發到洛杉磯國際機場集合，然後一起轉機去日本，準備要看一位國際球員市場上有史以來最受矚目的日本投手，達比修有。

漫長的飛行旅程讓艾普勒更有機會可以去理解麥寇爾的那些不傳之密，而這其中有一件事特別讓他著迷。

飛機剛剛起飛，艾普勒就轉向了麥寇爾。

「嘿！我有問題想問你，」他說道。

「說吧！比利小帥哥，」麥寇爾的白髮一貫的散亂，而他一開口，那永遠都壓制不住的男中音一下子就填滿了整個機艙。

「你到底是哪來的膽子，」艾普勒問，「居然敢把羅貝托・凱利（Roberto Kelly）交易出去，換保羅・歐尼爾回來？」

如果艾普勒真的想要深入瞭解洋基隊為什麼會是洋基隊，那他問的這起交易案就真的是問到關鍵了。

一九九二年球季結束，洋基隊的戰績是七十六勝八十六敗，對一般人來說，凱利肯定是洋基隊陣中少有的幾位潛力明星之一；他是一位自家農場培養出來的中外野手，那年二十七歲，也入選了美國聯盟的明星隊。

但是麥寇爾銳利的眼光看透了那些表象，凱利的選球不夠符合麥寇爾想要的標準，而且他是一位右打者，但麥寇爾希望球隊裏能有更多的左打者，因為洋基球場右外野的距離較短，左打者更有可能擊出全壘打；另一個原因則是洋基隊有一位叫做伯尼・威廉斯的潛力新人外野手，他在小聯盟累積了三成九四的上壘率，已經準備好要接下洋基隊中外野手的位置了。

「那個倒楣鬼就真的不適合，」休瓦特這樣子形容凱利，「老棍早就知道了，他把凱利定位為冠軍隊伍上的第四號外野手。」

仔細審視了他手上那張「別人家的麻煩」名單之後，麥寇爾選出了歐尼爾這位辛辛那提紅人隊的右外野手，他的脾氣火爆，而且常常和脾氣同樣火爆的總教練盧・皮涅拉起衝突；麥寇爾和皮涅拉有幾十年的交情，他知道這兩人的性格實在太相似了。

「老棍愛死皮涅拉了，但是他也知道皮涅拉和歐尼爾兩個人完全不合，」休瓦特說道。

歐尼爾被三振時會痛打休息區裏的冰水桶，或是對著裁判大吼，有一次他甚至在外野漏接之後就氣到直接一腳把球踢開，這些通常都是自私球員的行為，而且還會讓他們被隊友排斥，但是麥寇爾認為歐尼爾的火爆脾氣是可以被安撫的；他認為洋基隊需要一位像歐尼爾這樣熱血投入比賽的球員，而且從球探的角度來說，凱利百分之六點七的保送上壘率比起歐尼爾的百分之十點三低了很多。

即使是在一支輸多贏少的球隊上，凱利依然深受球迷喜歡，但是他沒能受到麥寇爾的青睞，歐尼爾才是麥寇爾想要的洋基人，還有威廉斯也是。

在坦帕市一間屬於喬治・史坦布瑞納的旅館裏，麥寇爾集合了他的團隊來討論這起可能的交易，布萊恩・凱許曼也在現場，在激烈的爭論之中，麥寇爾始終堅持凱利的能力被高估了，而歐尼爾則剛好相反；有些人擔心歐尼爾會和教練團起衝突，因此不希望他加入洋基隊，其他人則是不確定威廉斯是否已經準備好要接下先發中外野手的位置。

麥寇爾還是發動了這項交易，一下子就把歐尼爾和威廉斯都放上了先發名單；這一刻的洋基隊已經開始朝未來洋基王朝的方向前進，但當時的球迷和媒體都還沒發現。

「那筆交易真的很帶種，」休瓦特說，「羅貝托·凱利當時是紐約洋基隊的先發中外野手，這筆交易被罵翻了。」

把歐尼爾交易過來的時候，麥寇爾對於總經理這個職位早已不再眷戀，再過幾年他就會永遠放下領導球隊的這些責任；但是他已經把他的那些理念和想法，逐一傳授給了一位即將掌權數十個年頭的新人。

就說近代洋基隊的歷史始於一九七三年那條飛天的熱狗好了，或者也可以說是始於一九六八年麥寇爾在芬威球場跟著米奇·曼托跌跌撞撞的走下客隊休息區的階梯，不管你要選哪一個時刻做為洋基隊從舊到新的蛻變關鍵，中心點永遠都會是麥寇爾；至於下一個登場的洋基人物，那個把這些悠久傳統全都推進了新世紀的關鍵人物會是誰呢？他其實早在老棍用凱利換回歐尼爾之前，就已經開始暖身了。

那是一九八六年，一個叫布萊恩·凱許曼的暑期實習生，他第一次踏進了洋基隊的大門。

# 第二部

# 布萊恩・凱許曼的洋基之道

# 8 布萊恩馴了一匹馬

一九八〇年代中期的某一個炎熱夏日，布萊恩・凱許曼在肯塔基州（Kentucky）看著一名獸醫將整隻手塞進了一匹馬的屁股裏，太噁心了。

布萊恩的父親小約翰・凱許曼（John Cashman Jr.）在萊辛頓市（Lexington）的卡索頓農場（Castleton Farm）擔任總經理兼執行長，這是全國最佳的賽馬育種機構之一；當時還是高中生的布萊恩利用暑假來打工，學習怎麼去安撫受到賀爾蒙影響而脾氣暴躁的馬匹，完全沒有意識到自己正在習慣以後要如何去應付喬治・史坦布瑞納。

「有一匹懷孕的母馬，還有一個戴著手套的獸醫，」凱許曼回憶著說，「那手套就像是你帶狗出去散步，你知道那種專門用來裝狗大便的小袋子嗎？就是那種材質，透明的可以看到手，但是戴上去很長，從手一直包到肩膀。」

獸醫開始戴上那隻手套，凱許曼的工作則是要用一個叫做鼻捻子（Twitch）[24]的器具套住馬

24　一根尾端有著一個圓形繩套的長棍子。

的上嘴唇，然後扭轉。

「就是讓馬分心，讓牠去想『他們到底想幹嘛？他們怎麼套住我的嘴唇了？』」凱許曼說，「這樣子另一個人就可以把母馬的尾巴提起來，讓獸醫把整隻戴著手套的手臂塞進去，好幫這匹懷孕的馬做產前檢查，對，就是整隻手臂全都塞進去馬屁股裏。」

「當然他把手臂拉出來的時候需要一點空間，那些髒東西都跟著一起出來，我在旁邊拎著馬尾巴，常常被弄得一身都是，他媽的噁心死了。」

確實很噁心沒錯，但是這些歷練讓凱許曼學到兩件讓他日後獲益無窮的事，「我學會了職業道德，而且我得到了支票。」

凱許曼一家人之所以會如此「沉浸」在養馬和拖車賽馬這項競技之中，是因為小約翰．凱許曼對自己夢想的堅持；他在長島（Long Island）長大，父親平常在華爾街工作，但同時也在威斯特布里（Westbury）的羅斯福賽馬場（Roosevelt Raceway）擔任拖車賽馬的裁判，小約翰幼時就經常和父親一起到賽馬場去，也早早就決定自己要投入這個領域。

老約翰並不贊成，於是小約翰就逃家了；十六歲的小約翰逃到了佛羅里達投入拖車賽馬的圈子，他在業界快速成長，三年之後就回到了羅斯福賽馬場擔任賽事主任。

布萊恩．凱許曼在三十歲時就成為洋基隊的總經理，他對自己與父親一樣少年得志感到驕傲；以父子檔來說，他們的外貌比一般父子還要相像，同樣有著稀疏的頭髮和尖俏的鼻子，但是在更深的層面上，專業職場的快速晉升以及對工作的全心投入，才是他們最相似的地方。

「要說人生有什麼複刻的地方，當時我是棒球歷史上第二年輕的球隊總經理，」布萊恩・凱許曼說，「而我爸在他的年代，當他成為羅斯福賽馬場賽事主任的時候，則是全國年紀最輕的賽事主任，有點像是歷史重演。」

小約翰在一九六三年娶了同樣住在長島的南西・普拉特（Nancy Pratt）為妻，布萊恩出生於一九六七年，在五個孩子中排行老三；當他還在襁褓之中時，小約翰辭去了在羅斯福賽馬場的職位，轉換跑道進入了配種與販售的產業，這是在賽馬領域中待遇更好的一個區塊，而他的新事業也非常成功。

一九八〇年布萊恩十三歲的時候，小約翰轉往卡索頓農場任職，全家也搬往了美國南方，在賽馬的領域中，這樣的成就就像是得到機會可以管理紐約洋基隊一樣，因為根據拖車賽馬名人堂官方網站上的紀載，卡索頓是「最頂級的標準馬育養中心」。

卡索頓農場的主人是佛德列克・范連內普（Frederick Van Lennep），他已故的妻子法蘭西斯・道奇・范連內普（Frances Dodge Van Lennep）是道奇汽車集團的繼承人；農場佔地一千四百英畝，種著一排又一排垂著綠葉的梧桐樹，如果漫步穿過鋪著綠色瓦片的馬房，就會來到一座石砌的小教堂。

范連內普就像是來自另一個世代的人物，一九七三年的《運動畫刊》（*Sports Illustrated*）形容他是一位「苗條勻稱、衣著剪裁合身的六十一歲男士，有著像巴瑞摩爾（Barrymore）家族[25]成員一般的外貌以及上了髮蠟的髮型，彷彿油亮的髮型仍在流行，范連內普就像是從《浮華世界》（*Vanity Fair*）雜誌的頁面裏走出來似的。」

布萊恩．凱許曼就在這樣一個富裕的、歷史悠久的運動環境裏度過了他的青春期。

不管是在肯塔基還是在長島，凱許曼一家人過著恩愛但低調的生活，母親南西是一位傳統的家庭主婦，開車載著孩子們往返學校及運動賽事，父親小約翰則和酗酒症對抗著，直到布萊恩在書桌抽屜中偶然翻到關於戒癮的資料才被發現，小約翰在人生的最後四十年滴酒未沾，但他與布萊恩從未聊起此事。

他們也不太聊起小約翰在事業上的重大成就，他在卡索頓育養出好幾匹著名的賽馬，也在育馬皇冠盃（Breeders Crown）拖車賽馬系列賽的規劃成立上扮演了重要的角色；布萊恩對於父親的瞭解，特別是在他年幼時有關父親的一切，大多來自於報紙上的新聞報導。

「我是我們全家第一個從大學畢業的，」布萊恩．凱許曼說，「我爸堅持我們都要念大學，所以關於他曾經逃家投入運動產業這件事，在家裏幾乎是從未被提起過的，我們聽說過，也讀過一些報導，但是他很少講到那些事。」

家族遺傳的沉默寡言至今仍然是布萊恩．凱許曼的性格特色，但是如果他真的對某人有所不滿，他還是會正面對決，畢竟他從父親和吉恩．麥寇爾身上都學到的，就是必須要對喬治．史坦布瑞納吼回去；一般來說他並不喜歡深入的、情感上的真情交流，特別是在同事之間。

小約翰早晚投入大量的時間在工作上，完全沒有其他任何的休閒娛樂，而布萊恩也和父親一樣，把自己的精力都投入了棒球；小約翰在賽馬領域的成就和地位也和日後的布萊恩差不多，他在一九九二年還被迎入了拖車賽馬名人堂（Harness Racing Hall of Fame）。

即使是在放暑假時，布萊恩和他的手足都被要求要到馬場工作，「我每次都開玩笑說，我爸那時把我們這些未成年的孩子都帶到馬場去做工，肯定違反了所有和童工有關的法律，」布萊恩．凱許曼說。

之前提到的，在產檢時拎起懷孕母馬的尾巴，就是布萊恩的職責之一，但是他的父親也給了他一些會讓人比較有成就感的工作。

在布萊恩前往馬里蘭州（Maryland）的住宿學校喬治城預科中學（Georgetown Preparatory School）完成高中學業的最後兩年之前，那個暑假小約翰獲得了一匹奎特馬（Quarter Horse）[26]。

「你想不想馴服牠？」他問布萊恩。

25 巴瑞摩爾家族是一個著名的美國演藝世家，家族成員可以追溯到十九世紀中期的倫敦，至今仍有多人活躍於演藝圈，包括知名女演員及主持人茱兒．芭莉摩（Drew Barrymore）。

26 一種由英國品種培育而出的美國馬，常被用來進行四分之一英里的賽馬，四分之一（Quarter）的發音近似奎特，故而名之。

「當然好，」布萊恩回答道。

那匹馬的名字叫做「小靈活」，而凱許曼至今還記得所有的細節；一開始他對於要怎樣馴服一匹馬一點概念都沒有，但是當馬兒開始發脾氣、開始暴跳的時候，他只能趕緊想辦法學會。

「先是在馬廄裏把馬銜套好，還有一個扣在臉頰邊上的扣環可以讓韁繩拉起來省力一點，」凱許曼說，「然後把一塊毯子批在馬背上，掉下來就一直再鋪回去，因為牠一定不會喜歡有東西在牠背上，牠從來就沒有在背上被放過東西。」

「所以就是把毯子放在馬背上，拉著牠一起在鎖上的馬廄裏面繞著圈子走，讓牠花幾天的時間慢慢習慣；毯子披著大概一星期之後就可以加點重量，然後把繫帶綁上，牠一定不會喜歡，會又踢又跳，但是等牠慢慢習慣，就可以把馬鞍放上去，這又會讓牠氣到抓狂，這段時間又要一個星期左右。」

「在那個星期裏，你就是趴在馬鞍上讓牠抓狂，跟牠一起被關在馬廄裏，一起不爽，直到牠慢慢習慣，那是你要和牠一起經歷的過程；然後你突然坐上去，一下子所有的東西都在牠背上，牠又會開始又踢又跳，要把你給掀下來。」

「等牠習慣了這些，你再把牠帶出去馬廄外面的小馬場換個環境，等牠通通都適應了，這匹馬就算是被馴服了。」

那幾個星期的激烈交戰讓年輕的凱許曼獲得了深度的滿足感，有趣的是「小靈活」似乎也有同樣的感覺。

「最酷的就是，高中最後兩年當我離家去住校的時候，我聽說有人試圖要套車駕馭，或是要騎小靈活，」凱許曼說，「但牠一點都不買單，牠已經認定是我了，所以任何其他人都會被牠給掀下來。」

進入喬治城預科中學就讀之後，凱許曼在棒球隊上成為一位靠腳程及高打擊率取勝的二壘手，最後一年美式足球隊教練說服了他加入球隊，雖然他從未曾在任何等級打過美式足球。

凱許曼在那時展現出了他積極好勝的一面，就像年輕時的吉恩·麥寇爾在匹茲堡海盜隊小聯盟裏吼教練和裁判一樣。

有一天在球員休息室裏，凱許曼走過一對體格高壯的先發球員身邊，其中一人伸手就拉下了凱許曼腰上圍著的毛巾，然後用另一條毛巾在凱許曼的臀部上抽了一下。

「別惹我，」凱許曼說道，然後把毛巾重新圍上。

那傢伙又抽了一下。

「媽的渾蛋，我說了別惹我，」凱許曼說道，揑緊了拳頭就要開打。

「我追著要打他，全身光溜溜的，從健身房追到中庭去，」凱許曼回憶著說，「然後我的氣就消了。」

那時的凱許曼已經吸引了一級大學球隊的關注，他決定加入位在紐奧良（New Orleans）的杜蘭大學（Tulane University），那是美國南方最頂尖的大學棒球隊之一，但是在報到之前，來自華盛頓特區（Washington, D.C.）第三級大學天主教大學（Catholic University）的教練對他展開了慷慨熱情的招募。

「在那邊你永遠都不會有上場的機會，」教練鮑伯·陶伯特告訴凱許曼說，「你在那邊會很痛苦，但是到我們學校來，你大學第一年就可以上場比賽。」

這個論點敲中了凱許曼，也讓他改變了心意；他在天主教大學擔任開路先鋒，由於知道自己的弱點是會在球數落後時遭到三振，於是他常常看到投手投出的第一球就揮棒攻擊。

這個戰術在一定程度上發揮了功效，一九九八年球季他在三十八場比賽中擊出了五十二支安打，這個紀錄在學校保持了十一年才被打破；然而這並不是洋基隊想要的球員型態，他不是那種會選球拚保送的打者，或是用吉恩·麥寇爾的詞彙來說，他不會「放掉這一球」，

他就是上去猛揮的。

這時凱許曼的父親已經和喬治·史坦布瑞納合作好幾年了，這位洋基隊的老闆一直都是一位賽馬的狂熱分子，是好幾匹馬的馬主；小約翰·凱許曼則在佛德列克·范連內普的育馬王國中地位舉足輕重，到一九八〇年代初已經是佛羅里達州龐帕諾海灘市（Pompano Beach）龐帕諾公園（Pompano Park）賽馬場的總裁。

龐帕諾公園賽馬場位在洋基隊羅德岱堡（Fort Lauderdale）春訓基地的北邊，駕車只要半

小時左右；小約翰結識了史坦布瑞納、懷堤．福特，以及前道奇隊投手勞夫．布蘭卡（Ralph Branca）等人，他們都和他一樣，對棒球和拖車賽馬有著同樣的熱愛。

凱許曼一家人都是死忠的洋基球迷，只有布萊恩除外，一九七八年他十一歲的時候洋基隊打進世界大賽，他用全力替道奇隊加油來略略展現他的叛逆；於是到了一九八二年，小約翰就透過布蘭卡安排，讓布萊恩到道奇隊位在佛羅里達州維羅海灘市（Vero Beach）的春訓基地擔任球童。「我痛恨洋基隊，」布萊恩．凱許曼說道，但是他的理由就像他講到自己家庭一樣簡潔，「我就是要跟全家不同。」

史坦布瑞納向小約翰．凱許曼買馬時所展現出來的性格，就和他在棒球事業上一模一樣：有時迷人而充滿魅力，有時則張狂且暴躁易怒。

如果小約翰．凱許曼賣給史坦布瑞納的馬在比賽中輸了，史坦布瑞納會責怪他，然後兩個人會冷戰好幾個月；有一次史坦布瑞納在參加一場叫做一哩紅（Red Mile）的名人賽馬之前，要求小約翰在抽籤上動動手腳，讓他可以抽到內側的賽道。

小約翰比起同時代的吉恩．麥寇爾或是日後他自己的兒子布萊恩毫不遜色，他知道要怎麼對抗這位大老闆，而且直接就拒絕了；他們的情誼立刻就發生了變化，但是兩人總會默默的就重修舊好，史坦布瑞納甚至一度雇用了布萊恩的哥哥約翰．凱許曼三世（John Cashman III）擔任馴馬師。

一九八六年布萊恩跟隨天主教大學棒球校隊到南佛羅里達，結果在一場紙牌遊戲中輸掉了所有的錢；他打電話向父親求救，父親告訴他到龐帕諾公園賽馬場去，公關主任艾倫·芬寇森（Allen Finkelson）會請他吃飯，並借他一點錢。

凱許曼走進芬寇森的辦公室時，還以為自己走進了洋基隊的博物館，牆上掛滿了米奇·曼托、比利·馬丁、米奇·瑞佛斯（Mickey Rivers）[27]的照片，然後芬寇森手指上還戴著……那是洋基隊的世界冠軍戒指嗎？

「你怎麼會有那個戒指？」布萊恩問道。

「我和喬治·史坦布瑞納是好朋友啊！」芬寇森說。

他問凱許曼學期結束了之後有些什麼計畫，凱許曼說自己打算去夏季聯盟的球隊打球。芬寇森提出了他的建議，這個建議後來竟決定了凱許曼的人生。

「要是我安排你進紐約洋基隊去實習呢？」芬寇森問道。

27 米奇·瑞佛斯曾經效力洋基隊四年，擔任中外野手及打線上的開路先鋒。

# 9 開始實習

「別麻煩到人，盡力把自己工作做好」，一九八六年夏天布萊恩要去洋基隊實習的時候，這是小約翰．凱許曼給他十九歲兒子的忠告；一貫沉默寡言的小約翰省略沒提的，是那些他與喬治．史坦布瑞納交手時所經歷的煩人細節，其實也無須多說，接下來的二十幾年布萊恩就會親身體驗幫大老闆工作是怎麼一回事。

凱許曼在布朗克斯區（Bronx）金斯布里奇（Kingsbridge）一帶的一九二街上租了個公寓，預算有限的他第一次感受到紐約市的夏天，悶熱、沒有空調、五層樓的樓梯，以及大街上敗壞的治安。

「華盛頓高地、哈林（Harlem）、布朗克斯，這些地方在那時就像是戰場，」凱許曼回憶著說道，「我就住在這一切的正中心。」

在另一個更加與世隔絕、更加高高在上，但也同樣讓一個初來乍到的年輕人心懷戒懼的，則是洋基隊辦公室這個戰場，特別是當史坦布瑞納來視察的時候。

「喬治不住在紐約，所以當他從坦帕上來到紐約的時候，這在辦公室裏就是一件大事，」凱許曼說，「每一次他都讓大家緊張，整個辦公室的氣氛就是人人如坐針氈，因為大老闆總能挑出毛病，他就是來整頓軍心的。」

這些軍，特別是那些穿著制服的，有時候還是會造個反，有一次一位資深投手就讓年輕的凱許曼留下了不可磨滅的深刻印象。

「湯米．約翰（Tommy John）有一次對著喬治．史坦布瑞納大發脾氣，」凱許曼說，「球隊表現不好的時候，喬治就會把選手眷屬的門票位置移到很糟糕的上層座位區，如果球隊戰績還是沒有好轉，他就會直接去對球隊說，『夠囉！如果你們繼續這樣丟我的臉，那就別怪我修理你們家人。』」

「我記得湯米．約翰從地下室上來，我猜是他太太莎莉吧！她很生氣的打了電話到球員休息室去痛罵了湯米一頓，因為她和家人的座位被放到了最上層去，比賽已經要開打了，一身球衣的湯米．約翰穿過辦公室大廳走進電梯，想要親自走進大老闆的私人包廂去告訴喬治這他媽的令人無法忍受。」

「他氣壞了，像是枚追熱導彈似的，我的腦子一片空白，『我的天，比賽就要開始了，但是這傢伙就這樣和進場的球迷們混在大廳』，電梯一直上到了包廂的樓層，然後他找到了老闆的包廂，暴怒的湯米．約翰開始搜尋大老闆，就因為他的家人被放到了上層座位區。」

類似的大爆發總是為冗長的上班時間帶來一些調劑，凱許曼的直屬上司是副總經理彼得．詹姆森（Peter Jameson），「他非常厲害，」凱許曼說，「所有行政方面的事全都是他教會我的：美國聯盟的規定、勞資基本協議、合約之類的。」但是身為一位實習生，凱許曼同時也接觸到球團許多其他層面。

「那時還沒有實習生的相關法規，我們基本上就是隨時待命，」凱許曼說，「就是無止無休的全力以赴，我剛好就是在最前線，不管是要開車帶一壘手奧瑞斯特斯．迪斯特拉達（Orestes Destrade）去看醫生、去機場接總經理克萊德．金恩，或是有時就在哪裏佔一個位置。」

能夠「佔一個位置」，這是所有棒球實習生或是年輕職員的夢想，意思就是說能夠在辦公室裏聽主管們討論交易、簽約，或是比賽戰略等等，而凱許曼幾乎從一開始就是名單上的固定人選。

「他們會在球場舉辦測試會，」凱許曼說，「漢克．史坦布瑞納（Hank Steinbrenner）要和球探長布萊恩．塞比恩看影片的時候，就會叫我一起進去。」

凱許曼不記得第一次見到他未來的導師吉恩．麥寇爾是什麼時候，但是曾經先後主管過洋基隊球員培育部和業餘球員選秀事務的比爾．利弗賽卻說，麥寇爾很早就已經被有過打球經驗、而且聰敏又積極的凱許曼給吸引了。

「布萊恩是個聰明的孩子，但是又有棒球的背景，」利弗賽說，「聰明人很多，但是他們大多完全沒有任何棒球背景，布萊恩他懂棒球，他在天主教大學打球時的教練是我的好朋友，布萊恩才剛剛來到這裏，就已經很進入狀況了，他很聰明，學習能力很好，而且很渴望學習，總是會在對的地方表現出他的求知欲望，他學得非常快，我想老棍一下子就發現他的這些特性了。」

麥寇爾不是唯一一個注意到布萊恩的洋基高層。

「想起當時的他我就覺得好笑，」塞比恩說，「我不知道我能爆多少料，但是事情就是那樣，這些舊事沒有多少人知道，雖然現在的他不管在任何球隊都是有史以來最棒的總經理，但是當年他就是一個睜著一雙大眼的暑期實習生，在辦公室裏什麼都肯做。」

「我一直注意到的一個特點，就是他是一個『看、聽、思考，然後才說話』的人，這非常獨特，我認為這就是為什麼他的職業生涯會這樣發展，而且為什麼他會這麼成功；他吸收了所有的資訊，而且雖然他來自一個富裕的家庭，但是他從來不表現出來，他很仔細，而且很值得信賴。」

要聽凱許曼描述自己在實習生時期的工作職責，我們要先坐上時光機回到那個低科技的年代，看看洋基隊和其他每一個球團在那個年代是怎麼運作的，因為在進入新世紀之後，快速演進的現代科技和資訊分析已經為棒球帶來了翻天覆地改變。

「現在所有的事情都會被放上網路，」凱許曼說，「以前那個時候當然沒有網路，我們有大概七隻小聯盟球隊，他們都是打電話進來把球賽報告留在答錄機上，我早上的第一件事就是要聽寫出這些報告內容，然後列印出來影印好，接著把每一份報告都送到重要的人手上。」

「譬如說，瓦利．穆恩（Wally Moon）是威廉王子郡（Prince William County）[28]的總教練，他打電話進來會說，『這是瓦利．穆恩，這是六月十七日對某某隊的比賽報告，比賽七點○六分開打，氣溫八十四度，第一棒是二壘手安迪．史坦克維茲（Andy Stankiewicz），今天四次打擊一支安打，是二壘安打，另外還有一次盜壘成功、一次保送、也被三振一次；第二棒是……』」

「然後我就要把這些全都寫下來，兩隊都要，還有投手的成績，以及其他的意見等等。」

「球探報告也是一樣，譬如說前期球探（Advance Scout）[29]報告，我記得有一年的總教練是比利．馬丁，他收到前期報告的時候半信半疑，覺得負責準備的彼得．詹姆森沒有確實記錄下來，他覺得彼得一定在哪裏搞砸了，於是他命令彼得把答錄機的帶子拿到辦公室去播放，向他證明球探的報告確實是這樣評論球員的。」

到了二〇二〇年代，幾乎每一個小聯盟球場都安裝了高速攝影機來收集每一球的進階數據，

---

28 威廉王子郡位在美國維吉尼亞州（Virginia）北部，洋基隊在一九八七與一九八八兩個球季曾在該地設置一隻小聯盟球隊，隸屬於卡羅萊納聯盟（Carolina League）。

29 前期球探是球探的一種，工作是依據球隊賽程去觀察未來對手的比賽狀況，並撰寫報告協助球隊擬定對戰策略。

球賽的影片也很容易就可以取得，而且每一位潛力新秀的打席都會被詳細記錄在網路上。「我像是從石穴時代活過來的人一樣，」凱許曼說，「我們那時沒有手機，沒有網路，相比之下真是乏味。」

但是要說起凱許曼在保全組時的工作，那就一點也不乏味了。「我在前檯工作過，那裏就像是任務中心，」凱許曼說，「選手的家人會來那邊領票，我手上拿著無線電，盧·皮涅拉總教練已經在休息區了，你聯絡不到他的，但是他總會忘記幫他太太留票，這我永遠不會忘記，就是他太太常常到前檯來拿票，然後沒有票就是沒有票。」凱許曼從前檯下班之後就會在洋基球場當晚班保全，幾年以後他遇上了一件讓人極度尷尬的事。

一九八九年史坦布瑞納雇用了資深的棒球主管席德·施瑞福特（Syd Thrift）來負責棒球事務，施瑞福特的前一份工作是在匹茲堡海盜隊，海盜隊指控他及一位年輕的助理吉姆·鮑頓（Jim Bowden）在離隊時帶走了許多球探報告。

大聯盟的官方調查釐清了他們兩人的嫌疑，但凱許曼和洋基隊的所有人都認為他們肯定有那些報告；施瑞福特沒多久就受不了史坦布瑞納的專制強橫，不到一年就決定離隊，沒多久史坦布瑞納就想把鮑頓也開除掉。

「我就在辦公室裏，」凱許曼回憶著說，「我跟鮑頓共用一個辦公室，他是副總經理，然後鮑伯·昆恩（Bob Quinn）好像是棒球事務主任，席德·施瑞福特大概是被喬治還是昆恩給開除的，我不記得了。」

「吉姆·鮑頓本來是席德的得力助手，現在他就變成了待宰羔羊，總教練達拉斯·葛林（Dallas Green）也被開除了，沒人知道接下來會發生什麼事。」

在凱許曼和鮑頓的辦公室，凱許曼的座位就在門的右邊，鮑頓的座位在後面，旁邊則是一個可以俯瞰球場的窗戶。

「鮑勃·昆恩走進來把門關上，我立刻就覺得大事不妙，」凱許曼說，「然後他就在我面前開始要開除吉姆。」

凱許曼站了起來想暫時避開這個場面。

「昆恩先生說，『不不不，小凱你哪裏都別去，』」凱許曼說，「然後他就在我面前把吉姆給開除了，我猜那是喬治給他的指令，他就對著吉姆說，『你可以走了。』」

「那個時候大家都知道，吉姆和席德過來的時候，他們從海盜隊帶來了一箱又一箱的報告，所以後來我們做的那些交易，都是根據海盜隊的資料，而不是席德。」

「喬治認為鮑頓可能也會把洋基隊的資料給帶走，所以吉姆要帶走的每一箱東西都要我先檢查，偏偏那時我又是晚班的球場保全，所以我還要護送他到他的車子去監督著他離開，那真的是很尷尬。」

（鮑頓回應：「任何的指控或是報導，不管是說我們從海盜隊帶走球探報告，或是說我們在洋基隊利用任何其他球隊的報告進行交易評估，都是錯誤的，也不是事實；大聯盟會長辦公室當時就詳細調查了這些錯誤的報導，也證明了我們的清白。小凱一直都是我的好友，我很高興當時喬治讓他檢查我帶走的物品，並且護送我離開，因為這樣子完全消除了所有的疑慮，當年同年我就被鮑伯．昆恩及盧．皮涅拉邀請加入了紅人隊，後來我們在一九九〇年拿到了世界冠軍。」）

洋基低階職員的工作就是這樣，球團內的風雲在一九八〇年代尾聲達到巔峰，而且誰都躲不掉，連實習生都能參上一腳。

# 10 從比利到巴克

在凱許曼剛剛開始學習職棒經營管理的早期，洋基隊不管是在球場上還是球場外都在持續退步，有時甚至可以用動盪不安來形容；就和一九七〇年代時期一樣，史坦布瑞納和比利．馬丁那些愛恨交織的情誼就是球隊停滯不前的主要原因。

一九八〇年代的凱許曼在球團內的層級還太低，對於這兩人之間的愛恨情仇所知有限，但是熟知當時狀況的人士都記得馬丁的神經質；他在球場上的一切在洋基隊中留下了深刻的影響，即使到了巴克．休瓦特接手總教練時，都還讓人記憶鮮明。

「我不會說比利在的那段時期是西部蠻荒，但是也差不了多少，」洋基隊資深轉播員麥可．克伊回憶著說，他從一九八七年起就全職擔任《紐約郵報》（*New York Post*）的洋基隊隨隊記者，「球團內部的各種派系鬥爭，還有必須要同時對抗總教練和大老闆的球團人員，我覺得喬治的長處就是他喜歡利用這些分歧和對立來刺激員工，逼他們做得更好。」

一九八八年球季開打之前，史坦布瑞納決定迎回馬丁，第五度聘雇他為洋基隊的總教練；春訓開始前米奇．畧托為他在中央公園南邊的新餐廳舉辦了盛大的開張儀式，克伊在郵報的編輯要他前往現場去和馬丁建立交情。

「排隊的隊伍沿著中央公園南邊一直下去，」克伊回憶著說，「根本沒辦法進去，但是餐廳的旁邊是一棟公寓大樓，我走進那棟大樓，塞了二十塊錢給門房，那時候可是大手筆的小費了，我問他有沒有側門，他說有，我就從後面繞了進去，直接走到了比利．馬丁的面前自我介紹。」

「讓我問你一個問題，年輕人，」馬丁說，「你覺得我怎麼樣？」

「我覺得你怎麼樣？」克伊說，「我還不算認識你啊！」

「好，」馬丁說，「但是你總聽說過我吧？」

「是啦！」克伊說，「我聽說到的都不是什麼好事，但是我跟你說，我會給你機會，你怎麼對我，我就怎麼對你。」

馬丁舉起雙手掌心朝外。

「這樣就夠了，」他說。

在那之後沒多久，春訓就在勞德岱堡展開，剛開始沒多久，有一天馬丁就從他的辦公室出來，向著正在球員休息室裏的克伊揮手。

「年輕人，」他當著克伊所有的競爭對手們面前說，「你過來一下。」

「讓我問你一個問題，」馬丁在克伊進到辦公室之後說，「如果我提前給你一些新聞，會不會害到比爾．梅登？」

梅登是克伊競爭對手《紐約日報》的資深棒球記者，日後會被選入棒球名人堂，但眾所周知他和史坦布瑞納關係親近，如果用克伊的話來說，那就是「比爾和比利兩個人就是死對頭。」

克伊說如果馬丁給他內幕消息，這絕對會害到梅登；於是，就為了要報復那些來自史坦布瑞納和相熟記者的真真假假的批評，馬丁給了郵報一次又一次的獨家內幕。

一則克伊沒有寫出來的報導，卻是馬丁在總教練生涯所提供的最後一則內幕；那是六月洋基隊在底特律敗給了老虎隊之後，馬丁把克伊叫進了他的辦公室。

「我出局了，」他說。

「你想太多了吧？」克伊問道。

「年輕人，」馬丁回答道，「被開除這種事我看多了，這不是第一次了。」

克伊覺得馬丁只是過度擔心了，畢竟洋基隊當時的戰績是四十勝二十六敗，但是他錯了，兩天之後史坦布瑞納就開除了馬丁。

馬丁仍然留在球團裏，他還和球團人員一起參加了一九八九年在納許維爾市（Nashville）舉辦的冬季會議，有一天晚上在酒吧小酌的時候，馬丁又向克伊傾吐了心事。

「這些先別寫，」馬丁說，「但是我跟你說下一個總教練就是我，我連教練團都已經找好了，只要明年球季一開始巴奇的戰績不好，他們就會開除他，然後把我找回來。」

自從一九八八年球季中開除了馬丁之後，史坦布瑞納就像玩旋轉木馬似的替換著他的總教練人選；先是找了馬丁之前的盧・皮涅拉回來頂替了剩餘的球季，然後史坦布瑞納從球團之外簽回了一九八〇年曾經帶領費城費城人隊贏得世界冠軍的達拉斯・葛林擔任總教練。

一九八九年球季葛林只撐了一百二十一場比賽，就被史坦布瑞納用前洋基隊游擊手巴奇・登特（Bucky Dent）給取代，但是洋基隊在登特的領導之下，剩餘球季的戰績也只有十八勝二十二敗；馬丁看好這會是他回歸的機會，讓他再一次打造洋基隊的未來。

「他已經計畫好教練團裏要有巴克・休瓦特，他要把巴克當成接班人來培訓，」曾經在冬季會議時和馬丁談到過這個計畫的轉播員蘇珊・瓦德曼說。

當時才三十三歲的休瓦特是球團內的明日之星，他在比賽中調度靈活，而且重視細節到幾乎苛求的地步；為了更準確的調整野手們的站位，他和妻子安琪拉從一九八〇年代起就自行繪製對手的打擊落點圖，他特別會破解對手的暗號，也會藉由觀察肢體言行上最細微之處來判斷自己球員是否還專注在比賽之中。

一九八〇年代末期的春訓期間，是馬丁第一次注意到休瓦特對棒球的觀察力，而休瓦特也在同時理解到這位惡名昭彰、愛喝酒打架的資深總教練其實精明無比。

「洋基隊會把小聯盟所有的總教練們都叫到春訓來集合，」休瓦特說，「我們一共七個人就會跟在比利後面走，每一個訓練他都會一一解說，告訴我們訓練的目的是什麼，還有他希望我們怎麼去教選手，他總是說『如果我從你們那邊叫選手上來，他們最好他媽的都要能做到這些』，他要求球團內的戰術和訓練從上到下都要完全一致，在這方面他確實是超越了他的時代。」

「大家都覺得他就像是個醉醺醺的卡通人物，但是每天早上十點在羅德岱堡的後球場，這傢伙銳利得像根釘子；他可以明確解析棒球的一切、他充滿熱情、對棒球瞭如指掌，而且他樂於和球員分享，總是一開口就停不下來。」

馬丁最喜歡在後球場做的訓練之一，就是高飛球接球練習，而且他就和吉恩．麥寇爾的不看球哲學一樣，會利用球在空中的時候來評鑑球員。

「他最愛好好練接高飛球了，」休瓦特說，「我們有一個火箭砲，就是一支可以灌高壓氣進去然後把球打上天空的氣槍，幾乎可以把飛機給打下來，比利最愛風大又沒有雲的大晴天，他會在後球場用火箭砲來練接高飛球，並藉此來觀察球員：唐．麥汀利會喊聲要接球，其他的球員反而會躲開，這樣他好像就看出了什麼。」

有一天火箭砲壞了，但是馬丁還是想要做高飛球接球練習。

「他非常生氣，」休瓦特說，「他大吼著『有誰可以打教練棒[30]？』但是我閉著嘴一聲不吭，

---

30 教練棒（Fungo）是一種較為細長也比較輕巧的球棒，適合由教練揮擊出飛球或滾地球至特定位置，專為野手防守練習所用。

結果他看著就叫我，『巴克小鬼！』於是我只好用教練棒打了二十分鐘的球，猛往天上打，第二天我差點下不了床，他媽的我的背！」

沒多久馬丁和休瓦特就開始晚上開著車在佛羅里達一帶漫無目的的繞，邊開車邊聊著棒球比賽的那些細膩之處，「我覺得他只是想要有人聽他講話而已，」休瓦特說。

這些一次又一次的談話，其實就和馬丁在棒球界的導師卡西．史丹格爾當年的經歷一樣；一九二〇年前期史丹格爾仍是紐約巨人隊的外野手，但是職業生涯已經到了尾聲，他常常在晚上到名人堂總教練約翰．麥格勞家中，和麥格勞一起聊著棒球的戰術和理論。

到了一九五〇年代，史丹格爾已經是洋基隊的總教練，他很欣賞馬丁這位拚勁十足的內野手，認為他對棒球的知識遠超過他的肢體技能，他們建立起了深厚的友誼，馬丁甚至被人稱做是卡西的小跟班。

麥格勞在一八九一年登上大聯盟，是巴爾的摩金鶯隊的一員，休瓦特則在二〇二二年和二〇二三年擔任紐約大都會隊的總教練；如果從麥格勞算起，到史丹格爾、到馬丁、再到休瓦特，這四個人就串起了紐約市超過一百三十年的棒球歷史和經驗傳承。

馬丁積極出擊的教練風格來自於史丹格爾和麥格勞的影響，另外再加上他自己的直覺和個性，休瓦特是這樣形容的：「比利喔，我覺得現在我們大家都太一成不變了，所以也沒有什麼娛樂性，那種會讓你想說『哇！你看到了嗎？你有看到那場比賽嗎？』那是比利，他總是出人意料之外，大部分的人都不夠勇敢，所以沒辦法像他那樣，有些總教練我完全知道他們下一步要幹嘛，他們的一切我都瞭如指掌，但是比利完全相反。」

「比利什麼都不管，他才不在乎誰會說些什麼話，或是比賽完他要怎麼回答記者們的問題，老榥當總教練的時候，他多少會小心一點，他會評估後果，未必是擔心媒體或是球迷的反應，但是他會在意球員們的感受，他最少會評估每個決定的大方向，但比利就不管這些了，他幾乎都是直覺反應，想怎麼樣就怎麼樣。」

「防守不好的球員是不會有機會上場的，他喜歡那些體能條件好、速度快、認真防守的球員，所以春訓的時候不管是我們球隊裏培養出來的，還是從別隊來的，他早就想好他想要哪些球員了，卡西以前喜歡用幾個選手輪值，比利也是。」

對於後援投手要如何利用他們所擅長的球路，馬丁也同樣領先了他的時代好幾十年；長久以來投手總是被教導要多加利用各種不同的球路，先發投手要有三到四種，後援投手則是兩到三種，這樣子才能像是在下棋一般的擾亂打者。

到了二〇一〇年代，現代的資訊分析把這些全都推翻了，棒球界反而認為後援投手應該盡量、甚至可以專注在他們最擅長的一種球路就好；像坦帕灣光芒隊這種創新的球隊，就會讓後援投手從牛棚出來，連續投十幾個滑球或是曲球來對付打者。

但是休瓦特說，馬丁早在一九七〇年代就開始這樣做了。

「他換投手上場的時候，會叫新投手就連續投二十八個曲球沒關係，」休瓦特說，「如果是史巴奇·萊爾（Sparky Lyle）[31]，那就會是滑球。」

馬丁在告訴克伊和瓦德曼他終將回歸之後不到一個月就過世了；聖誕節當天他在家鄉紐約布魯姆郡（Broome County）附近的一個酒吧喝酒，離開時他所駕駛或是乘坐的卡車在冰上打滑了三百多英尺之後撞毀在排水溝中，馬丁終究沒能第六度登上洋基隊總教練的位置。

「比利沒喝酒的時候簡直令人難以置信，」克伊說，「直到今天他仍是我所見過最偉大的總教練，雖然後來我體驗到了同樣不可思議的巴克·休瓦特，但是比利對球賽的掌握度遠遠超過了同時代的其他對手；他可以把球隊最後的一丁點拚勁都給榨出來，他超棒的，他可以比任何人提前三局就預判到之後會發生的事，比任何對手球隊的總教練都厲害，但是場外的那些事毀了他。」

在馬丁離世之後，休瓦特終究還是在一九九〇年第一次上到了大聯盟，但是並非如馬丁所計畫的在球場上或是在球員休息區，而是史坦布瑞納把他安排做為了「空中教練」，這個有趣的職位源自於大老闆對另一項運動長久以來的熱愛。

「喬治是美式足球的狂熱份子，」後來先後成為德州遊騎兵隊和密爾瓦基釀酒人隊總經理的首任洋基隊空中教練道格·梅爾文（Doug Melvin）說，「喬治他不能理解為什麼美式足球可以有教練坐在高處俯瞰球員，而棒球卻沒有。」

史坦布瑞納在一九七九年球季第一次把這個想法付諸實行，他想找一個能在賽前幫球隊打擊練習投球的人，但是又希望這個人有足夠敏銳的觀察力，可以在比賽時從記者室觀察球隊並提供重要資訊，特別是要能協助野手的防守站位。

梅爾文是一位擅長投伸卡球（Sinker）的投手，也曾經是休瓦特在洋基隊小聯盟時的隊友，當時他已經準備要退休了，但是小聯盟時的一位總教練史騰波．梅洛（Stump Merrill）推薦他嘗試這個全新的職位。

比賽時梅爾文就坐在記者室裏，然後透過手提對講機和休息區裏的尤吉．貝拉教練聯絡，但是後來他就轉隊到巴爾的摩接任了一個球團主管的職位；休瓦特在一九九〇年球季接手擔任空中教練，這是他第一次有機會利用出眾的敏銳觀察力來直接影響大聯盟球隊的比賽。

「老洋基球場有一個問題，那就是如果你人在選手休息區裏，你大概就只能看到左外野手的上半身，」休瓦特說，「休息區比球場平面低了很多，而且就算是右外野邊線，如果你往休息區裏面走太遠，你也看不到他（右外野手），從記者室高處往下看就好多了；有些球員會隨意移動，像梅爾．霍爾為了怕熱總是一直跟著影子走，這種時候我就會傳話到休息區叫他移到正確的防守位置上。」

31 史巴奇．萊爾是著名的後援投手，於一九七二年至一九七八年效力於紐約洋基隊，期間曾三度入選明星隊，並於一九七七年獲得象徵投手最高榮譽的賽揚獎（Cy Young Award）。

隨著球季進行，休瓦特就逐漸發現許多球員的特性，像是波士頓紅襪隊的明星外野手麥克·格林威爾（Mike Greenwell）就和一般的左打者大不相同，他在面對左投手的時候還是能把球往一壘方向拉。

在一場對波士頓的比賽之前，休瓦特向一壘手唐·麥汀利提起這件事，建議麥汀利在格林威爾打擊的時候靠近邊線站位。

「我不知道……」麥汀利說，「左投對左打？」

「唐尼我跟你說，」休瓦特堅持，「我看到他把球往那邊打大概有六次了，這個趨勢太明顯了。」

麥汀利決定聽休瓦特的建議，結果果然沒錯，格林威爾在比賽的關鍵時刻又把球打向一壘邊線，剛好正對著麥汀利而去。

比賽結束之後，麥汀利在球員休息室找到休瓦特，笑著握住他的手，巴克真的是對的。

一九九〇年六月六日早上，就在前晚在波士頓敗給了紅襪隊之後，史坦布瑞納開除了總教練登特並改由梅洛入替，這是洋基隊十六年來第十九次更換總教練。

休瓦特一大早收到消息的時候人還在旅館裏，他不確定自己是不是也失業了，只能照原定計畫先到芬威球場[32]報到再說。

「比賽是晚上七點的，但是我中午十二點三十分就已經坐在休息室的置物櫃前面，」休瓦特說，「喬治走進來把我叫進了淋浴間，開口就說『我們決定讓你當三天打擊教練，等德洛・伊凡斯（Darrell Evans）過來接手，你就變成三壘教練，你覺得你應付得來嗎？』」

休瓦特說他可以，於是他漫長的大聯盟教練生涯就此展開，吉恩・麥寇爾則接手了空中教練的位置，這也讓休瓦特在出外比賽時多了一位亦師亦友的人生導師。

麥寇爾和凱許曼在那些年也越走越近，但是隨著凱許曼對整個球團的瞭解越來越深，他發現對洋基隊影響深遠的不光只有老棍一個人。

事實上除了紐約的大聯盟球隊和球團辦公室之外，遠在佛羅里達那些艷陽高照的球場上，還有一位來自緬因大學（University of Maine）的棒球人正在以最嚴苛的態度努力著；他靠著對目標的自信與堅持，成功的建立起這支球隊的文化，也成為日後洋基王朝最中心的一股力量。

這位棒球人的名字是比爾・利弗賽，而這股力量最後就被稱為是洋基之道。

32 波士頓紅襪隊的主場球場。

# 11 洋基隊的秘方

在天主教大學就讀期間，布萊恩．凱許曼連續四年在棒球隊擔任先發二壘手直到一九八九年畢業為止，接著他就進入了洋基隊的棒球事務部擔任全職助理。

次年他就第一次獲得了升職的機會，成為了助理農場主管，也因此搬到了球隊位在坦帕市的全新訓練基地；在那裏他獲得了更豐富的棒球知識，加深了之前在實習生時期所建立起的人際關係，也對洋基隊的歷史產生了一個與一般人截然不同的認知，直至今日依然如此。

在凱許曼的觀點，這位洋基隊歷史上任期最長的總經理認為過去數十年來洋基隊的真實故事從來都沒有被揭露過。

「那些你聽過的洋基隊秘辛全是錯的，」凱許曼說（同樣的一句話也出現在這本書的前言裏，但卻是出自另外一次的訪談之中；凱許曼對這件事深信不疑，有意無意就會隨口而出，但也有可能這是他蓄意為之），「就連吉恩．麥寇爾也總是說，『我的功勞沒有那麼大。』」

大多數的紀錄都聚焦在麥寇爾身上，認為他是洋基隊的建構者，凱許曼對此並不反對，畢竟老棍在球隊裏比誰都久，他甚至到得比大老闆史坦布瑞納都還要早。

老棍是第一個把上壘率帶進球團的人，以其做為洋基隊進攻的基本原則，他對評鑑球員的精準眼光也定義了日後洋基隊如何選擇及留下球員；在這五十多年來，老棍就是凱許曼、休瓦特、比利·艾普勒，以及球團內其他重要人物的棒球導師。

然而凱許曼認為，洋基隊的故事也必須包括前球探長布萊恩·塞比恩、前農場主管米契·路克維克斯（Mitch Lukevics）、前球員培育部主管馬克·紐曼（Mark Newman），以及可能比任何人都重要的比爾·利弗賽；利弗賽是一位精明而易怒的新英格蘭（New England）[33]人，他在機緣巧合之下進入洋基隊，但是他所採用的一些創新方法直至今日仍是洋基隊用來選擇及訓練球員的重要準則。

「他們創建了棒球史上最棒的農場系統，」凱許曼說，「王朝是這樣子來的。」

要進一步解釋這些，我們必須倒帶回到一個更久遠以前的人物身上，那就是緬因大學多年的棒球教練傑克·巴特菲爾德（Jack Butterfield）。

巴特菲爾德出生於一九二九年，是麻薩諸塞州（Massachusetts）本地人，一九五〇年代他加

33 新英格蘭泛指美國東北角與加拿大相鄰的區域，是英國移民在十七世紀於美國所建立的第二個居住地。

入緬因大學校隊打球，但是到一九五七年就成為了總教練；在十八年的教練生涯中，巴特菲爾德帶過的球員包括日後成為洋基隊重要人物的利弗賽、史騰波．梅洛，還有他的兒子布萊恩．巴特菲爾德（Brian Butterfield），布萊恩後來對德瑞克．基特在防守上的進步影響深遠。

一九七四年傑克．巴特菲爾德轉到南佛羅達大學（University of South Florida）擔任總教練，在那裏他偶然結識了喬治．史坦布瑞納，就此改變了日後洋基隊培育球員的方式。

「一切確實就是從傑克這裏開始。」巴克．休瓦特說。

在巴特菲爾德加入洋基隊之後第一個被雇用的梅洛補充說，「很多人不知道這整件事情是怎麼開始的，那時傑克剛離開緬因大學前往南佛羅里達，剛好就是在坦帕，喬治也住在那裏；他們在一個募款會上被介紹認識，喬治非常欣賞傑克。」

「不知道為什麼，傑克和南佛羅里達的合約只包含了一年當中的九個月，所以喬治聽了就說，『這太容易了，你就在夏天那幾個月來幫我工作，』於是傑克就成了一個前期球探。」

前期球探的工作就是要依據賽程去觀察未來的比賽對手，並提供最新的情報給總教練及教練團來擬訂對戰策略。

「肯定是上天註定，傑克的第一個球探任務就是紅襪隊，」梅洛說，「你覺得來自緬因大學又長時間在當地見證紅襪隊，他最熟悉的球隊是哪一隊？然後洋基隊到波士頓去比賽，靠著巴特菲爾德所提供的前期球探報告，直接就橫掃了紅襪隊。」

「當時的總教練是比利．馬丁，他並不特別喜歡有大學背景的人或是大學教練，但是他說傑克的球探報告是他看過最棒的報告，於是喬治就說，『這樣啊？那我們幹嘛不把他請來？』」

史坦布瑞納在一九七七年任命巴特菲爾德為球員培育與球探部主任，但兩人心念相通的地方不光僅是棒球，連對洋基隊球員該是什麼樣子他們都有相同想法。

「父親是一個有條理而且注重細節的人，」布萊恩．巴特菲爾德說，「他和史坦布瑞納先生的想法完全合拍，史坦布瑞納先生非常重視紀律，像是要求球員剪短髮還有要以正確的方式打球等等；他有美式足球的背景，我父親在緬因也曾經是美式足球教練，史坦布瑞納先生重視韌性，這些都是我父親相信的理念，他什麼都不怕。」

史坦布瑞納和巴特菲爾德開始研議，要用什麼方式才能確保洋基隊的年輕球員們能呈現出更專業出眾的形象。

當時絕大多數的小聯盟球員都穿著前人留下來的球衣，洋基隊率先開始每年都購置全新球衣給球團內每一支小聯盟隊伍，並且為球隊支付乾洗的費用，史坦布瑞納也為每位球員都買了全新的尼龍夾克以及有洋基隊標示的行李袋。

只要是潛力球員被選進明星賽或是達成一定的表現成績，他會毫不吝嗇地發給獎金，在那個小聯盟球隊只有總教練而沒有全職專項教練的年代，史坦布瑞納也花錢在每個層級都額外加聘了一位教練。

大老闆對小聯盟的投資遠不僅止於表面的光鮮亮麗，他也不像傳聞所說的那般只在意大聯盟球隊的輸贏，在那個幾乎沒有任何球隊注重體能及重量訓練的年代，史坦布瑞納聘僱了俄亥俄州美式足球傳奇人物霍華德・「跳跳人」・卡西迪（Howard "Hopalong" Cassady）來設計重量訓練的課表，卡西迪還巡迴了洋基隊的每一支小聯盟球隊，親自示範給選手們看如何使用諾德士（Nautilus）重量訓練機。

所有這些事情，包括在頭髮長度、鬍鬚規定以及球衣規定上，史坦布瑞納和巴特菲爾德就是一對完美的搭檔；而儘管大老闆對於培育選手的理解比不上他對個人裝扮的要求，他對巴特菲爾德卻有著足夠的信任，授權他在洋基隊小聯盟內負責教導棒球的基本功。

就在這對搭檔要繼續大步向前的時候，厄運卻突然降臨；洋基隊在一九七九年十一月十六日為即將卸任的總經理塞德瑞克・塔里斯（Cedric Tallis）舉辦了歡送晚宴，他即將卸任，並由麥寇爾第一次接手球隊總經理的位置，巴特菲爾德在晚宴結束之後就駕車往紐澤西州（New Jersey）的家出發。

「我還記得接到他太太的電話，」梅洛說，「傑克離開了塞德瑞克・塔里斯的宴會，開在十七號公路上，他撞上了一輛停著的掃街車，那輛掃街車停在一段上坡路頂端的超車道，完全沒有任何燈號，傑克開在超車道上，車速非常快。」

「他們只能靠牙齒才辨識出他的身分。」

巴特菲爾德過世時才五十歲，遺留下來的除了家庭之外，還有一個剛剛開始認識到他有多重要的球團，他的影響力才正要開始在球團內發酵，就這樣嘎然而止。「我們重大的損失無法以文字形容，」史坦布瑞納當時這樣說，「如果你想要找一個青年人的導師，他就是最好的典範，我們永遠都無法找到人來取代傑克．巴特菲爾德，他就是那麼偉大。」

為了填補巴特菲爾德所留下的職務空缺，史坦布瑞納找來了當時才四十歲的利弗賽到紐約來面試。

利弗賽曾經是巴特菲爾德在緬因大學時的球員，後來先後擔任了布朗大學（Brown University）和佛羅里達州艾克德學院（Eckerd College）的總教練；巴特菲爾德加入洋基隊的時候把利弗賽帶了過去，讓他擔任佛羅里達州、喬治亞州（Georgia），以及南卡羅來納州（South Carolina）一代的業餘球員球探。

一九七九年利弗賽轉任小聯盟總教練，帶領肯塔基州的佩恩茨維爾洋基隊（Paintsville Yankees）拿下阿帕拉契聯盟（Appalachian League）的冠軍，球隊五十二勝十三敗的戰績創下了小聯盟的勝率紀錄，這個紀錄足足維持了三十年。

這讓史坦布瑞納興奮不已，小聯盟的重心一貫都是以培養選手球技為主，但是洋基隊想要培養出來的是贏家，不是嗎？佩恩茨維爾洋基隊的這個冠軍頭銜徹底打動了大老闆。

「來我們這邊之前，你的背景是什麼？」史坦布瑞納在面試時這樣問利弗賽。

利弗賽說在跟著巴特菲爾德到洋基隊來之前，他曾經是一名大學教練。

「好極了，」史坦布瑞納說，「我就是想要球團裏有老師懂得怎麼教學。」

史坦布瑞納把利弗賽升了官，球團內也延續著巴特菲爾德所設立的方向，在小聯盟各項設施上投資，其中也包括了最早開始嘗試的新科技。

一九八〇年利弗賽和他的助理巴比．霍夫曼（Bobby Hoffman）到時代廣場（Times Square）的索尼（Sony）專賣店購買了七部巨大的攝影機，然後拖回球隊辦公室去寄給球團內的每一支小聯盟球隊，這樣子球員們就可以看到自己打球的樣子，也可以透過他們和教練的觀察來為自己做出調整。

在獲得授權可以雇用更多球員培育部員工之後，利弗賽努力在前大學教練（老師）和親身經歷過職棒最高層級的前大聯盟球員之間取得平衡。

在和這些員工相處的模式上，他的個人風格就和巴特菲爾德相似，甚至可以說和史坦布瑞納大老闆一致，他扯著大嗓門，而且咄咄逼人。

「他是我真正從心裏害怕過的人之一，」巴克．休瓦特是這樣描述利弗賽的，「說他粗暴、不修邊幅大概算是客氣了。」

休瓦特在擔任小聯盟總教練的時候，有一次他在寄給利弗賽的報告中說到外野手潛力新秀傑洛德・威廉斯不太能應付曲球，而且跑壘時學不會要怎麼在一壘離壘站位。

他辦公室的電話馬上就響了起來。

「你他媽在那邊是在幹什麼吃的？」利弗賽劈頭就用他那濃厚的麻薩諸塞州口音大吼，連簡單的問候都直接省略了，「我他媽的是不是用錯人了！」

「呃，利弗賽先生，」休瓦特緊張的回話。

「我剛收到你的爛報告，」利弗賽說，「我就問你，傑洛德・威廉斯跑得怎麼樣？」

「是的，他是個跑壘八十分[34]的球員，頂尖的，」休瓦特說。

「那他傳球的能力呢？」

「差不多也接近八十分，不輸任何人。」

「他接得到外野的飛球吧？」

「那當然。」

「那你他媽的就教他怎麼打曲球啊！」利弗賽大吼著，「你他媽的幹嘛不教會他怎麼拿好球棒？你他媽的幹嘛不教會他怎麼離壘？」

休瓦特好不容易才鼓起了一絲勇氣打斷利弗賽。

---

34　球探報告中的評分標準為二十分至八十分，八十分就是滿分。

「知道了，」他回答說。

一掛上電話休瓦特就把威廉斯叫進了球員休息室。

「走吧！」他對威廉斯說，「我們去外面練球。」

利弗賽在二〇二三年回憶起當年的對話，「沒有人比巴克更負責盡職，但是我們不需要球員培育部的人交球探報告，那是球探的工作，不要告訴我球員什麼事情做不好，等你跟他練了一整年練到九月，再來告訴我球員現在怎麼樣。」

雖然利弗賽講起話來帶著士官長的狠勁，但圈子內的人都知道，雖然他和史坦布瑞納同樣聒噪，但他們最大的差別是利弗賽是個棒球天才。

「他腦筋靈活的程度和一般人根本不在同一個層面上，他太聰明了，」曾經在艾克德學院棒球隊為利弗賽打球的布萊恩．塞比恩說，後來他在一九八五年也到了洋基隊跟隨利弗賽，「他從不浪費任何一天，他隨時都在學習，也都在教學，跟在他身邊我們全都學到了東西。」

利弗賽接下巴特菲爾德的位置做了三年，但是他無法忍受必須在紐約的辦公室上班，他是個該待在球場上的人；一九八二年他求史坦布瑞納放他回佛羅里達，讓他可以恢復在球場教學並擔任球探。

「傑克管事的那三年，然後我接下他的位置三年，我們在球員評鑑和培育上有了連續的、理念和程序都一致的六年，」利弗賽說。

同樣受到重視的還有洋基球員的外貌風格，利弗賽在這件事情上和巴特菲爾德及史坦布瑞納口徑一致，但是有些時候連他都跟不上大老闆的嚴苛要求。

在一九八〇年代初期的某一天春訓，幾支洋基隊的小聯盟隊伍在後球場和巴爾的摩金鶯隊的潛力新秀們比賽，史坦布瑞納就坐在二A場地和三A場地的中間。

「利弗賽！過來！」他吼著。

利弗賽跑了過去。

「你看到那些球衣了嗎？」史坦布瑞納問道。

「我們的球衣嗎？」

「不是！」史坦布瑞納回答道，「巴爾的摩他們的球衣！」

果然，金鶯隊球衣背後的球員姓名貼布沒有貼得很好，隨著比賽進行就開始逐漸脫落。

「要是被我看到洋基隊的球衣像那個樣子，你就給我滾！」史坦布瑞納說道。

回想起當天的對話，利弗賽笑著說，「他實在是挑不到我們的毛病，所以他只好拿對手的球衣來警告我。」

和近數十年來大多數洋基隊的員工不同，利弗賽並不介意史坦布瑞納強勢的領導，他反而對此非常感激。

「這表示史坦布瑞納先生在意，」利弗賽說，「而且他花錢用行動來證明他在意，他很嚴苛，但有人說我也差不了多少。」

進入一九八〇年初期，利弗賽已經在洋基隊系統內當過球探也當過教練，他對洋基隊未來的貢獻度與重要性已經無庸置疑；有人擅長評鑑球員，有人擅長教球，但利弗賽在這兩端都游刃有餘，同時兼顧了球員培育與球探工作。

他在領導洋基隊的那十年內持續改良著他的棒球理念，而這些理念後來對凱許曼所產生的影響也決定了洋基隊在未來的四十多年，甚至時至今日，是如何選擇球員的。

「利弗賽先生是這一切的建構者，」前農場主管米契・路克維克斯（Mitch Lukevics）說，他是凱許曼一九九〇年到一九九二年間在洋基隊坦帕基地工作時的直屬上司，「他是推動一切的引擎。」

利弗賽第一件且或許是最重要的創新，就是為選手的型態分類，這是他和得意門生布萊恩・塞比恩一起建立起來的；塞比恩在一九八六年開始接手負責洋基隊的業餘球員選秀，他們就也利用了這個分類系統來評鑑、選擇，並培育起所有的洋基球員，但是這些想法的起源則要回溯到一九六〇年代的職業籃球大賽冠軍。

「我是塞爾提克隊（Boston Celtics）的忠實球迷，」利弗賽說，「紅頭・奧拜克（Red Auerbach）[35]每年派出來的球隊都是同一個樣子，成員當然不太一樣，但是每個位置上的球員類型都是一樣的，如果你長期關注賽爾提克隊的話，你就知道控球後衛是什麼樣子，得分後衛又是什麼樣子。」

「中鋒通常比較瘦長，但是要會抓籃板，然後一定要有一個無人能比的第六人，而且名單上肯定會有一個打手；所以他在找球員的時候看的都和別人不一樣，他只找能符合他需求的球員，他也清楚知道要如何使用那些球員，讓他們可以成功扮演那些角色。」

利弗賽把這個理念帶到了棒球上，把球員各種能力的重要性依據防守位置來排列順序，目的就是要和奧拜克的塞爾提克隊一樣，不管每年球隊的成員如何改變，球隊本身都能具備一定的穩定性及一致性。

傳統上球探都以五個能力項目來評鑑野手：打擊、力量、跑壘、防守以及臂力，他們以二十到八十分的數字範圍來評分，八十分代表最頂級、名人堂等級的能力；他們會把這些數字加起來除以五，這樣就可以用六十五、五十，或是四十分這樣的成績來定義一個球員的能力值。

利弗賽把這個傳統方式整個打散，然後另行為每個不同的守備位置都找到最符合需求的球員類型。

「球探把球員的能力分數直接加起來除以五，」利弗賽說，「我的想法是，這數字有意義嗎？

35 紅頭・奧拜克本名為阿諾（Arnold），在幼時就因一頭紅髮而獲得這個外號，他是著名的美國職業籃球教練，曾率領波士頓賽爾提克隊九度奪得美國職業籃球NBA的總冠軍，並因此被選入名人堂；他致力打破種族藩籬，是NBA第一位派出全黑人先發陣容的總教練，後來任命傳奇球星比爾・羅素（Bill Russel）為接班人，使其成為史上第一位黑人總教練。

所以我分析了每個位置，決定了每種能力對每個位置不同的重要性。」

「捕手的跑壘速度怎麼可能跟他的臂力一樣重要？我才不在意一個捕手跑得快不快，這一點意義都沒有；左外野手，你看看大部分我們球隊的左外野手，他們的防守大多不太好，但我們需要那個位置的選手可以提供攻擊火力，所以防守就不重要了，每一個防守位置我們都這樣分析過，也決定了哪些技能是每個位置所必備的能力。」

利弗賽依據防守位置所分別定義的分類方式，從一九八〇年代開始就成為了洋基隊的秘方，球員類型中每個位置各種能力的重要性是這樣子排列的：

| | | | | | |
|---|---|---|---|---|---|
| 捕手： | (1)防守 | (2)臂力 | (3)打擊 | (4)力量 | (5)跑壘 |
| 一壘手： | (1)力量 | (2)打擊 | (3)防守 | (4)臂力 | (5)跑壘 |
| 二壘手： | (1)打擊 | (2)防守 | (3)力量 | (4)跑壘 | (5)臂力 |
| 游擊手： | (1)防守 | (2)臂力 | (3)打擊 | (4)跑壘 | (5)力量 |
| 三壘手： | (1)打擊 | (2)力量 | (3)防守 | (4)臂力 | (5)跑壘 |
| 右外野手： | (1)力量 | (2)打擊 | (3)臂力 | (4)防守 | (5)跑壘 |
| 中外野手： | (1)防守 | (2)跑壘 | (3)打擊 | (4)臂力 | (5)力量 |
| 左外野手： | (1)打擊 | (2)力量 | (3)防守 | (4)跑壘 | (5)臂力 |

利弗賽認為每個位置最重要的兩個能力指數加起來必須達到一定的數字標準，通常來說是一百一十，球員要能達到這個數字，才會被認定有足夠能力對幫助球隊爭奪冠軍。

舉例來說，當洋基隊球探迪克．葛洛許（Dick Groch）在一九九二年給了高中生游擊手德瑞克．基特的臂力六十分和防守六十五分時，這表示基特在游擊手這個位置上最重要的兩個評分項目一共得到了一百二十五分，這是名人堂等級的分數，而他最後也真的被選進了名人堂。

當利弗賽一九七〇年代加入洋基隊的時候，球員分類這個想法還沒有成形，但是中外野手米奇．瑞佛斯在他眼中就是最符合他想法的模範。

「米奇．瑞佛斯就是個完美的範例，」瑞弗斯說，「他是個七十分的打者，打擊力量是二十五分，防守七十分、臂力三十五分，還有七十分的跑壘速度；如果你把這些數字加起來除以五，就像一般球隊會做的那樣，評鑑報告一定會說他不是一個多好的球員，但是其他那些能力對他來說根本不重要，為什麼要計算在內去把他的評分拉下來？從這個角度去想，我們就知道該怎麼去挖掘那些其他球隊看不上眼的球員。」

換句話說，瑞佛斯傳球力道不足，打擊也缺乏長程火力，但這些對中外野手來說並不特別重要，他五種能力的平均分數是五十四分，只能算是一個比平均略佳的球員，但是如果只看對中外野手最重要的兩項能力值，他的總分一百四十分卻是嚇死人的高。

瑞佛斯在一九七六年球季末的美國聯盟最有價值球員票選中獲得第三高票，也幫助洋基隊打進了世界大賽，這樣的表現證明了他更像是一個一百四十分的球員，而不是五十四分。

利弗賽就是因為注意到了這一點，於是就繼續推動他的球員分類系統，一九八〇到一九九〇年代他和塞比恩負責主導洋基隊的業餘球員選秀，他們就是利用了這一套系統，在每一個關鍵時刻都選到了那些後來成為洋基王朝核心成員的優秀選手。

「選秀時我們把所有的考慮人選都放在板子上，看的就是依據各種能力重要性所排列出來的球員類型，」利弗賽說，「這樣的排列方式讓我們很容易就看出真正需要的選手是誰。」

能力的排列順序並不是一成不變，利弗賽常常提醒他的球探們說，「這是個分類，不是蓋棺論定的生死簿，」球隊隨時都可以依據實際需要來做出調整，更準確的評鑑球員。

舉例來說，一壘手傑森．吉昂比的防守能力可以說是不及格，並不符合球員檔案中對一壘手的要求，但是凱許曼和洋基隊還是在二〇〇一年球季結束後和他簽下合約，因為根據他們的評估，吉昂比的打擊力量、上壘率以及領導能力足以彌補他在防守上的不足；利弗賽所建立起來的是一個靈活的導航地圖，而不是死板板的教條鐵律。

當球員名單上的球員都能符合利弗賽的需求，呈現出來的就是一支防守流暢、強能補拙的優秀球隊。

「就拿球隊的防守來說，假設球隊被打了一支長打好了，」利弗賽說，「球隊裏傳球力量最強的右外野手剛好就會在轉傳球上搭配最弱的二壘手；中外野手的傳球力量可能是最差的，但是在傳接球上最常和臂力最強的游擊手搭配，所以不管對手的長打打到哪裏去，或是我們的球員要怎麼從外野傳接球、轉傳，我們就是靠著不同特性的球員分類來讓他們互相彌補。」

一九九〇年代洋基隊內外野的防守就是因此而受益，右外野手保羅．歐尼爾和游擊手基特都具備了強大的傳球臂力，在兩側的外野轉傳上都大幅提升了球隊的整體防守；而且即使後來基特的防守範圍在職業生涯末期逐漸縮小，他的傳球能力在球探眼中仍能得到高分。

當利弗賽第一次向洋基隊推行這個球員分類系統時，強打者瑞吉．傑克森問他說這是不是「大學棒球帶過來的東西。」

「不，瑞吉，這才不是，」利弗賽說，「這是我們正在研究的新東西。」

「所以基本上就是中線的選手你們把手套戴好，球棒就隨便揮揮沒關係嗎？」傑克森問。

「沒錯，就是這樣，」利弗賽笑著說，「那你覺得角落的選手應該要怎麼樣？」

「球棒抓好，手套盡量去接就是了，」傑克森隨口回答，但基本上沒什麼錯。

在那之後數十年，洋基隊一直沿用著這一套分類系統，而且不光只是用在業餘球員選秀上，在挑選自由球員及交易對象時也以此為依據。

「我們內部每天都在討論球員分類，」洋基隊棒球事務副總裁提姆．納林（Tim Naehring）在二〇二三年受訪時說。

在已經退休的利弗賽眼中，凱許曼和他的團隊也有偏離這個分類系統太遠的時候；一壘手在分類中最重要的能力就是打擊和力量，順序不重要，而重要性排第三的能力就應該是防守，這個位置的防守能力必須是平均值以上。

前洋基隊一壘手提諾・馬丁尼茲（Tino Martinez，一九九六年至二〇〇一年、二〇〇五年）和馬克・特薛拉（Mark Teixeira，二〇〇九年至二〇一六年）都具備了絕佳的防守能力，完全符合利弗賽分類系統的要求，但是前面所提到吉昂比（二〇〇二年到二〇〇八年）就不是這樣了。

後來洋基隊也同樣在兩個內野守備位置上忽略了球員分類的重要，二〇二〇年和二〇二一年這兩年，他們指派了葛雷伯・托瑞茲（Gleyber Torres）擔任游擊手，但是他的防守範圍有限，傳球的準確度也不夠，在這個以防守為重的位置上並不適任；另一位是一壘手路克・沃伊特（Luke Voit），他的防守能力也很糟糕；光是這兩位球員，就讓許多簡單的滾地球全都變成了安打或是失誤。

「凱許曼那時偏離了航道，」利弗賽說，「他真的走偏了。」

二〇二一年球季末洋基隊把托瑞茲移到了二壘去，那是一個比較適合他能力分類的防守位置，然後那年冬天凱許曼把防守比較好的艾瑟亞・凱諾・法雷法（Isiah Kiner-Falefa）交易進了球隊，讓安東尼・沃爾波（Anthony Volpe）和奧斯華德・佩拉薩（Oswald Peraza）這兩位防守優異的新秀能按部就班在小聯盟裏接受磨練。

至於一壘，凱許曼在二〇二一年的交易大限就用防守優異的安東尼・瑞佐（Anthony Rizzo）

取代了沃伊特；這一次球員分類系統再度成為了為洋基隊指引方向的北斗星。

「二二年和二三年我們確實決定了就是要走回原來的路，」一名洋基隊的高階主管說。

到了二〇二二年，凱許曼做出了一個艱難的決定，把先發左投手喬登·蒙哥馬利（Jordan Montgomery）交易到了聖路易紅雀隊，去換回了中外野手哈瑞森·貝德（Harrison Bader）；貝德吸引洋基隊的不是他的打擊，而是他頂尖的防守能力。

「哈瑞森·貝德的交易案就像是在向比爾·利弗賽致敬，」凱許曼說，「他總是說，冠軍球隊的中線防守一定要好。」

塞比恩認為利弗賽這些創新的想法不光只是讓洋基隊耳目一新，而是讓整個棒球界都受到了啟發。

「這裏面有很多是基本概念，」塞比恩說，「我不認為在利弗賽之前，有任何人曾經把這些觀念全部這樣子簡化下來，但是我知道後來很多人都把這些學走了，而稍微注意到這些概念的人更是多不勝數。」

後來成為費城費城人隊總教練的羅伯·湯姆森（Rob Thomson）在一九九〇年時還是洋基隊的小聯盟教練，「我只是一個年輕的教練，我從來沒有那樣子和人聊過棒球，」後來在二〇二二年率領費城人隊打進世界大賽的湯姆森說，「真的太有道理了，我就是坐在那裏聽比爾講他的球員分類，還有每個位置的球員應該要是什麼樣子，要怎麼組成球隊等等，他的頭腦太不可思議了。」

球員分類不只在球員評鑑和選秀上有用，利弗賽和洋基隊的職員也利用了這套系統從球隊內部發掘那些隱藏的寶藏，在小聯盟階段變更球員的防守位置就是最簡單的做法。

「我可以數出最少六位球員，如果不是他們更換了防守位置，他們大概不會有機會打上大聯盟，其中最有名的就是荷黑．波沙達，」利弗賽說。

「波沙達來到我們球隊的時候是個游擊手，他的雙手靈活，手臂力量也很好，打擊不錯，而且我們覺得他的打擊很有力道，但是他跑不快；於是我告訴他說，『看來你追不到那些球，不過沒關係，我知道有個位置是球會自己飛過來找你的。』」

就這樣，波沙達從一個很可能提早在小聯盟就被淘汰的游擊手，轉而展開了他在洋基隊偉大的職業生涯；其實利弗賽的專長就是從其他守備位置上找出適合擔任捕手的人選，捕手人才特別少有，也因此從其他守備位置，例如游擊手當中來挑選，就是一個合理的做法，在波沙達之前的吉姆．雷瑞茲（Jim Leyritz）也是同樣的情形。

凱許曼在加入洋基隊之後就把這些全都消化吸收，而且他永遠不會忘記利弗賽對於推動這些原則有多麼堅持。

「我還記得有一次他對著一個區域球探暴跳如雷，就因為那位球探跑去看了一位體格並不高大的球員，」凱許曼說，「他就像個士官長那樣，大家都非常怕他，那位球員不夠高大，利弗賽氣到大吼大叫，『我要的是主力戰艦，不要這種小潛艇！如果你還想在這裏工作，就別再犯這種錯！』」

多年以後，已經成為總經理的凱許曼獨創了用「大毛怪」這個詞來形容他所喜歡的強打者類型，在他的領導之下，洋基隊傾向選擇高大健壯型的選手，投手像是迪倫・貝坦西斯（Dellin Betances），強打者就像是吉昂比、艾力克斯・羅德里奎茲、亞倫・賈吉（Aaron Judge），還有吉恩卡洛・史丹頓（Giancarlo Stanton）等等。

「那大概就是為什麼我總是被大個子給吸引，」凱許曼說，「因為我腦子裏總是不停想著，『我們要的是主力戰艦，不是小潛艇！』」

透過這個比喻，我們再度看到塞比恩在一九八〇到一九九〇年代是怎麼主導洋基隊的新人選秀的。

「我們球探的理念就是體格夠大、力量夠大、運動能力夠好，」塞比恩說，「而且我們喜歡大學球員勝過高中球員，因為大學生不管在心態上、體格上，還有情感上都更加成熟。」

現在的洋基隊在選秀上依然謹記著利弗賽和塞比恩的那些理念。

「就算是今天，每一個我們評鑑的球員，我們都會依據他們的防守位置，以不同的能力分類來檢視他們，」自二〇〇五年起就專職負責洋基隊新人選秀的戴蒙・奧本海默（Damon Oppenheimer）說。

「五種基本能力是有特定的優先順序的，對游擊手來說最重要的肯定不會是打擊的力量，如果他有的話當然很好，但是先決條件是他必須要能防守、要能傳球，對我們來說他打擊的能力比力量重要；我們很重視這些，這些非常重要，有時候也會有些討論，譬如說『這傢伙現在是捕手但是他的打擊好、打擊力道夠大、又跑得快，說不定他比較適合中外野，』根據不同的能力屬性，我們可以幫球員找到更適合他們的防守位置。」

奧本海默補充說道，由於現代棒球自一九八〇年代起更加強調進攻和全壘打，洋基隊也必須對部分球員能力重要性的排序做出調整；就算沒有白紙黑字紀錄下來，他們在選秀時也必須讓腦子裏的想法能跟上時代。

「其中一項我們必須特別跟上時代做出調整的大概就是打擊能力了，就算是那些原本我們認為以防守為重的位置，像是捕手、游擊手、中外野手等等，現在我們都必須去深入思考，是不是打擊能力的重要性必須被從排序上提高一點？是不是比以前更重要了？我覺得是。」

利弗賽承認他的系統必須依據不同時代而被做出一些修正，但不需要太多；當初瑞吉．傑克森和比利．馬丁還在洋基隊的時候，那些他在春訓基地後球場所醞釀出來的基本原則，時至今日不管是他本人還是洋基隊整個球團一直都沒有偏離太遠。

利弗賽繼續修練著他的這些想法，沒有多久他就開始把它們整理起來，慢慢變成了一本能幫洋基隊奠定基礎的秘笈。

# 12 洋基之道

一九八一年球季末，洋基隊的總教練是鮑伯·列蒙，喬治·史坦布瑞納注意到比爾·利弗賽在小聯盟採用了許多創新的做法和訓練方式，滿意之餘，大老闆給利弗賽下了一個讓他覺得尷尬萬分的指令。

「我要叫那些大聯盟的球員也和你們做一樣的訓練，」史坦布瑞納說。

以利弗賽在棒球界的資歷，他知道當球員培育部的人帶著這些創新想法去找大聯盟總教練時，總教練會有什麼反應。

「喬治，我才不會去找列蒙，」利弗賽說，「你想去的話你去說。」

結果史坦布瑞納居然真的強迫要利弗賽去找列蒙，但幸好列蒙總教練是個個性溫和的人，並沒有太激烈的反應。

「鮑伯·列蒙大概是上帝創造出來最好的人了，」利弗賽說，「他說，『好，沒問題，』於是我和助理巴比·霍夫曼就把我們的訓練內容都寫了下來，然後送去給他，這大概就維持了一天，鮑伯就跟我說，『我們真的必須照著這些做嗎？』我趕緊回答他說，『當然不必。』」

雖然這個小插曲沒能持續下去，但是卻逼著利弗賽把他的想法都寫了出來，他持續著做出修改，記錄下他的理論、訓練方式，還畫圖詳細解釋如何正確的去執行各種戰術。

整個一九八〇年代，利弗賽在每年球季開打前都會把他最新的想法列印出來，然後發送給球團內部的同事。

「一開始都很簡略，但是一年一年過去就越來越有條理，當然電腦科技的進步也幫了一些忙，」利弗賽說。

一九八九年洋基隊雇用了馬克·紐曼到球員培育部來，他具有法律背景，也曾經在大學當過教練；他是一個非常有條理的行政人員，從那時就開始和利弗賽合作，把那些列印出來的想法都整理成正式一點的手冊。

為了準備這些資料，利弗賽和紐曼打算把多年來在洋基隊中口耳相傳的知識和傳統都收集起來，與其自己關起門來寫，他們決定把教練們找來，先後做了多次深入的談話和討論。

其中一位參加過訪談的是葛蘭·夏洛克（Glenn Sherlock），他曾是一位小聯盟捕手，但是一九八九年他在二A的奧巴尼—科隆尼洋基隊（Albany- Colonie Yankees）轉為球員兼教練，球隊的總教練剛好是巴克·休瓦特。

夏洛克也是一位利弗賽球員分類系統中的完美範例，他是一位基礎球員（Organizational Player），意思是說他並不是一個有潛力的新秀，但是他的個性和其他能力能夠對球隊做出貢獻。

「每一次選秀到了後面幾輪，我們就會挑選一些我們認為是基礎球員的人，」利弗賽說，「他們的用途是來支援我們在每個層級的潛力新秀，這些基礎球員或許都曾經是非常優秀的大學球員，但以實際能力來說，很可能不會在小聯盟發展成潛力球員。」

「他們會讓小聯盟球隊更成熟，因為以基礎球員的分類特性來說，他們對棒球充滿熱情、他們必須是好孩子、知道怎麼樣以正確的方式面對比賽，你把他們放進球隊裏，就會讓其他球員有好的學習榜樣；在這樣的發展之下，等到他們退休不打球了，他們可以成為我們球隊的球探或是教練。」

布萊恩．巴特菲爾德就是球隊中另一位由基礎球員轉型成為教練的例子，在一九八〇年代末期，他和夏洛克一起被邀請，為後來集結成書的《洋基之道》提供意見。

「那一整組人就拼湊出了這本手冊，」羅伯．湯姆森回憶著說，「裏面把我們應該如何培育球員的每一個面向都寫了進去。」

「我記得馬克．紐曼和比爾．利弗賽在編寫這本書的時候，我被找去和他們開會，一整個房間裏坐滿了教練，」夏洛克說，「他們根據房間裏每一個教練的專長提問，我們有很多年輕的教練，但是經驗豐富的老教練們也很多。」

「蠻有趣的，他們真的很注重細節，像是當馬克．紐曼問到外野守備的時候，我就記得坐在那裏聽前大聯盟選手泰德．尤蘭德（Ted Uhlaender）和克里特．波伊爾開始討論到底接球的位置應該是要靠身體的左側、右側，還是頭頂上，光這樣就可以討論幾個小時；到後來真的就是，我的天，這麼小一件事但是卻一直沒完，我永遠不會忘記的就是我們花了多少時間討論這些事，每個人都發表意見，都解釋自己的觀點，然後馬克和比爾就一一收錄下來。」

經過多次這樣的會談之後，一本書就漸漸成形了，這本書的官方名稱是《洋基系統培育手冊》（The Yankee System Developmental Manual），但其實是一本大概五百多頁的巨著，實際頁數倒是沒有被標註出來。

這本用白色膠圈裝釘起來的手冊，封面正中央印著洋基隊的「大禮帽」圖標，每一位持有者的名字則用電腦書寫字體列印在右下角，每一個章節都用白紙印刷，然後用藍色的標籤區隔開來。

在被傳閱和討論之後，這本手冊逐漸開始被暱稱為《洋基之道》，之後又經過了三十年，這本書的基本精神已經深植在每一個洋基人的基因裏；到了二〇二三年，夏洛克手上還收藏著一本一九八九年的版本，但是流傳下來的已經不多。

「有我完全不認識的人會打電話或是傳電子郵件給我，問我能不能給他們一本，」夏洛克說。他總是很客氣的拒絕，這是一本屬於內部的機密文件，他在二十多年的教練生涯中經歷過亞利桑那響尾蛇隊、匹茲堡海盜隊、紐約大都會隊，但卻始終堅持這個原則；只有在為了這本書接受訪問時，他才詳細說明了培育手冊的內容，因為他希望當年燃起的火苗可以繼續燃燒下去。

夏洛克在電話訪談時翻起了這本手冊，他說手冊並沒有目錄，直接就進入一個和洋基隊成員儀容有關的章節，正式列出了許多自一九七〇年代傑克．巴特菲爾德擔任主管時就訂下的規定項目。

「一開始就講到洋基隊的傳統，很多規定，」夏洛克說，「那是我第一次看到有人花這麼多篇幅規定球衣要怎麼穿才對，但是那對洋基隊很重要；鬍子要刮乾淨，頭髮要修剪整齊，穿洋基球衣時不能穿戴珠寶飾物，怎麼把褲腳綁好，襪蹬要露出四英吋的藍色部分等等。」

這些接近軍隊程度的要求就算是在一九八〇年代，也會像現在一樣引起爭議，特別是洋基隊在髮型和鬍鬚上的規定，要求球員在報到時就要立刻遵守，這總是會引來怨言。

「有時候球員不喜歡這樣，」夏洛克說，「但是我知道當我們和其他球隊比賽時，我們看向對面的休息區，可以看到每一個人都是不同造型，但是在洋基這邊每個人都一樣整齊，我們大多可以理解兩邊的差異，也很高興我們是在洋基隊的休息區裏。」

在球衣儀容的第一章之後，手冊剩下的部分全都是棒球技術。

一壘手有一個章節，二壘手有一個章節、游擊手有一個章節，一直這樣下去，「裏面說明了每一個防守位置的基本動作和技巧，從傳接球、守備、調整站位、移位等等，」夏洛克說。

手冊還有其他章節講到賽前的準備工作、訓練方式，以及比賽中的戰術等等，這些章節中會有圖表，並且會用箭頭標示出球員在特定訓練或戰術上該移動的方向和距離。

「手冊還寫到團隊守備，」夏洛克說，「譬如說二壘有人時打在兩位外野手之間的球，外野手該把球傳到哪裏，還有觸擊短打的防守、牽制一壘和三壘的正確動作、兩段式轉傳（球被打得太深遠，必須讓兩位內野手來轉傳）的正確方式等等。」

「還有內野守備練習，」夏洛克說，「賽前怎麼熱身、外野手每個壘包要傳幾次球，這部分都是為了要奠定基礎，各種各樣的練球準備，還有所有的訓練等等。」

洋基隊會在春訓時照著手冊中的圖表和說明來實行各種訓練，每天都安排各個單一守備位置的訓練，也會進行全隊的防守練習。

「每天都會分開安排好，」夏洛克說，「先是把選手們分組，內野手和內野手一起練，外野手和外野手一起練，捕手就和捕手一起練；然後再把全部都集合在一起，練習全隊的防守配合，捕手、內野手、外野手，連投手也都要參加，互相配合。」

在全隊練習的時候，會由一位教練或是總教練（通常是巴克・休瓦特）拿教練棒逐一揮擊出滾地球，同時他還會大聲喊出各種比賽時的狀況，而所有的野手們就必須要依據《洋基之道》手冊中所記載的方式做出正確的反應。

這本手冊的影響力就這樣一直延伸到二〇二三年二月的某個早上，在佛羅里達州聖露西港市

（Port St. Lucie），六十六歲的休瓦特此時已經是紐約大都會隊的總教練，六十二歲的夏洛克則是教練團中他最信任的副手。

球員們每天早上都依防守位置分組到後球場去開始練球，然後大概一小時之後他們就會回到主球場上集合。

休瓦特就站在本壘板附近，手上拿著教練棒和球，大聲喊出各種比賽狀況。

「無人出局，一壘有人！」休瓦特大喊，他的吼聲在球場空曠的座位區間迴響。

他把球揮擊向左外野，然後大都會隊的球員們就動了起來，游擊手法蘭西斯哥．林多（Francisco Lindor）快速的往左外野方向移動準備轉傳，同一時間一壘手彼特．阿朗索（Pete Alonso）跑向投手丘靠近三壘的一側。

左外野手馬克．坎哈（Mark Canha）回傳的球偏了，錯過了林多，然後彈向捕手托瑪士．尼多（Tomas Nido），休瓦特抓起了一顆球重來一次。

大都會隊總經理比利．艾普勒是吉恩．麥寇爾和比爾．利弗賽的忠實信徒，他就站在三壘側的界外區看著這一切。

「我很確定巴克根據他的需要做了一些調整，但是我可以保證大部分這些都是直接從比爾．利弗賽的手冊裏出來的，」艾普勒說，這些二〇二三年大都會隊的球員們就像是一九八九年《洋基系統培育手冊》裏的小箭頭們活了過來似的，而這個傳統到了二〇二四年仍在延續；因為在洋基隊球員培育部任職多年的卡洛斯・曼德薩（Carlos Mendoza）自休瓦特手中接下了大都會隊總教練的位置，他是馬克・紐曼的得意門生。

直到現在進入二〇二〇年代了，不是只有大都會隊在仿傚《洋基之道》而已，二〇二二年國家聯盟冠軍費城人隊的訓練基地在佛羅里達州的清水市（Clearwater），他們的總教練羅伯・湯姆森向投手及捕手們所解說的許多理念，都來自一九八〇年代利弗賽所整理出來的那些想法。

「前一次我提到書裏的理念，我們講到的是要怎麼幫投手配球，」湯姆森說，「有些投手的好球帶是整塊本壘板，意思是說他們會要捕手就蹲在本壘的正中間，如果你控球不是那麼好，那你就要在整塊本壘板的範圍內努力搶到好球，然後等到兩好球的時候再把好球帶縮小到本壘板的四分之一大小；投手的能力各有不同，有些投手的好球帶是整塊本壘板，有些可以一開始就壓縮到半塊大小，甚至還有四分之一塊的，但是四分之一大小的真的不多，在小聯盟就更少了。」

這段話一般棒球迷聽起來是專業術語，但是對球員和教練來說卻簡明易懂，讓他們能在一般大眾毫不知情的情況下就獲得啟發，逐漸進步並幫助球隊獲勝；於是利弗賽的這些想法就像蒲公英的種子，或是像撕碎的紙片一樣隨風飄散出去，逐漸擴散到了大聯盟的每一支球隊去。

在一九九〇年代初期，利弗賽和紐曼在完成了手冊之後還主動出擊，把握機會向球隊中的年輕教練們強化那些手冊中的理念；夏洛克在一九九〇年時擔任洋基隊新人聯盟的教練，當時陣中有好幾位球員在日後都順利升上了大聯盟，例如馬里安諾・李維拉、瑞奇・勒戴伊（Ricky

Ledée）、謝恩．史賓塞（Shane Spencer）、羅斯．史普林爾（Russ Springer），以及卡爾．艾佛瑞特（Carl Everett）等等，每次比賽結束要往基地休息室走去的時候，夏洛克總會在半路上剛好遇上利弗賽。

「他好像都完美的算準了時間，所以我們就會一起走回去，」夏洛克說，「他會和我聊比賽、聊我應該做的事、聊我該記住的事，光是聽他說他在比賽中所看到的東西，就讓我學到了很多。」

同樣的，紐曼也會找機會在指導聯盟（Instructional League）[36]的比賽中，和夏洛克、湯姆森、特雷．希爾曼（Trey Hillman），以及其他年輕教練們一起坐在板凳上，逐一討論在比賽中所面臨的狀況，並確認他們所教授的技術也都符合《洋基之道》。

「整個球團在那個時候非常團結，」夏洛克說，「我們隨時都在學習，那是洋基隊最好的時代。」

除了一九九〇年代初期的團結精神之外，利弗賽和他領導的球員培育部也持續倡導了最重要的洋基精神，那就是吉恩．麥寇爾所建立的、對上壘率的重視；利弗賽在小聯盟的每一個層級都

36 指導聯盟並不是正式的棒球聯盟賽事，而是美國職棒球隊在球季結束之後為陣中有潛力的新人所舉辦的訓練營，藉由專精訓練及練習賽的方式給予這些球員更多的進步機會。

逐一建立起了上壘率和打擊力道的評量標準。

「我們把在小聯盟三成六〇的上壘率當做是成為大聯盟球員的標準，」利弗賽說，「我們的想法是當球員真正上到大聯盟的時候，這數字大概會往下修正二十五點，他們的上壘率會變成三成三五，在那個年代差不多就是大聯盟的平均數字。」

「至於打擊力道，我們就用四成二〇的長打率來做為底線，如果一位年輕球員可以達到這個數字，我們就會眼睛一亮，『哇，好傢伙，我們挖到好東西了，』因為他們還會長大變壯，那些打出去的二壘安打就會變成全壘打，我們用來評量的數字就是這些。」

即使裝訂成冊，《洋基之道》的內容還是常常被更新，甚至被重新編寫。

「那本手冊是有生命的，」在洋基隊系統內待到二〇一七年的湯姆森說，「隨著時間演進我們做過許多調整和增減，一九九八年我擔任農場總監的時候，馬克・紐曼是我的頂頭上司，我們依然在調整那本手冊的內容。」

文件的形式也隨著科技的快速進步而逐年演進。

「我收到的時候是一本書，」二〇〇四年到任，並且開始負責更新手冊的球員培育部主管派特・洛斯勒（Pat Roessler）說，「然後它變成了磁片，然後我們把它放在了快取硬碟上，把快取硬碟發給了每一位小聯盟總教練；春訓的時候每天早上開會，大家就會拿著快取硬碟，從裏面看外野手怎麼轉身、觸擊時的防守等等，然後確認大家的理解都一樣。」

常讀取。

湯姆森得到的是一片CD，他隨身放在他的費城人隊旅行包裏，而且直到現在居然還能被正

進入二〇二〇年代，洋基隊開始把許多這些內容都安裝進iPad Pro裏，然後發放給每一位球員、教練，還有球隊的主要工作人員。

「對我們來說最重要的就是要跟上時代，」利弗賽說，「所以我們會重複檢視每一件事，球季結束後我們會把所有的總教練們都集合起來，然後聽他們怎麼說；我們把一整個球季好的地方和壞的地方都記錄下來，球團有什麼可以幫到他們的，他們有什麼地方可以再進步的，我們把所有好的東西都加進去，把不好的地方都拿掉。」

「我們希望這樣能讓球隊走在領先的位置，在冬天休息的時候如果有什麼新科技器材上市，是我們覺得可能會有幫助的，我們也會先引進球隊裏，然後再繼續做評估。」

在紐曼的領導之下，這些更新一直到現在二十一世紀了仍在持續進行。

「湯姆森、利弗賽、巴特菲爾德、紐曼，還有所有在我之前的前輩們一起把這些資料收集在一起，」洛斯勒說，他在洋基隊一直待到二〇一四年，然後又在二〇二四年回到洋基隊大聯盟擔任教練，「而且我們共同的理念就是，我們要照著手冊裏的一切來做，要是有人在某件事情上發現了更好的方式，或是逐漸演變出更好的方法，那沒關係，我們就來調整手冊的內容，持續更新，這種方式真的很棒，只要有人提出新的想法，我們就會更新，工作量其實真他媽的大。」

「多年來我們把喬．托瑞要的加了進去，然後把喬．吉拉帝（Joe Girardi）要的也加了進去，好多次球團裏面會有人說，『老實說，我總覺得球打到左中外野時的兩段式轉傳應該這樣……』然後我就會說，『是，我懂，但是現在這個方式是喬．托瑞想要的，所以我們他媽的就是要照著這樣做，』後來吉拉帝加了一些跑壘方面的東西，還有一些捕手的東西。」

洛斯勒說起這些故事的時候正站在紐約花旗球場的客隊休息區，那是二〇二三年五月的一場比賽開打前，他是華盛頓國民隊（Washington Nationals）的打擊教練，剛好到紐約來和大都會隊比賽；當我提到好像只有葛蘭．夏洛克留存了一本原始手冊的實體書時，洛斯勒壓低了音量，左右張望了一番之後才說，「我也還有一本。」

在另一份文件當中，利弗賽詳細記錄了球隊評鑑球員和在選秀時的哲學，那份文件也像《洋基之道》手冊一樣時時被更新著。

「每一次選秀之後，我們會和所有球探一起檢討我們做對了哪些事，又做錯了那些事，還有哪些是我們可以改進的地方，」利弗賽說，「我們都在選秀結束了之後就立刻檢討，因為如果不馬上做這件事，隨著時間過去，那些事情的重要性就被別的事給壓過去了。」

「有時候我們在酒吧閒聊選秀時的事，會聊到很多很有用的資訊，但是從來都沒有人把那些資訊收集起來，所以我們在第二天一大早就會說，『好，把那些你會在酒吧講的事情現在全攤開來講，』以球團的角度來看，不停的檢討和更新就是讓自己進步最好的方法。」

利弗賽把那份資料叫做《洋基球員評鑑手冊》，和《洋基之道》一起，它們的核心理念永遠都會在球團之內延續下去。

這些未必是洋基隊獨有的做法，畢竟許多其他球隊也有一些想法新穎的教練會把他們對棒球比賽的一些理念給記錄下來，最有名的像是聖路易紅雀隊（St. Louis Cardinals），就曾經在二〇一一年把他們球團累積數十年的棒球理念和傳統給集合成一本一百一十七頁的《紅雀之道》。但是洋基隊和其他球隊在這件事情上最大的差別，就是球團內部自利弗賽和紐曼編寫出《洋基之道》後所延續下來的穩定性，從當年一直到現在甚至未來，凱許曼在這條時間線上承接了四個十年的智慧累積。

對比起來，光是自凱許曼接手洋基隊以來，大多數其他球隊都已經多次經歷過天翻地覆的改變；這個產業界的常態就是每隔幾年，球團老闆就會因為對球團管理人員失去耐性而全部砍掉重練，或是甚至直接把球隊賣掉，讓新的經營團隊進來接手球隊，例如紐約大都會隊，他們在二〇二〇年就被威爾朋（Wilpon）家族轉賣給了億萬對沖基金富豪史提夫．寇恩（Steve Cohen）。

喬治．史坦布瑞納在一九九〇年被停權之前比任何人都急躁善變，但這支球隊五十多年來卻一直都在他們家族的掌控之中；利弗賽和麥寇爾之下的人事雖然多有變動，但是他們兩人在球團內的時間已足夠對凱許曼留下深刻的影響。

奧克蘭運動家隊（Oakland Athletics）和克里夫蘭守護者隊（Cleveland Guardians）是另外

兩支在球團歷史和延續性上足以和洋基隊相比的球隊；在奧克蘭，山迪・奧德森在一九八〇年代前期接任總經理，並在一九九〇年代全力栽培比利・比恩，讓比恩得以將火炬再傳遞給他的繼任人選大衛・佛斯特（David Forst）；而在克里夫蘭，漢克・彼得斯（Hank Peters）從一九八七年初開始管理球隊，並交由約翰・哈特（John Hart）接手，哈特之後是馬克・夏培洛（Mark Shapiro），然後再由克里斯・安東涅提（Chris Antonetti）繼任，每一位繼任者都曾經在前任的手下工作，一代接著一代的傳承著悠久的球團歷史，但是和凱許曼所承接的洋基隊歷史相比起來，都還是有著超過十年以上的距離。

整個球團上下團結一心的產物，並不只是《洋基之道》手冊和那些教導手冊內容的球隊成員而已，在洋基王朝之前的一九八〇年代晚期，洋基隊隊職員之間的實際地理距離大幅縮短，讓利弗賽和他的職員們都可以更方便的在球團內推行他們的理念。

長久以來，洋基隊的球員培育部被分隔在佛羅里達州南部好幾個不同的球場裏，彼此並不相連，但是在一九八〇年代，洋基隊在坦帕市買下了原本屬於辛辛那提紅人隊（Cincinnati Reds）的訓練基地；他們從那裏開始創建一個相互連結的巨大訓練基地，一直到三十多年後都還在不停更新。

這個洋基隊基地因為地址在海姆斯北路三一〇二號而被暱稱為海姆斯基地，基地裏有辦公室、數個小聯盟球場，近年還添加了各種先進的生物力學實驗室和運動科學實驗室。

從一九九〇年代還是年輕新秀的德瑞克．基特，一直到二〇二〇年代的明星外野手亞倫．賈吉和內野手迪傑．勒梅修（DJ LeMahieu），許多球員都選擇在坦帕市定居，全年利用基地裏的訓練設施；洋基隊的職員則可以一整年都兼顧到大聯盟和小聯盟的球員們，也讓球隊整體更有一致性。

凱許曼、塞比恩、路克維克斯、紐曼還有利弗賽，他們都隸屬於一個負責推動建設海姆斯基地的小組；路克維克斯當時是凱許曼的頂頭上司，他記得凱許曼就是一個會「早到晚退」的年輕人，而且有一個和他一樣認真工作、認真玩樂的團隊。

「那是一個很特殊的團隊，」塞比恩說，「我們勤奮工作，但是也同時拼命享樂，我們感情很好，也常常有很多你來我往的鬥嘴。」

「為了把整個棒球事務部都搬到坦帕市，我們要蓋的就是一個可以全年使用的基地，把大家全都集中在一個屋頂底下，這對我們日後的成功貢獻良多；大家都集合在一起了，我們的球探可以一整年隨時進來看我們的球員，完全無縫銜接，這樣的安排在當時領先整個業界，也是為什麼洋基隊的球探和評鑑系統能夠那麼厲害。」

就是在這裏，坦帕市基地的員工和洋基隊的球探們為球團帶來了連麥寇爾也做不到的貢獻。

「當年吉恩．麥寇爾很難有機會離隊到外地去看球員，」凱許曼說，「喬治的想法是，總經理就應該要天天待在辦公室裏。」

回首過去，塞比恩讚賞史坦布瑞納願意投資在這些大型建設上，因為這讓球隊可以大幅改善整個球探和球員培育系統。

「史坦布瑞納的創新理念並沒有得到足夠的讚揚，」塞比恩說，「他是第一個增加教練名額的人，他是第一個擴大小聯盟教練團並且雇用防護員的人；他看到了森林也看到了樹，既然要花錢培育這些業餘新人，那就把訓練設施給蓋好、找專業人才過來幫助他們，然後讓他們也能認同你照顧他們、培育他們的方式。」

到了一九八〇年代末，史坦布瑞納還沒有因為大衛．溫菲爾德而惹上豪伊．史派拉這位賭徒，進而因此而被逐出球界，洋基隊培育球員的機制走在時代尖端；不像一般球團只有一支球隊參加指導聯盟，洋基隊有好幾隊，他們在小聯盟的每一個層級教練人數都比其他球隊多，而且薪水也高於市場行情，他們的設施經費充足，而且他們還有自己的秘笈手冊。

整個系統完美運行中，塞比恩和他的球探們四處找尋優秀的球員，路克維克斯、利弗賽、凱許曼及其他人則負責將這些球員變成球團的潛力新秀。

只有一件麻煩事。

「我們把他們全都交易出去了，」利弗賽說，笑容裏帶著懊悔，「除了唐．麥汀利之外，我們全都交易出去了，真的，我說的是全部。」

然而這一切很快就被改變了，史坦布瑞納被迫暫時離開，麥寇爾獲得了授權，那些在坦帕市基地接受培育的潛力新秀們總算可以順利成為紐約洋基隊大聯盟的成員了。

「我們終於學會了要抓緊我們那些核心球員，」利弗賽說，「老棍是一九八〇年代初期的總經理，那時我們把核心球員都交易出去了，他離職了一段時間之後在九〇年代回來，我覺得因為之前的那段經歷，我們後來都進步了很多。」

「這一次的做法就是把核心抓住，然後絕對不交易出去，我們還是換回了提諾．馬丁尼茲、大衛．孔恩（David Cone）和其他選手，但是這是我們盡力留住了足夠的核心球員在陣中，像是基特、波沙達、伯尼（威廉斯）、馬里安諾（李維拉）、派提特等等，我們沒有交易他們出去。」

「這一次我們學乖了。」

# 13 大老闆回歸，休瓦特和那群渾蛋最好打進世界大賽

時間是一九九三年三月一日，喬治．史坦布瑞納終於等到了即將光榮回歸，但是唯一的問題就是洋基隊隊長唐．麥汀利，因為他對這件事一點興致都沒有。

前一年史坦布瑞納和大聯盟會長費伊．文生經過協商，總算解除了他被「終身停權」的處罰；這是文生任內最後的幾個重大決定之一，在這之後不久，大聯盟球團老闆們就決定將會長的位置交給自己人，由密爾瓦基釀酒人隊（Milwaukee Brewers）老闆艾倫．H．「巴德」．席利格（Allan H. "Bud" Selig）取代文生的職位。

大老闆回歸的戲碼一點也不低調，預計三月一日出刊的《運動畫刊》封面是一張史坦布瑞納騎在白馬上的照片，全身裝扮成拿破崙的樣子；吉兒．利伯（Jill Lieber）所撰寫的專文則提到史坦布瑞納在坦帕市家中穿著一件黑色的浴袍，背後用白色的大字繡著「老闆回來了」。

「這絕對會是自耶穌復活之後最喧鬧的回歸儀式了，」芝加哥白襪隊老闆傑瑞・藍斯多夫（Jerry Reinsdorf）在接受《運動畫刊》訪問時說，「我本來以為要在紐約辦個加冕典禮，結果越弄越大，根本就像是人死復生了，好像之前文生是把他釘在十字架上似的，變成了兩千年來最大的一件事。」

多倫多藍鳥隊總裁保羅・畢斯頓（Paul Beeston）用了個不同的比喻，但是在程度上卻差不了多少，「就像是謝爾曼（Sherman）[37]攻破了亞特蘭大（Atlanta）一樣，」畢斯頓說。

在正式回歸的大日子降臨之前，洋基隊公關人員在春訓基地發送了幾百枚上面寫著「老闆回來了」的別針勳章，原本還規畫了一整場有特技跳傘、狗跳圈圈的大秀，最後則會由一位裝扮成瑪莉蓮・夢露（Marilyn Monroe）[38]的模仿藝人搭乘直升機降落在春訓基地，並且在走下直升機時高舉著一塊上面寫著「歡迎回來，喬治」的看板。

當全場觀眾都看著這場大秀的時候，在觀眾席上戴著假髮穿著牛仔外套的喬治・史坦布瑞納

---

37 在此指美國內戰時北方聯邦軍的威廉・特庫姆賽・謝爾曼（William Tecumseh Sherman）將軍，他於一八六四年十一月攻陷亞特蘭大之後，為了瓦解南方軍的反攻勢力，下令破壞並燒毀城內軍事設施，在全城造成嚴重損失，這是美國內戰末期的重大戰役之一。

38 瑪莉蓮・夢露是知名美國女演員及歌手，以金髮美艷形象聞名，活躍於一九五〇及一九六〇年代，並在意外死亡之後成為美國的性感象徵。

會站出來扯下自己身上的道具之後正式宣布回歸；雖然後來二月底世貿中心的恐攻爆炸案逼得洋基隊不得不低調一些，但史坦布瑞納還是想要有點儀式感。

「他們還是弄了一些花樣，還有直升機也飛了進來，」當年的總教練巴克．休瓦特說，「但是我記得最後就是讓麥汀利到球場上去迎接他，和他握握手，唐尼（Donnie，麥汀利的暱稱）根本不肯配合，但是我對他說，『我不覺得我們有得選。』」

史坦布瑞納和麥汀利之間的緊張關係可以回推到一九八七年，當時麥汀利在和球隊的薪資仲裁中獲勝，在那之後史坦布瑞納說，「他現在就跟其他那些人一樣，再也沒有資格把自己當成是印第安那州（Indiana）伊文斯維爾市（Evansville）[39]來的傑克．阿姆斯壯（Jack Armstrong）[40]了，他現在就是那種有了經紀人就只想要錢的球員。」

麥汀利當時對這件事沒有回應，但是史坦布瑞納在媒體前卻不斷話中帶刺，直到一九八八年八月二十一日洋基隊在紐約主場敗給了西雅圖水手隊之後，麥汀利終於反擊了。

「你來到這個地方打球，卻得不到一丁點尊重，」他在自己的置物櫃前對一群記者說，「你拿到的就是錢而已，就這樣，他們覺得付薪水就是尊重，你可以叫我巨嬰，隨便你要叫我什麼都好，如果你不尊重我，那我也不想在這裏打球；他們對待我們就像屎一樣，他們看不起你在球場上的表現，在媒體前面給你難看，他們覺得給了錢就什麼都可以，就算拿棍子敲在你頭上你也只能接受。」

麥汀利知道史坦布瑞納管理球隊時的那些壞風氣曾經營造出一種無法長久延續的文化，而這一切在一定程度上大概都會隨著大老闆的回歸而再度降臨；不過後來球隊在一九九〇年代末期及之後贏球的榮景，讓許多人都已忘記了那些醜事。

面對大老闆的回歸，唯一的差別就是被停權的三年期間，球團在吉恩・麥寇爾、比爾・利弗賽、米契・路克維克斯、布萊恩・塞比恩、馬克・紐曼，還有布萊恩・凱許曼等人的專業管理之下已經比之前健全太多了。

一開始大老闆對此並沒有什麼反應，麥寇爾在日後的一次訪談中對作家比爾・潘寧頓透露，史坦布瑞納一回到球場就說，「看來我不在的時候，你們把球隊都搞砸了。」

「喔？是嗎？」麥寇爾回答道，「你覺得一九九〇年你離開的時候球隊狀況是有多好？」

史坦布瑞納說麥寇爾是耍小聰明回嘴，但是態度還是軟化了下來，在一定程度上他肯定是在大聯盟和小聯盟球隊上都看出了明顯的進步。

---

39 印第安那州伊文斯維爾市是唐・麥汀利的家鄉。

40 傑克・阿姆斯壯是美國食品加工大廠通用磨坊（General Mills）於一九三〇年代為了推廣早餐麥片所創造出的廣告人物，他的身分是一位普通的一般年輕美國男性；由於角色設計廣受歡迎，芝加哥的ＷＢＢＭ廣播電台甚至於一九三三年推出了以其為主角的廣播劇「美國男孩傑克・阿姆斯壯」（Jack Armstrong, the All-American Boy），其形象也被認為就是一般美國男孩的代表。

洋基隊在一九九一年輸了九十一場比賽，一九九二年輸了八十六場，但是在一九九三年被預估會開始進步，因為麥寇爾找來了吉姆．艾伯特（Jim Abbott）及吉米．基伊（Jimmy Key）兩位優秀的先發左投手，同時也在和芝加哥那起滑頭的交易案[41]中用史提夫．薩克斯換來了右投手鮑伯．威克曼；艾伯特和基伊都是求勝意志強烈的球員，也廣受隊友歡迎，他們對休瓦特想要在球隊建立起來的正向風氣提供了極大的助力。

至於在野手這邊，史坦布瑞納回歸之後發現保羅．歐尼爾是右外野手、大受歡迎的麥克．史丹利（Mike Stanley）是捕手，而曾經六度在上壘率領先全聯盟的準名人堂選手韋德．包格斯（Wade Boggs）則是擔任三壘手；洋基隊戰績即將起飛的另一個指標，則是農場的頂尖新人伯尼．威廉斯已經站上了先發中外野手的位置。

那一年球隊的成績大幅進步，最後贏了八十八場比賽；其他曾經在球季期間登上大聯盟的洋基隊農場新人還包括外野手傑洛德．威廉斯、二壘手派特．凱利（Pat Kelly），以及先發投手史考特．克米尼基（Scott Kamieniecki）等等。

就在他們之下，一層層的小聯盟新人之中還有未來的名人堂終結者馬里安諾．李維拉、左投手安迪．派提特，以及被利弗賽從一個健壯游擊手改成捕手的荷黑．波沙達。

同樣發生在一九九三年的大事，就是德瑞克．基特也降臨到洋基隊的陣中。

基特是一位來自密西根州（Michigan）卡拉馬祖市（Kalamazoo）、被高度關注的明星高中游擊手，在一九九二年的業餘新人選秀中被看好會在前幾個籤位就被選走；負責洋基隊選秀工作的塞比恩在去看他比賽的時候，注意到這個年輕球員在棒球的天賦直覺上遠超過其他選手，這在氣候寒冷的地帶[42]非常少見，因為當地球員受到氣候限制，大多無法長年在戶外球場練習，若要以球探用語來形容，基特展現出來的能力比較像是一位來自西岸[43]的新人。

「他善於利用他的運動能力，」塞比恩說，「但是真正吸引人的是他在球場上對比賽的掌握度，會讓你覺得他的整體能力比別人更加成熟，這在從大湖區來的球員之中非常少見。」

利弗賽當時和塞比恩一起為選秀評估這些業餘球員的能力，他也到密西根州去看了基特，而且同樣覺得非常滿意，他和塞比恩立刻就理解為什麼花了將近兩年時間追蹤基特的地區球探迪克．葛洛許會這麼強烈的推薦這位選手。

「這一切的幕後大師是迪克．葛洛許，他在前年的夏天就愛上了基特，而且極力要求我們一定要選他，」塞比恩說。

也就是因為葛洛許這麼積極推薦，塞比恩特別把負責西岸的區域球探唐．林登伯格（Don

41 詳見第六章「老棍再度領導洋基隊」。
42 密西根州位於美國北方五大湖區，夏季溫暖但短暫，冬季較長且經常下雪，部分地區的冬季平均高溫甚至低於冰點。
43 多指氣候溫和的美國加州，該地運動選手因氣候優勢得以長年在戶外練習，與條件相似的德州和佛羅里達州皆為美國運動選手的搖籃。

Lindeberg）也帶來了密西根州；林登伯格的資歷非常有趣，他出生於一九一五年，一九三〇到一九四〇年代在小聯盟打球，但接著就從軍在第二次世界大戰擔任飛行員，而且曾經三度被敵軍擊落。

退役之後他成為布魯克林道奇隊的首席球探之一，在名人堂球隊主管布蘭奇．瑞基的手下工作，而瑞基正是小聯盟農場制度的發明人；林登伯格把棒球和飛行兩項技能合而為一，駕駛飛機載著瑞基到處去測試會尋訪球員，當瑞基評鑑球員的時候，林登柏格就負責把老闆所說的一切意見全都記錄下來。

「瑞基會告訴林登伯格該注意哪些地方，而且他們會互相討論彼此的想法，」塞比恩說。

林登伯格的資歷幾乎可以回溯到球員培育制度的起源，他仔細的觀察了基特。

「老林從來沒有拿誰來和基特做比較，但是他其實非常會在球員身上找到和其他球星相似的地方，很多人以為球探評鑑球員都是靠直覺或是硬猜，其實根本大錯特錯，」塞比恩說，「好球探會根據他們的經驗，在年輕選手身上找到其他球星的特質，然後藉此來做比較和分析，老林在基特身上看到的是成為頂級明星球員的潛力。」

洋基隊在一九九二年的選秀順位是第六位，利弗賽想選基特，但是不能確定基特會不會和洋基隊簽約，因為基特已經承諾密西根大學（University of Michigan）將會前往就讀，於是利弗賽向葛洛許徵詢他的意見。

「他才不會去密西根大學，」葛洛許說，「他唯一的目的地就是古柏鎮（Cooperstown）[44]。」

手上握著狀元籤的是休士頓太空人隊，選秀當天早上利弗賽收到的第一個好消息，就是在和太空人隊球探長丹．歐布萊恩（Dan O'Brien）的電話中得知他們將會選擇加州大學富勒頓分校（Cal State University, Fullerton）的明星球員菲爾．尼文（Phil Nevin）。

接下來的四隊當中，洋基隊認為第四順位的巴爾的摩和第五順位的辛辛那提是最有威脅性的對手，但是他們一連兩次都很幸運的過了關。

「法蘭克．羅賓遜（Frank Robinson）[45]當時仍在巴爾的摩金鶯隊任職，他到佛羅里達州塔拉赫西市（Tallahassee）去看了美國大學季後賽的區域賽事，剛好看到史丹佛大學（Stanford University）的傑佛瑞．漢蒙斯（Jeffrey Hammonds）大爆發，」塞比恩說，「他是那幾場比賽中最棒的球員，所以他在每一支球隊的選秀名單上都直往上衝，我們幸運的地方在於法蘭克剛好就在現場親眼見到了那些好表現。」

巴爾的摩選了漢蒙斯，下一個就是辛辛那提了，紅人隊陣中雖然已經有了日後將會被選入名

---

44 古柏鎮是美國棒球名人堂的所在地。

45 法蘭克．羅賓遜是名人堂外野手，職業生涯曾十四度入選明星隊，職業生涯獲獎無數，包括新人王、三冠王、並曾兩度獲選為最有價值球員、以及一九六六年世界大賽最有價值球員；球員生涯退役後轉任教練，於一九八九年擔任巴爾的摩金鶯隊總教練時獲選為年度最佳總教練。

人堂的游擊手貝瑞．拉金（Barry Larkin），但是他們仍舊認真考慮要選擇基特，不過最後還是因為拉金的存在，讓紅人隊決定放棄了基特。

當辛辛那提選擇了來自中央佛羅里達大學（University of Central Florida）的外野手查德．摩托拉（Chad Mottola）時，位在坦帕市、由史坦布瑞納所經營的麗笙海灣港口酒店（Radisson Bay Harbor Inn）中，洋基隊的選秀基地爆出了熱烈的歡呼聲，基特終於落到了他們的選秀順位。

接下來的幾年之內，基特的發展過程並不順利，特別是一九九三年在小聯盟一A格林斯伯勒黃蜂隊（Greensboro Hornets）的時候，他犯下了五十六次的防守失誤；吉恩．麥寇爾特別飛到了坦帕市去看看他到底出了什麼問題，麥寇爾犀利的眼光盯在內野手身上特別精準，他一眼就看出了基特的步法有可以修正之處。

洋基隊在當年秋天就將基特送去了指導聯盟，並且指派了洋基隊球員培育系統創始人傑克．巴特菲爾德的兒子布萊恩．巴特菲爾德來特別訓練基特，他們連續訓練了三十五天。

基特熬了過來，而且立刻就展現出令人刮目相看的進步，第二年他就上到了三A；再過一年，一九九五年五月三十日，他在西雅圖敲出了一支左外野方向的安打，那是他大聯盟生涯累積三千四百六十五支安打中的第一支，李維拉和派提特也都在那一年第一次登上大聯盟。

球團在一九九〇年代初期一直穩定進步，一九九三年是洋基隊自一九八八年以來第一次勝率超過五成，最後的戰績是八十八勝七十四敗；第二年看起來會是球隊戰績更進一步的大好機會，結果突如其來的勞資糾紛卻讓一切就此結束。

一九九四年八月十二日洋基隊在美國聯盟東區排名第一，但是大聯盟球員工會卻宣布開始罷工，一個月之後聯盟就宣布取消了世界大賽。

對於這支努力了多年才終於成為季後賽熱門隊伍的洋基隊球團來說，一九九四年球季是悲喜交集的一年；好好的球季突然被這樣打斷確實讓人覺得可惜，但是球隊同時也對一九九五年球季充滿了希望。

為了補強這支已經戰力強悍的球隊，麥寇爾透過交易獲得了蒙特婁博覽會隊（Montreal Expos）的終結者約翰・韋特蘭（John Wetteland），以及曾經獲得過賽揚獎的芝加哥白襪隊明星投手傑克・麥克道爾（Jack McDowell）；等到罷工結束，延後開始的春訓也正式展開時，許多棒球專家都看好洋基隊會是一九九五年世界大賽的熱門球隊。

儘管球隊氣勢正盛，史坦布瑞納卻不願意延長麥寇爾和休瓦特即將到期的合約，讓兩人陷入了「跛鴨[46]」的尷尬狀態；球季因為當年的球員罷工而延至四月二十六日才開始，球隊在球季前幾個星期的成績表現也更加讓大老闆失去耐性。

---

46 跛鴨一詞出自於十八世紀的倫敦證券交易所，指那些拖欠債務的經紀，在政治場合中則指那些因為任期即將屆滿而不再具有影響力的公職人員，同樣的寓意後來也被引用到其他的職業領域。

洋基隊在五月的戰績是十勝十六敗，六月則是十三勝十四敗，而在那兩個月期間，唐・麥汀利、傑克・麥克道爾、保羅・歐尼爾、韋德・包格斯、吉米・基伊也都分別受傷。

洋基隊始終都沒有辦法重現一九九四年球季時的耀眼成績，到了八月，才六十三歲的米奇・曼托因為肝癌而過世，備受熱愛的轉播員菲爾・里祖托（Phil Rizzuto）因為工作的關係而無法出席葬禮，讓他在難過之餘決定宣布退休，原本從前一年就開始對未來充滿希望的洋基隊上下，立刻就陷入了徹頭徹尾的沉鬱之中。

在球團辦公室裏，洋基隊員工注意到史坦布瑞納開始回復到他過去反覆無常的決策方式，他和麥寇爾多年來爭執不斷，但一九九五年跌跌撞撞的戰績讓這兩人的爭執更加頻繁也更加激烈，大老闆甚至公開嘲諷為什麼要付薪水給麥寇爾來頂撞自己。

史坦布瑞納也多次被聽到他質疑休瓦特在比賽中的戰術執行，批評這位三十九歲的總教練可能沒有足夠的經驗來領導洋基隊登上冠軍寶座。

在戰績依然不佳的八月之後，洋基隊終於在九月份開始起飛，二十七場比賽中贏了二十二場，讓球隊以美國聯盟東區第二名的成績拿下了外卡資格，這是剛啟用的全新季後賽模式，讓更多球隊都有資格參賽。

扭轉了洋基隊戰績的關鍵就是麥汀利，多年來他受到背傷的困擾，早已沒有過去的打擊威力，每一場比賽都可能是他職業生涯的最後一場；對他來說全壘打式的全力揮棒過於疼痛，也逼得他不得不握起短棒，只能盡力將球碰往左外野形成安打。

九月時麥汀利對休瓦特說，「剩下的球季我豁出去了，我不會再把球往反方向碰，我要全力揮棒，要是把背給拉壞，那就讓它壞吧！」

休瓦特擔心著麥汀利每一次揮棒都可能是他職業生涯的最後一次，但麥汀利熬過來了，他忍痛在球季的最後一個月打出了三成二一的打擊率，還擊出了兩支全壘打。

十月一日，在他職業生涯的第一千七百八十五場比賽之後，這位受到球迷熱愛但星光亮度最低的洋基隊長終於打進了季後賽；洋基隊在多倫多擊敗了藍鳥隊，也搶下了美國聯盟的季後賽外卡，麥汀利在離開球場時彎下身來重重捶了球場的人工草皮一下，彷彿就像是在確認這一切都是真的。

洋基隊終於在一九八一年之後第一次打進了季後賽，而且關鍵就是吉恩．麥寇爾最注重的上壘率；一九九〇年麥寇爾剛剛接任洋基隊總經理之位時，球隊的上壘率是三成，但是到了一九九五年這個數字已經被提升到了三成五七，在全聯盟裏並列第二。

確定進入季後賽之後，史坦布瑞納走進了休瓦特的辦公室，當著教練團的面就說，「你們這些渾蛋最好給我打進世界大賽。」

這不是球團分崩離析的第一個徵兆，其實史坦布瑞納的操作早已經在球團裏造成了破壞；從八月份開始，他就開始打電話給比爾．利弗賽打聽球團裏的幾位球探。

「這傢伙是幹嘛的？」大老闆會問，「我們真的需要這傢伙嗎？」

「那時我想，又來了，」利弗賽說，「他肯定又是要開始省錢了，我只是沒想到他連我都省了。」

利弗賽在洋基隊任職期間就已經注意到了史坦布瑞納的思維模式，一開始他會提供充足的資源，但是大概經過六年的時間就會開始失去耐性；一九八〇年代末期他開始注意到這個模式，但還是在一九八九年完成了《洋基之道》那本培育手冊，六年之後的一九九五年洋基隊還是沒能贏得冠軍，於是大老闆就又開始蠢蠢欲動了。

「我覺得罷工事件對我們影響很大，」利弗賽說，「在那之前我們是第一名，如果那年我們贏了冠軍，也許九五年時的氣氛就完全不一樣了。」

「但是九五年一開始大聯盟的戰績不好，於是大老闆一定心裏就想著，『可惡，我一定要做些什麼來幫幫球隊』，他推動了人事變革的骨牌，等到球隊戰績好轉的時候，這一切都已經來不及了。」

九月十九日利弗賽、米契・路克維克斯，以及球探長凱文・艾爾佛林（Kevin Elfering）都在亞利桑那州（Arizona）的史考茲戴爾市（Scottsdale）參加美國職棒的年度球探與球員培育大會；當他們發現洋基隊的普通合夥人（General Partner，股東）、同時也是史坦布瑞納女婿的喬・麥洛伊（Joe Molloy）也在場時，他們三個人都覺得不太對勁。

另一位利弗賽的愛將，洋基隊球探比爾・蓋維特（Bill Geivett）在開會前下車走向旅館的時候剛好遇上利弗賽離開，疑惑的蓋維特到了會場內才知道他們團隊的世代就這樣結束了。

「我們只在那邊待了一個晚上，第二天早上喬・麥洛伊就把我們叫進了他的房間，然後開除了我們全部，」路克維克斯說，「那我們當然就離開了。」

利弗賽、路克維克斯還有艾爾佛林都有點措手不及，於是他們到了鄰近的一個購物中心去，在整理思緒的同時也想辦法安排回家。

就在一個光輝時代降臨之際，史坦布瑞納親手造成了這樣一個人事上的大地震，而且這絕對是一個對球團的重大傷害。

「這個打擊太大了，」羅伯・湯姆森在提起這起人事變動及其影響時說，「我們只能試著正常運作，假裝是比爾和米契還在掌控大局。」

數十年之後利弗賽、路克維克斯和艾爾佛林都只能猜測到底是誰在史坦布瑞納的面前打了他們的小報告，但是很多被提到的人名，像是史坦布瑞納的親信投手教練比利・康諾斯（Billy Connors），都已經不在人世而無法提出他們的說法；凱許曼也不能確定到底是誰對大老闆進了讒言，麥洛伊雖然負責執行了老丈人的指令，但是他也說不出有誰曾經說過些什麼，這一切都在幕後靜悄悄的推展開來，就像是電影教父的劇情一樣。

到了二〇二三年，已經六十九歲的路克維克斯都還在為了當年這件事糾結著。

「我們真的都被嚇到了，因為當時比爾就像是戴著眼罩的賽馬似的，」路克維克斯說，「我們都專注在眼前的任務上，根本沒去注意到是誰捅了我們一刀，肯定是有人為了自己的私慾去說動了史坦布瑞納先生。」

利弗賽毫不介意承認他強硬的作風會幫他樹敵，「我們有一個基本原則就是，你不必喜歡我，但是你必須尊重我，」利弗賽說，「這些原則是絕對不會改變的。」

「有些人說比爾太嚴苛了，」路克維克斯說，「他媽的一點錯都沒有，他就是嚴格，但是他也很公平。」

藉由擴編加入聯盟的坦帕灣魔鬼魚隊（Tampa Bay Devil Rays，於二〇〇七年底更名為坦帕灣光芒隊）立刻就撈走了利弗賽、路克維克斯及艾爾佛林三人，路克維克斯直到二〇二四年都還在光芒隊任職，已經八十多歲的利弗賽則已經退休。

就這樣，這些親手編寫出《洋基系統培育手冊》的人就被踢出了球團，只能遠遠的看著這個球隊起飛，建立起一個全新的洋基王朝。

「比爾．利弗賽知道我們的實力，」路克維克斯說，「我們沒辦法猜到每個球員以後會變成什麼樣子，但是我們知道那一群都是非常好的球員，球技好、個性也好，就算是今天回想起來，我還是歸功給比爾．利弗賽和布萊恩．塞比恩。」

「看到球隊把你開除之後就去打了五次的世界大賽，你可能會想要找個大橋跳下去，但是這本來就不是任何人的功勞，這是一整個團隊的努力，我認為我也是這個團隊的一部分；如果要我挑出一個影響力最大的人，那我會說是比爾．利弗賽，很多報導我可能沒有全都看到，但是在我看過的那些文章當中，很少人給過利弗賽足夠的功勞。」

塞比恩在一九九三年前往舊金山巨人隊任職，但是他始終懷念當年那段和朋友們一起在職場導師的領導之下、努力將洋基隊從頭建設起來的時光。

「我從比爾．利弗賽的身上學會怎麼在棒球的世界裏成為一個男子漢，」塞比恩說，「除了我爸之外，他是對我影響最大的人，對我們大部分人來說，那是一個很特別的團隊。」

利弗賽說，「塞比恩到了舊金山之後，迫不及待地就想要把六、七位洋基隊的主管都挖過去，巴克、夏洛克，還有巴特菲爾德去了亞利桑那，米契和我去了坦帕灣，大家都散了。」

凱許曼在一九九五年時已經回到了紐約市，當時還是副總經理的他一下子就失去了一大批的前輩師長；雖然比爾．利弗賽被開除時洋基隊尚未拿下這個世代的第一個冠軍，但是日後凱許曼都會說，洋基王朝的衰敗的起源就是從這個決定開始。

由於被迫離隊的時間點非常突兀，許多這些洋基王朝的建築師都沒能親身經歷到那個最後的成品，「你想要的其實只是在世界大賽慶功的時候能站在一旁，小小聲的對自己說，『我的天啊！這群人真的做到了，』」利弗賽說，「但是我們連這樣做的機會都沒有。」

在凱許曼早期的那些職場導師之中，只有吉恩．麥寇爾得以留任，但是他身為總經理的最後清算日也即將來臨。

# 14 那些渾蛋沒打進世界大賽

「你就是固執的德國王八蛋！」

喬治．史坦布瑞納曾經把巴克．休瓦特當成是個天才一般捧在手上，讚嘆他細心的程度就像是備受讚揚的比利．馬丁和傑克．巴特菲爾德一樣；但是現在的史坦布瑞納一如往常的又開始對他的總教練失去了耐性。

一九九五年的某一天，他就這樣衝進了休瓦特的辦公室吼了起來，休瓦特一頭霧水，因為他身上一點德國血統都沒有；但是史坦布瑞納本人就不一樣了，他是德國及愛爾蘭的後裔。

「你還蠻有自知之明的嘛！」休瓦特直接吼了回去，他知道大老闆有時候就只是想找人吵架，只要沒有外人在場就好。

一九九五年季後賽開打之前，球迷對於洋基隊檯面之下的那些人事變動仍然一無所知，光是久違的季後賽重新降臨布朗克斯就足以讓他們興奮不已。

休瓦特重視的是活在當下，十月三日在和同分區對手西雅圖水手隊（Seattle Mariners）開始季後賽第一輪的系列賽之前，球場廣播員鮑伯．謝帕德（Bob Sheppard）念出了球隊的先發名單，首先被介紹出場就是總教練。

在小跑步衝往一壘線的時候，休瓦特不同於以往的含蓄，一邊舉起了球帽向觀眾致意，一邊興奮的揮舞著拳頭。

他是在一九七七年選秀被洋基隊選入陣中的，經歷了球員、小聯盟總教練、大聯盟教練等各種身分，他知道自己一直在幫忙重建這支球隊，他就是《洋基之道》的化身。

洋基隊就是他的世界，而現在的他身為大聯盟總教練，終於迎來了雲開見日的這一刻。

歡呼聲讓球場都像是震動了起來，先發投手大衛．孔恩是吉恩．麥寇爾在七月份交易大限前贏來的重要戰力，這一天他投得很好，不但自己獲得勝投，也率領洋基隊在系列賽中先取得一勝。

第二天晚上麥汀利在七局下半以一支全壘打追平戰局，為球迷帶來了更多的興奮與狂歡，當球落在右外野的看台區時，電視轉播員蓋瑞．索恩（Gary Thorne）的聲音已經幾乎要壓不住現場觀眾的歡呼聲了。

索恩喊的那句「把屋頂抓牢」用在當時再合適不過，如果洋基球場有屋頂的話，那天晚上應該就已經被掀翻了。

電視轉播中一個令人驚喜的意外，就是麥汀利全壘打的下一個畫面剛好切到基特就站在休息區的第一層階梯歡呼，而他正好就會是下一任的洋基隊長。

在五戰三勝系列賽中取得二比〇領先的洋基隊飛往西雅圖，結果一連輸了兩場比賽，於是決定生死的第五戰就此登場。

敗給西雅圖的兩場比賽，史坦布瑞納都在水手隊主場國王巨蛋（Kingdome）的包廂裏生悶氣；和他一起看比賽的有麥寇爾、凱許曼，還有瑞吉．傑克森，大老闆不停的抱怨說休瓦特的調度功力比不上擁有多年洋基隊資歷的水手隊總教練盧．皮涅拉。

第五戰的戰況也沒能扭轉大老闆對休瓦特新生出的負面評價，因為他讓筋疲力竭的孔恩在比賽中投了一百四十七球，最後一球提前落地形成了四壞球保送，讓水手隊在第八局追平了比數。

當休瓦特走上投手丘去更換投手時，孔恩已經累到彎著身子，兩手撐在膝蓋上；他把球交給了總教練，然後走下了球場階梯直接走進球員休息室，他把頭埋進了毛巾裏忍不住流下了眼淚。

牛棚裏的馬里安諾．李維拉早就準備好了，但是直到孔恩被追平了比數之後才終於得以上場；他只用了三球就三振了麥克．布勞爾斯（Mike Blowers），壓倒性的實力一下子就讓他贏得了全國的關注。

現在的李維拉早已是名人堂的成員，回頭來看當然會覺得休瓦特怎麼沒有更早將他替換上場，但是如果把時間拉回一九九五年，老將孔恩可能還是個更好的選擇；當年球季孔恩在先發輪值和牛棚之間輪替表現穩定，而二十五歲的李維拉則在進入季後賽時帶著高達五點五一的投手防禦率[47]，他是在那一年才突然在球速上有所突破，也讓他的快速直球更具威力。

那一年夏天麥寇爾曾經嚴肅考慮要將李維拉交易到底特律去，想要換回先發投手大衛．威爾斯（David Wells），但是洋基隊內部已經開始注意到李維拉的進步，也正在學會怎麼去使用他；不過這些都不重要，史坦布瑞納已經暴跳如雷，正喋喋不休的罵著他的總教練。

比數一直僵持在四比四，到了第十一局藍迪．瓦拉迪（Randy Velarde）以一支安打送回了派特．凱利，讓洋基隊以五比四再度取得領先；只要能再解決掉三位打者，或許休瓦特就會一直擔任洋基隊的總教練，麥寇爾也會繼續留在洋基隊總經理的位置上。

然而最後的結局卻不盡如人意，艾德格．馬丁尼茲（Edgar Martinez）在第十一局下半從傑克．麥克道爾手中擊出了一支兩分打點的安打，讓這一天在水手隊的歷史上留下紀錄，也讓洋基隊功虧一簣，最後比數是六比五，西雅圖獲勝。

水手隊全隊在本壘板附近撲倒慶祝，而洋基隊則呆坐在休息區裏一臉震驚；通常被淘汰出局的球隊會逐一回到休息室去，但是洋基隊的球員連站起身來的力氣都提不起來。

---

47 防禦率是指投手每投九局的平均責任失分率，用以評鑑投手壓制對手的能力，計算方式是將一名投手的總責任失分除以總投球局數，再乘以九。

保羅·歐尼爾像僵屍一樣從右外野緩緩走回休息區，然後從休息區一端經過球棒架一直走到另一端，彷彿靈魂已經被抽離了他的身體；在球場上，水手隊總教練皮涅拉大笑著向觀眾們揮舞著他的球帽，包廂裏的史坦布瑞納坐立難安，眼神帶著陰沉的怒氣。

被終結的除了麥汀利的職棒生涯之外，還有一整個屬於洋基隊的世代，在飛回紐約的班機上不時傳來成年男人的啜泣聲。

幾天之內史坦布瑞納就從麥寇爾的手上剝奪了總經理最重要的職責之一，他要自己來決定休瓦特的去留；不到一個月之後史坦布瑞納決定將麥寇爾減薪，等於是要逼他自行下臺，麥寇爾當然不會接受減薪，於是他同意卸下總經理的擔子，轉為擔任球探。

沒有幾位資深主管願意接受史坦布瑞納的面試，但是大老闆最後還是說服了鮑勃·華特森接下總經理的位置；華特森是一位性格溫和的前大聯盟一壘手，在來到洋基隊之前，他是休士頓太空人隊的總經理。

在一九七九年十一月八日，華特森曾經是麥寇爾剛開始擔任洋基隊總經理時最先簽下的球員之一，現在他突然就被找來空降領導一個他完全不了解的棒球事務部。

史坦布瑞納對於該怎麼安排休瓦特一直猶豫不決，凱許曼建議讓他留任，但是史坦布瑞納一點都沒有要採納建議的意思；大老闆最後提出了一份兩年的合約給休瓦特，唯一的條件就是要他開除四位教練，休瓦特根本不可能接受這樣的安排，因為他最堅持的原則就是總教練一定要全力支持自己教練團的成員。

職位有可能不保的教練有傑克・巴特菲爾德的兒子布萊恩・巴特菲爾德，他代表著洋基隊的優良傳統，雖然這個傳統已經被最近的人事調度給幾乎破壞殆盡；史坦布瑞納很快就改變了他對巴特菲爾德的決定，但是他沒有打算留下其他幾位教練。

這件事不會有好結果，休瓦特已經得到了亞利桑那響尾蛇隊的邀請，這是一支將要在一九九八年加入聯盟的擴編球隊，他們邀請休瓦特去重新建構整支球隊，他知道他無法拒絕這樣的機會，但是他的心卻還是留在了洋基球場。

在一九九五年的一切塵埃落定之後，《洋基之道》幾乎已經要從洋基球團絕跡；休瓦特帶了布萊恩・巴特菲爾德一起去亞利桑那，傑克・巴特菲爾德和比利・馬丁早已離世，布萊恩・塞比恩則在舊金山。

比爾・利弗賽和米契・路克維克斯在洋基隊坦帕基地的另一邊，中間隔著陽光高架橋（Sunshine Skyway Bridge），他們在聖彼得堡市（St. Petersburg）協助建立魔鬼魚隊，只剩下吉恩・麥寇爾還留在洋基隊陣中，但是史坦布瑞納已經把他的權力全都給剝除了。

這支球隊即將起飛，馬上就要創下一段棒球史上最偉大的歷史霸業，但是那些帶領球隊走到這一步的人卻都已經不在；對那些留下來的人來說，當初打下的厚實基礎足以讓球隊應付接下來的幾年，然而球隊連第一個冠軍都還沒有到手，王朝衰敗的種子是不是就已經被悄悄埋了下去呢？

「毫無疑問，」凱許曼說，「因為和被他開除的那些人比較起來，喬治找來了一群不合格的替代品，巨人隊能夠變成一支強隊就是因為他們雇用了塞比恩，光是這件事就對我們造成了重大的損失。」

凱許曼只能扛起火炬繼續往前走，接下來的三十年間他看著棒球界把喬·托瑞、基特、史坦布瑞納，甚至是麥寇爾看成是洋基王朝的代表人物，而他只能偶爾生著悶氣，不能理解為什麼沒有人想到塞比恩、利弗賽、路克維克斯，還有其他人的功勞。

當凱許曼說我們全都搞錯了洋基隊的歷史時，這才是他最在意的一部分。

# 第三部

# 王朝

# 15「小鬼，你準備好了嗎？」

「小鬼，你準備好了嗎？你最好當心點！」

在洋基球場裏，喬治．史坦布瑞納就坐在他的辦公桌位子上，身邊站著的是他魁梧的司機艾迪．費斯圖克（Eddie Fastook），布萊恩．凱許曼就站在史坦布瑞納桌前，那一年他才二十九歲。

「這個叫做鮑勃．華特森的傢伙，他是撐不過今年球季的！」大老闆吼著的名字正是他自己親手選的球隊總經理，「你準備好了嗎？」

什麼準備好了？凱許曼想著，但是他沒有出聲。

「我覺得你可以取代華特森了，」史坦布瑞納說，「你準備好了嗎？要是我真的換人，你可以嗎？」

時間是一九九六年的九月，洋基隊的戰績在美國聯盟東區領先，但是在八月份他們輸多贏少，第二名的巴爾的摩金鶯隊已經越追越近。

史坦布瑞納不停對著今年剛上任的總經理華特森和同樣也是今年剛上任的總教練喬・托瑞碎念說他們「肯定會搞砸」，還有他們會把洋基隊變成「大家的笑柄」。

「巴爾的摩真的一飛衝天，」凱許曼回憶著說，「而我們就是一蹋糊塗。」

凱許曼對於史坦布瑞納的沒耐性一點也不意外，但是完全沒預料到大老闆居然會把他當成接任總經理的人選；總經理？凱許曼從來沒想過自己可以坐上那個位置，他其實根本不覺得他還會繼續待在洋基隊多久。

「我只把那裏當成是個中繼點，」凱許曼說，「我一直覺得我就只是做個幾年，然後就會換到一個比較正經的工作去。」

「如果你把時間拉回到那個時候，總經理的位置都是由退役大聯盟球員去接的，那時的總經理有鮑勃・華特森、伍迪・伍德沃德（Woody Woodward）、艾德・林區（Ed Lynch）、朗恩・舒勒，還有派特・吉利克，他們都是退休的球員，都是大聯盟、小聯盟的球員在退休之後進到球隊高層，奧克蘭運動家隊的山迪・奧德森不是球員，但是他是律師，我可不是律師。」

「所以那時候我們不會有『這就是我想做的』或是『這個我做得到』這些想法，因為球隊辦公室高層都是厲害的退役球員；我才剛剛進入職場，大學的時候我在UPS聯合包裹服務公司（United Parcel Service）兼差打工，他們提過要我全職上班，我也考了LSAT法學院入學考試（Law School Admission Test），說不定我會去法學院讀書。」

「那時我對未來沒有什麼想法，反正沒什麼大不了的，我還沒想過這輩子要做些什麼，我確實熱愛棒球沒錯，但是我從來就不覺得那會是我的事業。」

洋基隊在一九九二年就把凱許曼昇任為副總經理，但是他始終覺得自己的職場人生很快就會轉往另一個領域。

「即使是在那一刻，我還是想著我會離開，」凱許曼說，「我試著申請過華頓商學院（Wharton School）[48]之類的，因為我從來就不覺得我在這裏還會有什麼昇職的機會。」

結果現在史坦布瑞納好像打算要改變這一切，然而即使是面臨著這個很可能會改變他人生的驚喜，凱許曼的第一個直覺反應卻是應該要尊重職場的規矩；由於另一位當事人華特森並不在場，這個會議所討論的內容其實並不恰當。

「說真的，」凱許曼對史坦布瑞納說，「你是我老闆沒錯，但是他是我直屬上司，所以這個話題要就此打住，我覺得不適合再繼續下去。」

他走出了辦公室，九月十八日金鶯隊到洋基球場來打三連戰輸了兩場，於是危機解除，凱許曼仍然是球隊的副總經理，史坦布瑞納也暫時放過了華特森和托瑞，雖然他對這兩個人依舊沒有好感，洋基隊悠久的歷史上也從來就沒有過他們的位置。

---

48 賓州大學（University of Pennsylvania）的學院之一，全名為賓州大學華頓商學院，在世界排名中一直名列前茅。

華特森在一九八〇年代初期曾經短暫在洋基隊打過球，但是他不像前任麥寇爾那樣對洋基隊的球團文化有深入理解，也沒有麥寇爾和史坦布瑞納之間那種互相信任的情誼。

托瑞最少還是個紐約人，而且他天生就不懂得怯場，來自布魯克林（Brooklyn）的托瑞曾經被選為國家聯盟的最有價值球員，一九九五年史坦布瑞納雇用他擔任總教練的時候他才五十五歲；棒球迷提到托瑞就會想到亞特蘭大勇士隊（Atlanta Braves）、聖路易紅雀隊，還有紐約大都會隊（New York Mets），因為他曾經在這些球隊打過球，後來也先後成為過這些球隊的總教練。

但是史坦布瑞納的弱點就是永遠都覺得別人的比較好，有時在衝動之下他會跳出自己的舒適圈來雇用總經理和總教練，譬如說一九八九年時他雇用了達拉斯．葛林來擔任總教練，還有席德．施瑞福特來擔任總經理，另一位就是他現在的總經理華特森。

托瑞就和在他之前的洋基總教練們完全不同，從卡西．史丹格爾到比利．馬丁再到巴克．休瓦特，他們全都是洋基隊優良傳統的一份子，而且這些糾結的歷史甚至可以一路回溯到當年紐約巨人隊的傳奇人物約翰．麥格勞，但是托瑞就是個和《洋基之道》一點關係都沒有的局外人。

這樣的改變或許是件好事，托瑞和休瓦特不同，他天生就帶著一種從容自在的氣度；休瓦特總是專注在每一個細節上，但托瑞卻不太介意那些小事，這樣的個性，最少在他剛上任的這一年，對一支暗潮洶湧的球隊來說再適合也不過了。

托瑞立刻就和這位即將成為他老闆的年輕副總經理建立起了友誼，「一開始，」凱許曼說，

「托瑞就像是我的第二個父親一樣。」

托瑞接手洋基隊之後的第一個重大決定，就是要不要讓基特在一九九六年球季一開始就扛起先發游擊手的位置，原本這一直都是春訓前的計畫，但是隨著球季開打越來越近，而基特在春訓期間的表現卻持續低迷，球團內就開始有聲音質疑，對於一支企圖要爭奪世界冠軍的球隊來說，讓一個新人來接下這個重要的守備位置恐怕並不聰明。

到了三月底，一群洋基隊的高階主管集合在托瑞的春訓辦公室裏討論這個決定，在場的有史坦布瑞納、華特森、托瑞、凱許曼、吉恩．麥寇爾，還有克萊德．金恩；金恩是史坦布瑞納的親信，曾經在一九八〇年代短暫擔任過投手教練、總教練以及總經理。

托瑞的教練團，包括威利．藍道夫也在場，還有麥寇爾的老戰友、現在擔任洋基隊高階球探的朗恩．布蘭德，他們曾經在一九五〇和一九六〇年代一起在小聯盟打球，

金恩在史坦布瑞納的指使之下率先發言，他說基特還沒準備好，球季開始時應該要待在板凳上或是乾脆下放去小聯盟，至於游擊防區這個空缺，洋基隊可以把馬里安諾．李維拉交易到西雅圖去，換回打擊火力平平的老將菲力克斯．佛爾敏（Félix Fermín）。

金恩的開場獨白把大家都嚇壞了，球隊的計畫一直都是要給基特一個機會，不應該這樣子改變；隨著討論持續進行，凱許曼率先決定投新人基特一票。

托瑞表示贊成，但是他溫和謹慎的表達方式卻是這些洋基隊主管幾乎從未經歷過的。

「如果真的要把基特送走，一個月之後再交易也不遲，」總教練說，「沒有必要因為春訓表現不好就貿然下這個決定，先讓他開季打打看再說好了。」

麥寇爾即使在轉任球探之後，仍然不改他火爆的脾氣，他的反應就完全不一樣了。

「克萊德・金恩一進來就說他們決定要把基特送走，」布蘭德說，「老棍整個暴跳了起來，他說，『等一等，等一等，之前那些計劃呢？我們都決定了這傢伙會是我們的游擊手，然後現在我們突然就怕了嗎？』」

麥寇爾說他看到基特即使是在努力爭取站上大聯盟開季名單的現在，依然把整個球隊的勝利看得比個人的成績表現還要重要，這種精神正是洋基隊最需要的。

負責訓練球隊內野手的藍道夫也站出來替基特說話。

「嘿喬治，」藍道夫說，「把這孩子交給我，你別擔心了，他沒問題的，我知道他在小聯盟的時候失誤不少，但是他沒問題的。」

藍道夫用了鮑比・米契恩（Bobby Meacham）的例子來支持基特，米契恩是一九八〇年代洋基隊的一位年輕內野手，他因為時常在小聯盟三A和布朗克斯的大聯盟球隊之間往返，自信心和球場上表現的穩定度都受到了影響。

「只要你別把他像溜溜球一樣晃過來晃過去，別像當年對米契恩那樣影響他的腦袋，他就不會有問題，」藍道夫說，「我們可以忍受一些小失誤的。」

藍道夫還加碼說，基特優異的體能天賦不管怎麼樣都可以幫到球隊。

「就算他打不好，我們也有方法可以彌補他的不足，」藍道夫說，「他跑得夠快，我們球隊需要他的速度。」

屋子裏的風向慢慢就脫離了金恩的掌握，轉而變得支持基特。

「威利你確定嗎？」史坦布瑞納問道。

藍道夫說他非常確定。

「好吧！那就照你說的，」史坦布瑞納說，然後補上一句，「這可是你說的。」

「我看著他，心裏想著『不然呢？不然你想怎麼樣？』」藍道夫回憶著說，「你是想給我四十大板還是怎樣？搞清楚，我算是賭上了我的名聲，要是這件事情失敗了，那也只有面對，但是我覺得那孩子充滿潛力，我覺得我們球隊需要有一些速度，要有年輕新血進來，我覺得他一定可以對球隊做出貢獻，要是他還是不停失誤，那時再把他拉下來送去三A也不遲。」

金恩說服不了任何人，史坦布瑞納也只有讓步，不過臨出門時他還是不忘丟下那句他總是掛在嘴邊的狠話，「你最好別說錯。」

在這件事情上，麥寇爾、藍道夫、凱許曼、托瑞，還有其他那些支持基特的聲音全都立刻就得到了回報；基特贏得了一九九六年球季美國聯盟的新人王，同時也以先發游擊手的身分和洋基隊贏得了自一九七八年以來的第一個世界大賽冠軍。

在球季例行賽以及十月份季後賽期間，托瑞溫和而具有同理心的領導方式功不可沒；基特總是稱呼他為T先生，他們兩人從一開始就建立起了情誼。

八月十二日的比賽是他們兩人關係演進的一個關鍵時刻，基特在比賽中因為太過積極而犯下了一個新人常犯的錯誤，他在兩人出局的情況下盜向三壘而出局；當時的打者是重砲手西索・菲爾德（Cecil Fielder），而基特已經站穩了二壘進入得分區，跑者在壘上最重要的禁令之一就是絕對不能在三壘成為第一個出局影響士氣，或是成為第三個出局結束球隊的攻勢。

托瑞氣到不想理他，要等到第二天再跟基特說話，但是基特一回到球員休息區就走到了托瑞和首席教練唐・齊默面前報到；托瑞對於基特立刻就知道認錯也願意負責的態度感到欣慰，他拍了拍基特的頭疼惜的跟他說，「去吧去吧！」

那一年的世界大賽，托瑞總是能安撫史坦布瑞納煩躁的情緒；洋基隊的對手是尋求衛冕的亞特蘭大勇士隊，在洋基球場的第一場比賽，洋基隊派出了安迪・派提特擔任先發投手。

派提特在球季中拿下了二十一勝，也入選了明星隊，但是這場比賽他在第三局就被勇士隊給打了下去；他的對手是球季拿了二十四勝的約翰・史莫茲（John Smoltz），史莫茲後來成為那一年國家聯盟賽揚獎的得主，這場比賽他投了六局，勇士隊以十二比一獲勝。

第二場比賽開打之前，華特森集合了全隊講話，告訴球隊說他以球隊全年的表現為榮；托瑞知道華特森一整天都被心浮氣躁的史坦布瑞納給纏著，他覺得總經理講話的內容像告別式一樣太沉重了，所以決定要說些不一樣的話來提振士氣。

「你們聽好，」托瑞對著球員們說，「我們打敗過進攻火力比亞特蘭大還要兇猛的球隊……沒有理由我們打不贏這支球隊。」

托瑞知道那天晚上的先發投手對戰組合並不好過，亞特蘭大的葛雷格．麥達克斯（Greg Maddux）大概是這十年來全聯盟最強的投手，對上洋基隊的吉米．基伊，基伊雖然也很不錯，但是確實不是麥達克斯的等級；托瑞從他身為總教練的角度來看，他知道這個系列賽不會早早結束，而且他在史坦布瑞納氣沖沖的衝進他辦公室時就這樣對大老闆說過。

「這場比賽非贏不可，」史坦布瑞納說。

托瑞故意連頭也不抬，只是淡淡的說，「你今晚要做好輸球的心理準備，然後我們會出發去亞特蘭大繼續後面的賽程，那是我的地盤（托瑞曾經是亞特蘭大勇士隊的球員和總教練），我們會在那邊連贏三場，然後星期六回到這裏把冠軍搶下來。」

托瑞的預言精準無比，當晚麥達克斯封鎖了洋基隊八局，帶領勇士隊以四比〇獲勝，然後洋基隊也真的在亞特蘭大橫掃了地主隊連贏三場。

在客場的比賽期間，托瑞特別注意每一位選手的心理狀態，第五戰開打之前他決定用提姆．雷恩斯（Tim Raines）取代保羅．歐尼爾擔任先發右外野手。

當天下午在貼出比賽先發名單之前，托瑞把歐尼爾叫進了辦公室向他解釋這個決定，當天稍早提諾·馬丁尼茲和韋德·包格斯也都先後和總教練有過同樣的對話，被告知他們兩人都不會先發；包格斯的反應輕鬆自在，但馬丁尼茲則是相當不滿，一句話都沒說就離開了總教練的辦公室。

歐尼爾接受了總教練的調度，但是離開時垂著肩膀低著頭，情緒很明顯的受到了影響；沒有多久首席教練唐·齊默就把頭探了進來。

「歐尼爾看起來心情很糟，」齊默說。

直覺告訴托瑞他很可能做錯了，這個調度很可能影響到歐尼爾在整個世界大賽的表現，甚至會對他的職業生涯都造成影響，於是他把歐尼爾又叫了回來，說他改變了心意，會讓歐尼爾照常在右外野先發。

幾個小時之後，洋基隊在九局下半以一比〇領先，兩人出局的情況下亞特蘭大有跑者分別站上一三壘，打者路易士·波洛尼亞（Luis Polonia）一棒將球打向深遠的右外野，但球的去向卻逐漸往中外野偏移。

歐尼爾全速往球飛奔，伸長了手硬是在空中把球撈了下來，然後及時在全壘打牆邊慢下速度避免自己撞上去，他重重捶了全壘打牆一下，伴隨而來的是一聲釋放情緒的吶喊。

這個精采防守讓洋基隊只差一場勝利就可以拿下世界冠軍，而這些畫面也會永遠留存在洋基隊歷史的精采回顧裏；吉恩·麥寇爾在四年前用羅貝托·凱利去換了歐尼爾回來，這筆交易此刻看起來精準無比，而托瑞臨時決定取消換人，恢復派歐尼爾上場的直覺反應更是神來一筆。

兩個晚上之後，世界冠軍大賽又回到了布朗克斯，洋基隊終結者約翰・韋特蘭在第九局球隊以三比一領先的時候登場，結果一連被萊恩・科列斯克（Ryan Klesko）、泰瑞・潘德爾頓（Terry Pendleton）以及馬奎斯・葛里森姆（Marquis Grissom）擊出一壘安打。

比數被追成了三比二，兩出局的情況下一壘和二壘上都有跑者，馬克・蘭姆奇（Mark Lemke）把球數逼到了兩好三壞，然後一棒打出一個左外野方向的高飛界外球。

三壘手查理・荷伊斯（Charlie Hayes）兩眼緊盯著球，在落點處站定，然後就在觀眾席前不遠處接住了這一球；他高高跳起，托瑞也興奮得放聲大喊，全隊都從休息區奔向場上，洋基隊終於拿下了十八年來的第一個世界冠軍。

第二天早上大約八點鐘，在所有的香檳、啤酒還有眼淚都噴灑完畢之後，凱許曼拿起了他的電話按下幾個數字。

另一頭接起電話的是坐在家中的比爾・利弗賽，凱許曼用發自內心最誠摯的聲音輕輕說了兩個字，讓利弗賽直到八十歲後都還感動不已，「謝謝，」凱許曼說。

# 16 布萊恩上陣了

洋基隊在一九九七年拿下了美國聯盟季後賽的外卡資格，但是在聯盟分區系列賽卻輸給了克里夫蘭；那年球季結束之後，替史坦布瑞納這個球隊人員們口中的「瘋子」工作的壓力逐漸開始壓倒總經理鮑勃．華特森。

華特森曾經是一位令人畏懼的大聯盟強打者，但是現在的他整天把自己關在洋基球場的辦公室裏，一邊吃著外賣一邊看著電視上的肥皂劇。

凱許曼並不否認這些細節，但是他對於在二〇二〇年以七十四歲之齡逝世的華特森充滿懷念，也為他當年的消極倦怠做出了解釋。

「因為喬治總是一再的打擊他，然後說『不對，我們就是要這樣做，』」凱許曼說。

「在喬治氣焰最高張的時候，他就是總經理，他同時也是票務主任、他管球場運作，也管市場行銷，每個人的工作他都要插手，他就是管家婆主任；我覺得到最後鮑勃．華特森已經習慣了等電話響起，等喬治告訴他要做什麼，但是在電話沒響、沒事要做的那些空檔，他就隨便用別的事情去填補起來。」

「後來的情況已經糟到，就像是一隻實驗室的白老鼠，往前走會被電擊，往右走會被電擊，往左走會被電擊，連往後退也會被電擊，到了那個地步你只好想辦法習慣什麼都不去做，因為這樣就不會被電。」

「在華特森之前，喬治曾經有過的其他總經理也都是這樣，像是當年的席德．施瑞福特[49]，他剛來的時候意氣風發，『現在我們重新來過，我知道他是怎麼對待別人的，那些在我身上是行不通的！』結果最後席德幾乎是被人用擔架給抬了出去，這就是一個那麼惡劣的工作環境。」

一九九八年二月二日，華特森決定他再也不想被當成一隻實驗室裏的白老鼠了，他告訴凱許曼說他已經遞出辭呈，凱許曼勸他再考慮一下，但是華特森真的是受夠了。

「我想今天晚一點這份工作就會是你的了，」華特森說，「你要好好考慮啊，小兄弟。」

凱許曼還記得一九九六年時史坦布瑞納就曾經提過要任命他為總經理，他對這件事一點也不驚訝，而且這個念頭已經在他的腦子裏沉澱了一年多。

49 就是那位在一九八九年從匹茲堡海盜隊被雇用到洋基隊來的資深棒球事務主管，但是五年的合約只進行了五個月他就離開了球隊。

史坦布瑞納果然沒多久就撥了電話過來，他要凱許曼當天下午到曼哈頓公園大道（Park Avenue）上他所暫住的麗晶酒店（Regency Hotel）來開會。

「我可以再回收一個誰來，」大老闆對凱許曼說，然後他又重複了一年多前他曾經丟給凱許曼的那句話，「問題是，你覺得你準備好了嗎？」

球團裏有些人開玩笑說凱許曼很像著名電視喜劇《歡樂單身派對》（Seinfeld）中一個叫做喬治．科斯坦薩（George Costanza）的角色，他在劇中曾經一度是洋基隊球團辦公室的職員；凱許曼微禿的髮線和圓框眼鏡在外觀上確實和科斯坦薩有相似之處，而史坦布瑞納對他的喜愛也和劇情內容相去不遠。

劇中由喜劇演員拉瑞．大衛（Larry David）所扮演的史坦布瑞納個性衝動易怒，就和本人完全一樣，然而凱許曼卻絕對不會是那個愛碎念又缺乏自信的科斯坦薩；史坦布瑞納將這支職業運動頂級球團的鑰匙交給凱許曼時，凱許曼才只有三十歲，但是他卻展現出了超乎常人的自信，他沒有趁機要求大老闆給他一份複數年的長約，反而堅持只簽下了一年合約，凱許曼認為他應該要先證明自己有成功的能力，然後再向大老闆要求更進一步的承諾。

超過了四分之一個世紀之後，有一個問題還是沒有人問過，那就是凱許曼明明已經親眼看到許多經驗更加豐富的前輩被擊倒，為什麼他還會願意接受這個工作呢？

「我覺得大概是因為我一開始就身處在這個環境裏，所以比較容易接受這些事，要是你進入業界時是在另一種環境裏，然後才被空降到這邊來，那就不行了，」凱許曼說，「我常常在想，很可能因為我就是在這個環境裏成長學習的，所以我才能這樣子輕鬆面對。」

於是總經理這個職位，這份凱許曼完全沒有爭取也從來沒有想要過的工作，反而成了最適合他的一份工作，他理解這個情況，也願意迎接這個挑戰，但是在正式記者會的前一個晚上，凱許曼還是不小心洩露出了他讓人心疼的、脆弱的一面，他問了一位記者那個史坦布瑞納問過他的問題，「你覺得我準備好了嗎？」

雖然小道消息在晚上就已經流傳出去，華特森還是在第二天二月三日召開了記者會，公開宣布他已經辭去了總經理的職位，並且將會由凱許曼接任。

「讓我先澄清一件事，」華特森說，「這跟健康因素無關，我只是想要改變一下我人生和事業的重心，我想要休息一下，我已經在職業棒球界三十三年了，我沒有渡過一次假。」

華特森站在講臺上，背後的牆上掛著橫旗，上面有著一個巨大的洋基隊標誌；凱許曼坐在他的右手側，身上穿著黑西裝、白襯衫，搭配著一條花色繽紛、上面有著米色、紅色以及藍色斑點的寬大領帶，那是非常一九九〇年代的時尚搭配，而他的時刻即將降臨。

華特森比凱許曼年長二十一歲，六呎的身高和超過兩百磅的體重站在凱許曼旁邊就像是個巨人；這樣子的體格差異在視覺效果上就像是美式足球隊的四分衛走下球場，讓小球僮來接手比賽似的。

在華特森致詞的時候，凱許曼一下子交叉雙手，一下子又把手鬆開，他時而看向華特森，又不時低頭看著地面，然後再抬起頭來；他緊張嗎？大概有一點，但是他那天早上已經練習過了，這些準備工作讓他得以避免受到腎上腺素的影響。

當華特森的致詞接近尾聲時，凱許曼起身擁抱了這位前任總經理，然後站到了麥克風前，他的聲音帶著一絲幾乎無法被察覺出來的顫抖；現在回去看當時的影片紀錄，令人印象深刻的反而是他堅定的語氣和挺直的站姿，至於他明顯流露出來的一絲畏懼，反而已經不那麼重要了。

「我覺得和別人比較起來，我的準備更加充足，因為我的整個職業生涯都待在紐約洋基隊裏，」那天凱許曼這樣對媒體說。

在被問到和史坦布瑞納的工作關係時他說，「我能應付得來嗎？我只能說我會睜大雙眼迎向這個挑戰，我完全理解這是所有運動領域裏最艱難的一份工作之一，或是你要說它就是最艱難的也可以，是的，情況很緊急，但我已經做好決定了。」

於是從那一刻起，凱許曼就成為了棒球歷史上第二年輕的球隊總經理。

# 17 早年那些人事內幕

布萊恩．凱許曼在接下洋基隊總經理之位的四天之後就執行了第一筆交易，而且是一筆大交易。

大約在一九九八年初，洋基王朝的骨幹就已經差不多都到位了；吉恩．麥寇爾、比爾．利弗賽、布萊恩．塞比恩、凱許曼、華特森，還有其他的球團人員從一九八〇年代後期一直到一九九〇年代中期已經透過選秀、培育，以及簽約建立起了一支冠軍球隊。

洋基隊不只是實力堅強而已，他們是一個資源豐富而且霸道強悍的大魔王；到了那年年底，他們的成就會讓他們成為職棒史上戰力最強的球隊之一，但是在那之前，他們要先解決二壘的問題。

一九九七年十一月初，明尼蘇達雙城隊（Minnesota Twins）就打過電話給華特森，詢問他是否有意願交易換取恰克．那布勞克（Chuck Knoblauch）？

才二十九歲的那布勞克是一個精明靈活的開路先鋒，他向雙城隊提出了想要被交易；他的合約中有對交易對象的否決權，也因此他提出了一份可以接受的交易對象名單，其中包括了洋基隊、洛杉磯道奇隊、克里夫蘭印地安人隊（現為克里夫蘭守護者隊）、亞特蘭大勇士隊，以及其他幾支球隊。

預算有限的雙城隊知道洋基隊有足夠財力去承接那布勞克五年三千萬美元合約所剩餘的四年，但是他們向洋基隊要求的交易目標是安迪・派提特；洋基隊對這樣的交易一點意願也沒有，他們提出了願意用伯尼・威廉斯來代替。

威廉斯已經是洋基隊的主力球員，他在中外野的防守流暢優美，而且他的上壘能力一直都讓老棍麥寇爾等球隊高層滿意（一九九七年的上壘率是四成〇八），更重要的是他在一九九一年就以二十二歲之齡站穩了大聯盟，在洋基隊戰績尚未起飛之前就已經是固定的先發主力。

威廉斯有一些與眾不同的脫線之處，譬如說他剛升上大聯盟時害羞拘謹、對一切都充滿好奇，讓隊友們忍不住幫他取了個「小鹿斑比」的外號，又譬如說他有著深厚的音樂造詣，但有時卻會在中外野突然做出空手彈吉他的練習動作，好幾次他甚至馬虎健忘到把老婆和兒子給忘記在洋基球場，而必須麻煩同住在西徹斯特郡（Westchester County）的鄰居派提特幫忙載他們回家，但是這些小毛病反而讓他特別受到總教練托瑞的疼愛。

多年來史坦布瑞納好幾次想要把威廉斯交易出去，但是一直都遭到麥寇爾的抵擋，現在距離威廉斯取得自由球員資格只剩一年，而洋基隊必須和他的經紀人史考特・波拉斯（Scott Boras）談出一份新合約。

威廉斯和波拉斯當時提出的條件是七年七千萬，洋基隊認為這個要求非常不合理。「對於伯尼的薪水額度，我們兩邊的看法完全不一樣，」華特森在十一月七日接受訪問時告訴《紐約時報》（*New York Times*）的記者傑克・柯瑞（Jack Curry），「我們沒有共識，還是要繼續談下去，但是也不能一直拿頭去撞牆。」

那時洋基隊不認為他們會在球季結束後簽回威廉斯，所以已經決定要考慮將他交易出去，但是雙城隊也負擔不了威廉斯一九九八年球季的薪水，所以這筆那布勞克的交易案就暫時停擺了。

到了二月凱許曼接手總經理職位時，他仍然覺得那布勞克是一個洋基隊必須要爭取的目標，於是他重新開啟談判，最後在二月六日完成了他的第一筆交易案。

凱許曼留住了威廉斯和派提特，但還是付出了沉重的代價，把農場的幾位頂級新人都送了出去：三位投手艾瑞克・密爾頓（Eric Milton）、布萊恩・布坎南（Brian Buchanan）、丹尼・摩塔（Danny Mota）、游擊手克里遜・古茲曼（Cristian Guzmán），還有三百萬美元的現金，才從明尼蘇達把那布勞克給換了回來。

特別是密爾頓和古茲曼這兩位備受矚目的年輕好手，他們後來都在大聯盟打出不錯的成績，但那布勞克畢竟已經是一位曾經四度入選明星隊的頂級球員，而且還在一九九七年球季盜壘成功六十二次，他的上壘率接近四成，而且長打的火力也比一般中線內野手好上許多。

「那是我們球隊最重要的需求，他也完全符合我們的需要，」凱許曼說，「他就是一員猛將，恰克・那布勞克是我們最需要的選手，他在明尼蘇達陣中的影響力，我的天啊！他根本就無所不能，而且那種氣勢，我覺得把他加進我們球隊就是一個完美組合，可以幫我們在九八年再一次殺出重圍；他符合了所有我們想要的條件，他選球非常有紀律、有長打火力、防守好、速度快、耐打耐操又有拚勁，全部都有。」

凱許曼對那布勞克充滿信心，從他自己的觀點來看，即使角色從副總經理變成了要決定一切的總經理，凱許曼並不覺得有太多的不同。

「鮑勃・華特森是一個不可思議的導師，帶領我走進總經理的世界，」凱許曼說，「我就像坐在第一排，每一次的交易案他都讓我全程參與，所以在我的第一年，以我對所有事情熟悉的程度，我甚至無法感受出鮑勃到底把我準備得有多好；雖然那是我第一次做為那個向喬治・史坦布瑞納提案做出最後建議的人，但是從老棍當總經理的時候，到後來鮑勃當總經理的時候，我都是以副總經理的身分在場一起，也因為那些經驗，所以我完全不覺得現在有什麼不一樣。」

「要說到壓力，我知道那是不一樣的東西，但是真要說的話，我對於要不要宣布雨天延賽所感受到的壓力還比較大；比起要把大家叫來集合、把意見和建議都集中起來、解決球隊的需求、然後最後決定說，『好，我決定要這樣做，你們有什麼意見？』然後還要去跟大老闆報告，我覺得宣布雨天延賽的壓力還比較大。」

「所以我想說的就是，我一點都沒有感受到任何不同，因為我已經累積了太多過去的經驗，大老闆不管怎麼樣都會想要看到大家的意見，所以我把大家的意見和我的想法都一起呈上去，反正是我的名字，我負責。」

那布勞克被交易的時候，比爾．利弗賽已經是坦帕灣魔鬼魚隊（現為坦帕灣光芒隊）的一員，看到這樣一位明星球員投入同為美國聯盟東區的競爭對手陣中，他確實感到十分沮喪。「他實在太棒了，」利弗賽說，「把他跟基特兩個人擺在前兩棒，想想他們的上壘率，我的老天，在坦帕灣的時候我就是最討厭碰到他來和我們比賽；從還在洋基隊的時候我就一直強調上壘率的重要性，然後現在他們把這兩個人湊到了一起。」

那布勞克在洋基隊的前兩年，不管在上壘率還是在長打率上都保持了他的職業生涯水準，後來他突然變得無法準確傳球到一壘，這是一種被棒球界稱為「那毛病」或是「投球失憶症」的心理障礙，球隊認為這很可能是來自於身為洋基隊成員的壓力。

這個問題迫使那布勞克在二〇〇一年球季結束之後就離開了球隊，但在那之前他的貢獻為洋基隊拿下了三次的冠軍。

「很明顯的，他在我們這裏的時候和他在明尼蘇達時不一樣，」凱許曼說，「紐約確實會給人很大的壓迫感，但是他也幫到了我們，這一點是無庸置疑的。」

凱許曼為了一九九八年洋基隊所進行的下一筆補強，就是簽下了外號叫「公爵」的投手奧蘭多・赫南德茲（Orlando Hernández），而這很可能是他職業生涯中所簽下最重要的球員之一。

赫南德茲一直是實力堅強的古巴國家隊陣中的明星球員，這也讓美國球隊完全無法與他接觸，但是隨著一艘突然飄上加勒比海海岸的小船，一個千載難逢的機會就突然這樣憑空出現。

一九九八年赫南德茲已經被從古巴國家隊名單中移除了超過一年，因為古巴政府懷疑他曾經協助同父異母的弟弟里凡・赫南德茲（Livan Hernández）叛逃去美國，而且隨時有可能跟著逃離；里凡在叛逃之後帶領了佛羅里達馬林魚隊（Florida Marlins）拿下世界冠軍，同時還以優異的表現被選為世界大賽最有價值球員，古巴政府認為這樣的事有損顏面，所以就對奧蘭多施以處罰。

突然失業加上不被信任，「公爵」赫南德茲決定離開兩個女兒，跳上小船偷渡前往美國，然而船在航程中開始漏水，他和同行的船員們被困在一座狹小的荒島上，他們靠著午餐肉罐頭和捕捉海裏的螃蟹撐過了四天，然後才被美國的海岸巡防隊給救起。

美國政府以人道救援為理由發了簽證給赫南德茲，二月九日他就在哥斯大黎加接受了美國職棒大聯盟球探的測試。

「很多球探都說他們不喜歡他，」當年的洋基隊球探長林・蓋瑞特（Lin Garrett）後來在接受《運動畫刊》訪問時這樣說。

「他們說他球速不夠，只有八十八到九十二英里而已，他們也擔心他無法解決左打者，而且他們無法確定他的年紀，但是我覺得他不只是這樣而已；後來他到游擊區去接滾地球，有一球被打到界外往停車場過去，他立刻就全速追過去撿球然後跑步回來，沒有人會這麼投入！我覺得他太特別了，測速槍上的數字只是他的一小部分，我當天晚上就打了電話給馬克・紐曼（當時為洋基隊球員培育部副總裁），我跟他說『我們一定要簽下來，我才不在乎他到底是二十八還是三十二還是幾歲。』」

洋基隊對赫南德茲提出了一份六百六十萬美元的合約，從紐約大都會隊、辛辛那提紅人隊、西雅圖水手隊，以及底特律老虎隊等競爭對手中脫穎而出，這樣的薪資對比上他後來所做出的貢獻，讓這起簽約足以成為職棒史上最划得來的投資之一。

洋基隊原本計畫讓赫南德茲在小聯盟三A投滿一年，但是他在五十三又三分之一局中投出七十四次三振的優異表現，讓洋基隊決定提前在六月就將他升上了大聯盟。

剩餘的球季中他拿下了十二勝四敗的成績，而他展現出來的拚戰精神也明顯的影響了一九九〇年代末期的洋基隊，有時候拚戰精神甚至不只是精神而是真的拚戰，因為赫南德茲還真的和荷黑・波沙達在醫療室裏打了一架。

在一九九八年球季開打之前獲得了那布勞克和赫南德茲這兩位強助，凱許曼認為這樣的球隊名單已經足夠，這是整個團隊多年來密切合作之下的成果。

提諾・馬丁尼茲自一九九六年洋基隊必須取代資深領袖唐・麥汀利之後就站穩了先發一壘手的位置；這是因為洋基隊在一九九五年季後賽分區系列賽敗給西雅圖水手隊時，史坦布瑞納親眼目睹了代表西雅圖的馬丁尼茲對洋基隊打出了四成○九的打擊率。

於是當球季一結束，洋基隊就瞄準了馬丁尼茲，當年二十七歲的馬丁尼茲在一九九五年球季擊出了三十一支全壘打，也獲選為明星球員，洋基隊認為他在比賽時所展現出的熾烈鬥志正是他們最需要的球隊文化。

他們嘗試與水手隊進行交易，同時也考慮自B. J.瑟霍夫（B. J. Surhoff）、馬克・葛雷斯（Mark Grace）以及米基・特托頓（Mickey Tettleton）等幾位自由球員一壘手中簽下麥汀利的接班人，但是馬丁尼茲一直是他們最想要的目標。

一九九五年十二月七日，洋基隊將投手史特林・希區考克（Sterling Hitchcock）及潛力三壘手羅斯・戴維斯（Russ Davis）送往西雅圖，換回了馬丁尼茲、投手吉姆・米希爾（Jim Mecir），以及日後會成為洋基隊競逐世界大賽重要角色的牛棚投手傑夫・尼爾森（Jeff Nelson），而且他們立刻就和馬丁尼茲簽下了五年兩千萬美元的合約。

這個交易案讓西雅圖的王牌投手藍迪・強森（Randy Johnson）憤怒不已，因為他知道馬丁尼茲對球隊有多重要。

「我很失望，」強森在交易完成那天就說，「每個人都很努力，一起把球隊裏的默契給建立起來，大家的表現也非常好，我們終於開始贏球了，結果他們就開始把球隊拆散，這種事情太讓人沮喪了。」

洋基隊和強森都沒有看走眼，馬丁尼茲面對低潮時的反應就是最好的證明；一九九六年四月十三日洋基隊敗給了德州遊騎兵隊（Texas Rangers），馬丁尼茲五次打擊都繳了白卷，讓他在洋基球場的打擊成績掉到了十六次打擊都沒有安打，整場比賽他都聽到越來越激烈的噓聲，但是他沒有被擊倒，在四月份交出兩成四四的打擊率之後，五月份他的打擊率上升到兩成八四，之後的六月、七月、八月他的打擊率都超過了三成一四。

等到球季結束，馬丁尼茲已經成為了貢獻卓著的洋基隊基石，和球隊一起迎來了自一九七八年以來的第一個冠軍；一九九七年他又再進化，一整年擊出了四十四支全壘打並獲得了銀棒獎[50]的表揚。

凱許曼接手總經理的位置時，基特早就已經是固定的先發游擊手，透過交易羅貝托·凱利而來的歐尼爾是右外野手，伯尼·威廉斯是入選過明星隊的中外野手，而一九九七年六月經由交易而來的查德·科特斯（Chad Curtis）則被預計會是主力左外野手。

大衛·孔恩、大衛·威爾斯，以及安迪·派提特是先發輪值的前三位先發投手，馬里安諾·

50 銀棒獎是美國職棒大聯盟的年度獎項之一，頒發給每一個防守位置在打擊上表現最佳的球員。

李維拉則在約翰・韋特蘭成為自由球員離隊之後，於一九九七年成為洋基隊的終結者。

李維拉在一九九七年一整年的例行賽都展現出強大的壓制力，但是在季後賽分區系列賽的一場救援失敗讓洋基隊被淘汰出局之後，球團內部確實有人開始擔心他的自信心會不會受到打擊；不過他仍然是比賽後段最重要也最穩定的牛棚戰力，而且後來的成績也證明對克里夫蘭的那一場敗仗完全沒有對他造成任何影響。

在捕手這個位置，被比爾・利弗賽根據創新的球員分類系統從游擊手轉換為捕手的荷黑・波沙達似乎也已經準備好，要從資深老將喬・吉拉帝手中分走更多的比賽場次。

在一九九七年球季結束之後，二壘和三壘是洋基隊僅存的兩個需要被補強的弱點，如今二壘這個位置已經被那布勞克給補上。

原本的三壘手韋德・包格斯以自由球員的身分離隊，而洋基隊也不打算留下另一位老將查理・荷伊斯，於是他們在十一月十一日將他交易到舊金山去。

為了遞補荷伊斯和包格斯所留下的空缺，吉恩・麥寇爾多年好友暨小聯盟隊友、當時擔任洋基隊球探的朗恩・布蘭德推薦了一個少有人注意到的低調人選。

「在把查理・荷伊斯送走之後，我們必須找一個三壘手回來，」布蘭德說，「我那時候就說，『去把布洛修斯（Brosius）簽回來。』」

奧克蘭運動家隊的史考特・布洛修斯（Scott Brosius）那一年的打擊率只有兩成〇三，全壘打只有十一支，表面上看起來他絕對不符合老棍麥寇爾對洋基隊球員的標準，他一九九七年球季的上壘率只有毫無威脅性的兩成五九。

前一年時的布洛修斯表現非常好，他一共擊出二十二支全壘打，交出三成〇四的打擊率和三成九三的上壘率；但是在一九九七年球季結束之後，他被認為接下來只能扮演工具人的角色，不再有能力在冠軍球隊擔任先發三壘手。

只有最銳利和最詳實的球探眼光才能看出不同，布蘭德幾乎一整年都在運動家隊的主場看球，他最知道當「不去看球」的時候布洛修斯是一個怎樣的球員，而那正是麥寇爾最重視的一件事。

「一九九七年他的打擊已經毫無攻擊力了，但是他的敬業精神、他的守備能力，所有其他的部分都非常好，」布蘭德說。

除此之外，布蘭德也看出布洛修斯打擊成績退步的原因其實很簡單；在一九九六年交出耀眼成績之後，運動家隊將他在打擊順序中的位置往前移動，經常讓他打第三棒，而在他之後的則是重砲手馬克．馬奎爾（Mark McGwire）。

第三棒打者的身分，特別是在那個年代，是帶有特殊意義的，通常那都是球隊上攻擊能力最強的打者，而布蘭德認為那樣的壓力對布洛修斯造成了影響，也連帶影響到了他的成績。

「他前一年還打出過三成的打擊率，而且他個性很好，」布蘭特說，「我那時候就說，如果我們把他擺在打線後面一點，讓他自在一點去守三壘，他一定沒問題的。」

他告訴華特森說，找來布洛修斯可以幫球隊解決兩個問題，一是填補三壘手的位置，二是可以幫洋基隊解決掉先發投手肯尼・羅傑斯（Kenny Rogers）。

時間回到一九九五年年底，那時的史坦布瑞納老毛病不改，非要用四年兩千萬美元的合約簽下當年才第一次入選明星隊的羅傑斯；然而在德州遊騎兵隊創下優異成績的羅傑斯對紐約適應不良，加盟之後的兩年投出五點一一的投手防禦率，而且在高張力的比賽狀況下一直沒能贏得總教練托瑞對他的信任。

一九九七年球季結束之後，洋基隊已經決定要將他送走，奧克蘭提出只要洋基隊願意負擔羅傑斯合約中五百萬美元的薪資，他們就可以接手，並且送出布洛修斯作為交換。

「我接到一些同行的電話問我說，『你到底在搞什麼鬼？』」布蘭德說。

布蘭德用布洛修斯過去的成績來反駁，而且更重要的是布洛修斯的價值從比賽成績和數據統計上是看不出來的。

「我說，『如果他曾經那麼好，那他一定可以再做到一樣的事。』」布蘭德回憶著說，「結果你看，他在洋基隊待的那四年，我們每一年都打進世界大賽，他打得非常好，因為他具備了所有球探都想要在球員身上看到的能力，我們知道他一定會成功的。」

除了這些補強之外，凱許曼從一九九七年秋季還是洋基隊副總經理的時候就一直試圖要完成另一件交易案，差一點點就讓另一位傳奇人物也加入這支實力堅強的洋基隊。

「我試著把佩卓．馬丁尼茲（Pedro Martinez）[51]從蒙特婁給弄過來，」凱許曼說，「一直到後來我讀了佩卓的書才知道，我根本一點機會都沒有，他們接受了波士頓一個超爛的交易條件，拿佩卓換了卡爾．帕瓦諾（Carl Pavano）和東尼．小阿瑪斯（Tony Armas Jr.），比起我提出的條件差太多了。」

「多年以後我才知道，當時蒙特婁博覽會隊的老闆是布朗夫曼（Bronfman），丹．杜奎特（Dan Duquette）曾經在他們那裏擔任總經理，後來他到了波士頓去；布朗夫曼家族痛恨喬治．史坦布瑞納，他們絕對不可能和喬治的球隊交易，而且他們和紅襪隊當時的老闆關係也很好，就是一副不管怎麼樣他們都要和紅襪隊成交的樣子，洋基隊根本就沒機會，只是我當時完全不知道而已。」

我們實在無法想像，在波士頓創下所有個人輝煌紀錄的馬丁尼茲如果從一九九八年球季開始就站穩洋基隊先發輪值的一號位置，會是一件多麼瘋狂的事，但是就算沒能獲得馬丁尼茲，洋基隊還是組成了一支足以創造歷史的堅強球隊。

---

51 馬丁尼茲是美國職棒名人堂成員，十八年的職業生涯累積了兩百一十九勝一百敗的戰績，防禦率二點九三，並投出過三千一百五十四次的三振，曾經八度入選明星隊、三度獲得賽揚獎，是史上最優秀的投手之一。

他們的開季名單好手如雲，公爵也正在小聯盟蓄勢待發，經歷了兩個成績優異的球季之後，大家對這支球隊和這位新上任的總經理都抱著很高的期望，這再正常也不過。

結果洋基隊一開始就吞下了三連敗，他們擊敗了奧克蘭運動家隊中斷連敗，但是第二天馬上又輸給了西雅圖水手隊，戰績一下子就掉到了一勝四敗。

想猜猜看喬治·史坦布瑞納那天對吉恩·麥寇爾說了什麼嗎？

「老棍，你給我準備好下去接手，」大老闆說，「我不認為布萊恩能搞定。」

「多給他一點時間好了，」麥寇爾說。

凱許曼的時代並沒有就此結束，不過要是洋基隊的戰績繼續沒有起色，說不定他就真的會被趕下臺了；在另一個多重宇宙裏，肯定有另一個凱許曼在洋基隊總經理的位置上只待了兩個多月，而不是像這個世界的二十幾年。

洋基隊在史坦布瑞納對麥寇爾抱怨之後的第二天就贏了比賽，接下來又贏，然後又贏，一直這樣贏下去；一直到九勝四敗之後才又輸了一場，但是接下來的一整年他們幾乎沒輸過太多比賽。

這支多年以前在坦帕基地後球場設計規畫出來的球隊終於衝上了高峰，例行賽他們創下一百一十四勝的戰績，在當時是美國職棒歷史上第二高的勝場紀錄。

洋基隊以十一勝二敗的成績闖過季後賽，一整年贏了一百二十五場比賽，其中包括在世界大賽以四勝〇敗橫掃聖地牙哥教士隊（San Diego Padres）；公爵在世界大賽第二場先發獲勝，那最有價值球員呢？史考特・布洛修斯，那個前一年冬天朗恩・布蘭德靠著球探直覺簽回來的史考特・布洛修斯。

在這歷史性的光榮球季結束之後，最重要的第一件事就是要想辦法把成為自由球員的中外野手伯尼・威廉斯簽回來；對凱許曼來說，他是整個洋基王朝最重要的支柱之一。

「很多人愛說洋基隊的四核心，」凱許曼說到這個被廣為流傳的暱稱，指的是德瑞克・基特、安迪・派提特、荷黑・波沙達，以及馬里安諾・李維拉，「但是如果沒有把伯尼算進去的話，那就是個屁。」

一九九八年秋天，洋基隊認為威廉斯一定會尋求市場上金額最高的合約，洋基隊五年六千萬美元的條件肯定無法滿足威廉斯和他的經紀人史考特・波拉斯；於是到了十一月凱許曼決定轉向艾伯特・貝爾（Albert Belle），他向這位天賦優異但常年滿腹牢騷的外野手提出了一份四年五千兩百萬美元的合約。

「我們很想簽回伯尼，但雙方就是一直無法取得共識，」凱許曼回憶著說，「後來我們就覺得談不下去了，談判這種事到了一定的程度，你會希望這個球員跟你一樣，你想要他回來，他也想要回來，但是我們一直沒有感受到他有這樣的意思，所以我們轉向了艾伯特・貝爾，而且很快的就全都談好。」

「我覺得那件事一定嚇到了伯尼，因為其實他是想回來的，」凱許曼說，「在談判的過程中，它們給我們的感受是洋基隊和其他球隊並沒有什麼不同，他就是要去出最多錢的那一隊；我們把願意付出的條件全都攤在檯面上了，但是那對他們來說並不夠，所以我們受夠了，決定另尋目標。」

當洋基隊和貝爾的合約談得差不多的時候，威廉斯正在和波士頓紅襪隊的總經理丹・杜奎特會面，並獲得了一份七年九千萬美元的合約；在那一刻，凱許曼知道威廉斯肯定會和紅襪隊簽約。

但是接下來發生的兩件事情湊在一起，一下子就扭轉了威廉斯的職業生涯；首先是巴爾的摩金鶯隊跳進來，向貝爾提出了一份薪資更高的合約，然後是威廉斯提出想和喬治・史坦布瑞納見面，他親自向大老闆表達了想要留在洋基隊的心意。

史坦布瑞納把洋基隊的合約條件一下子提高了接近百分之五十，變成了八千七百五十萬，威廉斯很快就答應了，也讓洋基隊得以留住他們的核心。

「當艾伯特・貝爾那件事突然爆發的時候，伯尼打了個電話給喬治，」凱許曼說，「他手上已經有了紅襪隊的合約，但是他其實還是想要當個洋基人；我知道伯尼自己跳進來是因為他發現談判已經被推到了破裂的邊緣，我們真的要放手了，所以他只好自己接手親自處理，直接和喬治談，這是一個最好的結果，因為我們最想要的一直都是伯尼可以永遠當一個洋基人。」

如果洋基隊失去威廉斯的話，他們的中外野就會變成一個無法彌補的大洞，他們主要的遞補目標布萊恩．喬登（Brian Jordan）已經和亞特蘭大簽約，一九九九年及之後的洋基隊在整體實力上肯定會大受影響。

隨著威廉斯的歸隊，這支一九九八年的冠軍隊伍基本上沒有太大改變，凱許曼完全可以不再進行任何補強，但是就在選手報到展開春訓之後，這位年輕總經理又完成了一件他職業生涯最重量級的交易，震撼了整個球團。

# 18「翻天覆地」，迎接更多勝利

一位年輕總經理該怎麼面對一支已經足以在史上留名的偉大球隊？他該放手順其自然，減少對這支球隊的干涉？還是應該主動出擊，想辦法繼續維持住這個近乎不可能的強大戰力？

當布萊恩．凱許曼以洋基隊棒球事務主管的身分進入他第一個完整的休賽季[52]時，這就是他所面臨的兩難；球隊在過去的三個球季中拿下了兩座冠軍獎盃，但是總經理的職責就是要繼續為爭奪冠軍而努力。

凱許曼決定迎向這個挑戰，他向球員和職員們徵詢意見，進一步去了解球隊上以及球員休息室裏的狀態，而得到的資訊卻讓他焦慮不已，他發現洋基隊已經開始喪失一些優勢了。

這確實是可以預期的，畢竟這個團隊在短時間內就登上了高峰；過去三年內洋基隊已經成功從那段黑暗時期走入光明，他們成了紐約的天之驕子，甚至在全國所到之處都受到歡迎。

他們搭著遊行車隊通過英雄谷（Canyon of Heroes）[53]，上《歡樂單身派對》、《大衛．賴特曼》（David Letterman）、《周末夜現場》（Saturday Night Live）等節目客串或是當來賓，德瑞克・基特和女歌手瑪麗亞・凱莉（Mariah Carey）交往，和吹牛老爹（Puff Daddy）廝混，這說不定也是最後一次職棒球隊居然可以站在時尚文化的潮流中心。

享受著這些光芒和樂趣的棒球選手，怎麼可能和一九九五年或是一九九六年時的他們一樣，對勝利有著強烈的渴求呢？確實，他們已經變了。

「我們一九九五年開始打進季後賽，」凱許曼說，「九六年就拿到世界冠軍，九七年打進季後賽，九八年我們拿到世界冠軍，而且還創下了職棒歷史上最多勝利的球季紀錄。」

「我記得那年冬天我就開始擔心，好像大家開始太過放鬆了，如果繼續這樣掉以輕心下去，很可能會影響到我們在球季的表現。」

檢視了聯盟中的狀況，凱許曼絞盡腦汁想要為這個隱憂找出解答，於是他想到了一個和一九九五年洋基隊同樣渴望著要拿到世界冠軍的球員：多倫多藍鳥隊連續兩年拿下美國聯盟賽揚獎的投手羅傑・克萊門斯（Roger Clemens）。

---

52 又稱休賽期，英文為Off Season，指職業運動聯盟球季結束之後至下一球季開打前的休息時間，在這段期間球隊並不進行任何比賽，但球團大多在此期間進行各種人事調動，如球員交易或簽約等等。

53 英雄谷是指紐約曼哈頓區百老匯大道（Broadway）南端通過金融區直達市政府的路段，大部分的慶祝遊行都在這個路段進行。

凱許曼說，「羅傑．克萊門斯認真苦練的名聲遠播，他勤奮專注而且獲獎無數：賽揚獎、明星隊，所有你能想到的他都得過了，就是沒有拿過冠軍，那肯定就是他努力的目標；我覺得如果我們能夠把他給挖過來，他就會是我們球隊最完美的一個榜樣。」

洋基隊曾經試圖招募過克萊門斯，在一九九六年球季結束之後，身為自由球員的克萊門斯決定離開波士頓紅襪隊，那時喬治．史坦布瑞納就到了休士頓（Houston）去拜訪他，甚至還和他一起舉重健身。

最後克萊門斯選擇和多倫多簽約，也開啟了連續兩個球季輾壓式的優異表現；一九九八年球季結束之後，克萊門斯執行了他和藍鳥隊之間的口頭協議，提出願意被交易的要求，希望能轉到一個更有爭冠機會的球隊。

一九九九年春訓開始前幾個星期，多倫多總經理戈爾德．艾許（Gord Ash）時常打電話給凱許曼，但他們始終無法在交易人選上取得共識。

二月十七日星期三，艾許給凱許曼留了個語音訊息，那時凱許曼已經對持續的談判感到厭倦，所以一直到第二天才去聽訊息，聲音一傳出來，他就聽出了艾許語氣中的急迫，他真的要交易克萊門斯了，艾許要求洋基隊能再提出一個雙方都可以接受的交易條件。

「別說了，戈爾德，」凱許曼回電話的時候這樣說，「如果你真的想要完成這筆交易的話，那就由你來提人選。」

接下來艾許的大膽提議卻連凱許曼都驚訝到不知道該如何回應，艾許提議用克萊門斯交換外號叫「大寶」（Boomer）的投手大衛．威爾斯，另外搭配外野手荷姆爾．布希（Homer Bush）以及中繼投手葛瑞姆．洛伊德（Graeme Lloyd）。

威爾斯在一九九八年球季拿下十八勝四敗的戰績和三點四九的防禦率，還投出過一場完全比賽，除了是全聯盟最佳的先發左投手之外，他愛喝啤酒、挺著大肚子的平民形象更是讓他受到球迷的熱愛。

威爾斯對洋基隊的熱愛就像是那群被稱為「板凳生物」的球迷一樣，他們固定坐在右外野看臺上的金屬板凳區，是洋基隊最死忠的一群球迷；一九九七年球季威爾斯甚至戴著一頂貝比．魯斯（Babe Ruth）[54]曾經在比賽中戴過的球帽上場比賽，這也讓他立刻就在洋基隊球迷心中留下了不可磨滅的地位。

那頂帽子是威爾斯花了三萬五千美元買的，他偷偷戴著球帽出場比賽，還因為不符合球隊的規定而被總教練喬．托瑞罰了兩千五百美元；天生反骨的威爾斯第二天用了兩千五百張一元的鈔

54 貝比．魯斯是美國職棒早期的傳奇人物，一度以投打二刀流出賽，投球累積了九十四勝四十六敗的戰績，但是在棄投從打之後成為史上成績最顯赫的強打者之一；二十二年的職業生涯中十二度獲得美國聯盟單季全壘打王，一九三五年退休時以生涯累積七百一十四支全壘打的紀錄成為聯盟全壘打王，紀錄直到一九七四年才被漢克．阿倫打破。

票來支付罰款。

這樣的言行舉止或許讓威爾斯深受球迷喜愛，但是對托瑞和投手教練梅爾・史陶德邁爾來說卻讓他成了個問題人物，他們總是覺得他不受控，也不夠在意自己的體能狀態。

「我知道很多人都對大寶很有意見，」凱許曼說，「我知道他大多和演員湯姆・阿諾（Tom Arnold）混在一起到處去玩，很多人都擔心他的體能狀態，也因為這樣他在球隊內部並不太受歡迎。」

「我很愛他，我愛大衛・威爾斯，現在還是，但是我知道托瑞和梅爾・史陶德邁爾不喜歡他，當時我有機會可以把克萊門斯換進來，一個對勝利飢渴、又具備領導能力的人選，我實在無法拒絕。」

艾許所提出的交易條件對凱許曼來說非常合理，但是他知道這會是一筆震撼性的交易，在程度上遠遠超過他把恰克・那布勞克換來紐約的第一筆交易，這交易很大膽，但是風險也不小。

另外還有一個層面就是克萊門斯有一個「獵頭者」的名聲在外，可以說是他求勝心激烈，但是一不小心就會讓人覺得已經接近不擇手段；被他砸過的苦主不少，所以洋基隊球員和球迷都對他沒有好感。

「九八年球季結束之後的那筆交易真的不得了，特別是對一個年輕而且沒什麼經驗的總經理來說，我的天，那真的就像是天崩地裂一樣，」凱許曼說，「現在的我肯定可以很輕鬆的就做出這樣的交易，逆向思考把一個廣受歡迎的選手交易出去，而且換回來的是一個球迷並不喜歡，並且曾經多次用球砸過我們球員的選手回來，但是當年我才剛上任一年啊！」

凱許曼告訴艾許說他會回電，然後撥了電話給史坦布瑞納，告訴大老闆對方的提案。

「你再說一次，」史坦布瑞納說，他訝異的反應就和凱許曼第一次聽到提案時一樣。

那天下午四點鐘洋基隊在坦帕基地召開了會議，三個小時之後整組人移到了馬里歐之家（Malio's）去，那是當地廣受球團高層喜愛的一個餐廳。

搭配著餐點和美酒，洋基隊球團高層不記名投票通過了要進行這筆交易，於是在距離午夜十二點鐘還剩十八分鐘的時候，凱許曼和艾許正式確認了雙方的意向。

凱許曼和托瑞都認為這件交易對威爾斯來說會是一個重大的打擊，所以他們決定先不讓消息走漏，一定要當面告訴他才行。

第二天早上八點鐘威爾斯到洋基隊的春訓基地報到，凱許曼走向了他的置物櫃。

「大寶，我有點事要跟你說，」他看著威爾斯。

「有什麼事你就說，」威爾斯回答的口氣並不友善，然後嘴裏碎念著說自己怎麼春訓的第一天就被叫到校長室去訓話。

一進到托瑞的辦公室，凱許曼把交易的事告訴了威爾斯，威爾斯臉上的笑容一下子就消失不見，取而代之的是震驚和不知所措。

「哇嗚，」這是他唯一的反應，他的兩眼死死的盯著地面。

凱許曼還記得當時的狀況，「我還是要強調，對於一支已經這麼成功的球隊，你覺得我該怎麼樣才能讓他們保持住積極求勝的心態？我當然不可能拿一個大鐵鎚把整個球員名單都給敲碎，然後重新來過，但是現在突然有一個天上掉下來的機會，這個機會是羅傑．克萊門斯，你當然移山倒海都要把他給換過來，當時的那個決定確實幫助推動了我們的球隊繼續向前，在未來的幾年都能繼續爭奪世界冠軍。」

在加入洋基隊之後的第一年，克萊門斯對球隊適應不良的程度遠遠超過凱許曼的預期，除了大腿肌肉的傷勢一直困擾他之外，突然變成一個時時被放大檢視的洋基隊明星也對他造成壓力，整個球季他只交出了十四勝十敗的戰績和四點六〇的防禦率，比起前一年還足足多了兩分。

克萊門斯的適應不良並沒有對一九九九年戰力雄厚的洋基隊造成影響，儘管壓制對手的能力不如前一年，洋基隊仍然從春天就開始掃平對手，球季結束在例行賽拿下了九十八勝，在美聯東區以四場比賽的勝差領先波士頓封王，順利晉級季後賽。

基特打出了他職業生涯表現最佳的球季之一，交出三成四九的打擊率和二十四支的全壘打，而球季的最後一場比賽也剛好給了克萊門斯一個親手拿下世界冠軍的機會；洋基隊在世界大賽的第四戰像是公事公辦一般的橫掃了勇士隊，克萊門斯終於投出了凱許曼在二月份進行交易時所預想的王牌氣勢，他投了七又三分之二局一分未失，擊敗了亞特蘭大的約翰．史莫茲。

後援投手傑夫・尼爾森和馬里安諾・李維拉接手完成了比賽，一如凱許曼所說，三十七歲的克萊門斯終於滿足了他對世界冠軍的渴望；興奮的情緒一直延續到兩天之後的慶祝遊行，沿著百老匯大道前進的克萊門斯開心的拿著攝影機，一邊拍攝著球迷們對他的歡呼和笑容，一邊也開心的對著球迷揮手致意。

王朝就這樣邁進到二〇〇〇年球季，但是這支遠在一九八〇年代晚期至一九九〇年代初期所建立起來的球隊第一次感受到了戰力上的急遽下滑，提諾・馬丁尼茲、史考特・布洛修斯、大衛・孔恩，還有奧蘭多・赫南德茲都一下子顯露出了資深球員的老態，而恰克・那布勞克受到投球失憶症的影響，連正常傳球到一壘都幾乎做不到。

球季中的一筆交易稍微補強了球隊的打擊，多年來凱許曼一直聽到吉恩・麥寇爾誇讚先後效力於亞特蘭大勇士隊和克里夫蘭印地安人隊的明星球員大衛・賈斯提斯（David Justice），特別是他「放掉這一球」的能力；這是麥寇爾的口頭禪，他認為這就代表了打者對自己設定的好球帶有深厚的信心。

「老棍總是說，『你看賈斯提斯多棒，他在投手一出手的時候就已經盯住了球，』」凱許曼說，「『這傢伙的本壘板紀律非常好，他知道什麼時候放掉球。』」

二〇〇〇年六月二十九日凱許曼送出了包含頂級新秀瑞奇・勒戴伊和傑克・威斯布魯克（Jake Westbrook）在內的三位球員到克里夫蘭去換回了賈斯提斯，在球季剩下的七十八場比賽裏，賈斯提斯為洋基隊擊出了二十支全壘打，上壘率高達三成九一，打擊率也是相當優異的三成〇五。

於此同時克萊門斯也找回了那個能輾壓對手的自己，二〇〇〇年球季他交出了十三勝八敗、防禦率三點七〇的成績，二〇〇一年更是進步到二十勝三敗和三點五一的防禦率，讓他拿下了職業生涯七座賽揚獎中的第六座；在洋基隊的六年中克萊門斯一共獲得八十三勝和一座賽揚獎，即便多年之後各種證據指向他和許多同時期的大聯盟球員都使用了能增進表現能力的禁藥（他本人始終否認這些指控），在當時他對球隊的重要性以及受到隊友愛戴的程度仍然是無庸置疑的。

「如果要我選出我任期之內的十大洋基隊球員，他就算不在前面幾名，也毫無疑問一定會在名單上，」凱許曼說，「羅傑．克萊門斯是我所接觸過最好的隊友，也是最有拚戰精神的球員之一，就像喬治會說的，他是一個戰士。」

拚戰精神也有燒過頭的時候，有時候甚至連克萊門斯自己都無法掌控，但是洋基王朝的最後一個世界冠軍就是靠著這樣的拚戰精神給拿下來的。

二〇〇〇年九月洋基隊在十八場比賽中輸了十五場，以七連敗結束了球季例行賽，總共只贏了八十七場比賽；雖然洋基隊再度壓倒波士頓紅襪隊拿下分區冠軍，但是與過往不同的是，在所有季後賽參賽球隊中他們是全季勝率最低的一隊。

他們在第一輪勉強過了奧克蘭運動家隊這一關，接下來在美國聯盟冠軍系列賽中對西雅圖水手隊取得二勝一敗的領先，而克萊門斯在第四戰的精采表現更是讓他們直接掌握了整個戰局。

第四戰在客場先發，克萊門斯面對三十位打者投出了十五次的三振，只投出兩次保送；他在這場完封中只被擊出一支安打，而且那支安打差一點點就被提諾．馬丁尼茲用手套給攔了下來。基特和賈斯提斯都擊出全壘打，帶領洋基隊以五比〇獲勝，賈斯提斯在系列賽結束之後還被選為最有價值球員。

「那是我看過季後賽投球表現最好的一場比賽，」凱許曼說，「如果提諾再高個三英吋，那就會是一場無安打比賽了，這場比賽，還有後面對上大都會的那場，都讓我難以忘記。」「對上大都會的那場」，這就是典型的凱許曼式輕描淡寫，因為那場比賽幾乎可以說是洋基隊歷史上最詭異的一刻。

要理解二〇〇〇年十月二十二日發生了什麼事，我們必須先倒帶回到同一年的七月八日，在每年例行賽最引人關注的地鐵大戰[55]中，克萊門斯投出的快速球擊中了大都會隊明星球員麥克．皮亞薩（Mike Piazza）的頭部，皮亞薩當場倒地，並被診斷出有腦震盪。

克萊門斯說自己投的是內角球，球失控了才不小心砸到皮亞薩，但是他獵頭者的名聲在外，加上皮亞薩對上克萊門斯時的打擊表現一直相當不錯，因此大都會隊對於克萊門斯的解釋並不買單。

55 紐約市的洋基隊與大都會隊兩隊交戰時，由於兩隊球迷皆可以地鐵前往比賽場地，故被稱為地鐵大戰。

「我不想說他故意用球砸我的頭，但是我會說他故意對著我的頭部的方向投球，」第二天還覺得有點暈眩的皮亞薩說，「我看不起他、也不在乎他說了些什麼，羅傑・克萊門斯是一位偉大的投手，但是現在我一點也看不起他。」

在這個被八卦花絮所主宰的大城市，這樣的發言足以填滿大小報章的八卦版面；不管是當時正處在黃金時期的《紐約郵報》、《紐約日報》，還是情緒激昂的廣播脫口秀《麥克與瘋狗》（Mike and the Mad Dog），克萊門斯皮亞薩之戰所受到的關注甚至超越了重要的國際事件。

到了十月，大都會隊和洋基隊分別贏得了兩個聯盟的冠軍，於是自一九五六年以來第一次的全紐約世界大賽就這樣成了定局。

洋基隊在第一戰靠著荷西・維斯凱耶諾（José Vizcaíno）於第十二局所擊出的再見安打搶下一勝，在洋基隊主場布朗克斯的第二戰開打之前，不管是克萊門斯還是現場喧鬧的球迷都顯得比平常還要更加激動；有傳聞說克萊門斯在登場比賽前會將冰火膏（Icy Hot）[56]塗在陰囊上刺激自己，這一晚他在走出休息區時看起來就像是一頭被激怒了的公牛，而現場球迷也給予了同樣激情的回應。

克萊門斯在第一局上半首先以一個時速九十七英哩的快速直球三振了提莫・裴瑞茲（Timo Pérez），接著又用一個時速九十四公里的指叉快速球三振了艾德加多・奧方索（Edgardo Alfonzo）；在他職業生涯的這個階段，這兩球的球速都比他平常的球速快得多，而伴隨著兩次三振而來的歡呼聲也遠遠超過洋基球場平常慣有的分貝數。

接下來上場打擊的就是皮亞薩了，經過了幾個月的醞釀，包括兩位當事人在內，所有人都為這次對決緊繃著；克萊門斯在熬到了兩好球一壞球之後，對著皮亞薩投出了一個內角快速直球，皮亞薩猛力揮擊成一個界外球，他的球棒應聲碎裂。

球滾進了洋基隊的休息區，一截斷棒碎片飛向了內野左側，皮亞薩的手裏握著斷棒的握柄，還有一截斷棒卻對著克萊門斯飛去。

克萊門斯從地面撿起了那截碎木然後低肩往一壘邊線甩去，斷棒撞擊在草地上之後彈起，正好對著擊出界外球之後順勢往一壘方向移動的皮亞薩飛去。

皮亞薩的手上握著斷棒的握柄，就像是一根警棍似的，他向著克萊門斯走去，嘴上喊著，「你到底有什麼毛病？」

兩邊的球員全都衝到場上，克萊門斯嘴裏碎念著說，他以為他丟過去的是被打擊出來的球。

從他們三壘區的觀眾席座位上，大都會隊的主管歐瑪．米那亞（Omar Minaya）和吉姆．杜奎特（Jim Duquette）不約而同的對著替補球員大喊，要他們衝上去向克萊門斯挑釁，最好能激

---

56 美國市售的一種舒緩肌肉痠痛的藥膏，類似臺灣人熟知的萬金油，塗抹上時會先產生冰涼感，但隨後會開始發熱，並對該部位產生熱敷的效果。

起糾紛讓他被驅逐出場。

「我們都說看誰可以去和克萊門斯打一架，譬如說代打連尼．哈里斯（Lenny Harris）可能就是個人選，」米那亞回憶著說，「克萊門斯肯定會還手的，這樣他就會被趕出場了。」

但是這並沒有發生，因為當下的一切實在太過詭異，根本沒人知道該如何反應。

當天晚上也在現場的另一位大都會隊主管說，「我們就覺得羅傑的情緒一開始就很亢奮，這場對決真的被醞釀太久了。」

克萊門斯從來沒有再提到關於這次事件的細節，但是當晚賽後他曾經告訴記者說，他根本沒注意到皮亞薩正在往一壘方向跑。

該局結束之後克萊門斯回到了洋基隊的休息區，請假離隊接受癌症治療的投手教練梅爾．史陶德邁爾當晚回到球員休息室關注比賽，此時他走進了休息區迎向克萊門斯。

「我不是故意的！」根據總教練喬．托瑞與作家湯姆．弗杜齊（Tom Verducci）所合著、於二〇〇九年出版的回憶錄《我在洋基的日子》（*The Yankee Years*）中所述，在說完這句話之後火箭人克萊門斯就哭了出來。

不管任何人對克萊門斯有什麼看法，這絕對是繼四十四年前唐．拉森（Don Larson）對布魯克林道奇隊（Brooklyn Dodgers）投出完全比賽之後，最讓人永難忘懷的紐約內戰；更重要的是他完全主宰了那場比賽，主投八局沒有失分，只被擊出兩支安打，而且還讓大都會隊內部產生了矛盾。

整體來說，大都會隊上下都對皮亞薩所展現出來的自制力感到敬佩，但還是有一位球員在匿名接受媒體訪問時說，皮亞薩應該要衝上去開打的。

「這是我們自己隊上的人說的？」皮亞薩對一位大都會隊的主管說，「去他媽的。」

大都會隊認為這位匿名的球員是王牌投手麥克．漢普頓（Mike Hampton），雖然沒有人提出過任何證據，但這兩位投捕巨星之間確實出現了嫌隙。

凱許曼當時正坐在樓上的包廂，從他的視角來看，他不認為克萊門斯是故意將斷棒扔向皮亞薩的。

「皮亞薩打起羅傑毫不手軟，」凱許曼說，「羅傑想盡了辦法就是想讓他出局，大家都在說麥克．皮亞薩多強，說羅傑根本拿他沒辦法，我覺得羅傑他就是太激動了，『這傢伙一直修理我，不管怎麼樣我一定要解決他，我不要再聽到人家說他了。』」

「這只是我的想法，但是我很確定他已經受夠了那些輿論，脫口秀裏的嗆聲，ESPN等等，都在說皮亞薩打趴羅傑，羅傑就是要讓大家都閉嘴，他只是把斷棒往休息區丟，我覺得那不是故意丟向皮亞薩的，他就只是想把它丟開，我想他那時緊繃的程度就像是個要開戰的拳手，你可以說那是WWE職業摔角，喔不，那是UFC終極格鬥。」

等到一切落幕，洋基隊那天晚上拿下了系列賽二比〇的領先，最後他們只用了五場比賽就取得勝利，這是他們連續第三次拿下世界冠軍，五年來的第四次，也是二〇〇九年之前的最後一次。

而在二〇〇九年降臨之前，這個球團將會面臨更多複雜的人際關係、更多進步的新科技，以及洋基球團領導階層的重大改變。

# 第四部

# 德瑞克、艾力克斯，還有喬

# 19「好」，基特終於同意了

布萊恩．凱許曼正開著車在九十五號州際公路上，從他康乃狄克州的住家前往洋基球場的途中，他決定打電話給德瑞克．基特告訴他這個消息。

「我們簽到艾力克斯．羅德里奎茲了，」凱許曼說。

時間是二〇〇四年二月，過去的三個球季，凱許曼和他所帶領的團隊拚盡了全力想要滿足大老闆史坦布瑞納的高標準，企圖找回一九九〇年代末期的魔法，再創一個新的洋基王朝。

二〇〇一年洋基隊在世界大賽打到第七戰才敗下陣來，二〇〇二年他們在季後賽第一輪出局，二〇〇三年重返世界大賽，但是在第六戰出局；對任何其他球隊來說，這些都可以說是很成功的球季戰果，但是以喬治．史坦布瑞納的高標準來評量，這就只能算是沉潛期，等同於失敗。

當艾力克斯．羅德里奎茲這位職棒歷史上成績最佳的球員之一居然被德州遊騎兵隊作為交易籌碼時，凱許曼就決定要為洋基隊注入活水。

凱許曼隱約聽說過基特和羅德里奎茲之間的糾葛，他知道他們曾經關係親近，但是幾年前因為艾力克斯曾經在一次雜誌訪談中批評了基特，於是兩人的情誼就出現了裂痕。

不久之後，凱許曼將會被迫要親自處理這兩位球星之間的糾結情緒，但是現在的他還不知道問題有多嚴重；凱許曼對基特有足夠的理解，他知道雖然喬治·史坦布瑞納已經向這位球隊隊長預告了羅德里奎茲可能會加入球隊，他還是必須親自安撫他。

「這對你不會有任何影響，」凱許曼在交易完成之後，以總經理的身份通知他的明星游擊手，「他會去守三壘。」

他得到的回應是沉默，於是他繼續開著車，腦子中想著不知道基特會不會生氣？不知道他會不會質問為什麼球隊要做出這筆交易？不知道他會不會有什麼其他想法？還是他到底會說些什麼？

「好，」基特終於打破了沉默，口氣就像他平常一樣平淡。

不管基特實際上怎麼想，在那一刻他是不可能透露的；事實上即使是一貫擅長從媒體、經紀人、球員和球團人員之間獲取情報的凱許曼，也要到事後才知道當時的基特其實對於這筆交易非常不高興。

他也要到後來才知道，基特對於幾天之後要參加洋基隊歡迎羅德里奎茲的記者會一點興致也沒有；當時大多數的球隊成員都已經到了坦帕市的春訓基地報到，但是史坦布瑞納堅持要在洋基球場辦一場盛大的活動，而且他要求基特和總教練喬．托瑞都要參加，也獲得了同意。

但是當羅德里奎茲滿臉笑容的穿上他的條紋球衣時，現場的球隊人員都注意到站在右手邊的基特根本連假裝都不願意，他平淡的表情就和之前在電話上回覆凱許曼的那聲「好」一樣。

「只要去看加盟記者會上托瑞幫艾力克斯穿上球衣時的那些照片，你就會知道德瑞克是怎麼對待艾力克斯的，」一位羅德里奎茲的資深員工說，「大部分的人最少還會假笑一下，但是德瑞克連裝都懶得裝。」

還好在面對公眾發言的時候，艾力克斯和基特都還是照著球隊的劇本走。

「德瑞克是球隊的領導者，他格調高尚又風格優雅，我是來協助他的，我只是球隊的一份子，」艾力克斯說。

基特則補充說，「每個人都巴不得我們兩個處不好，但這不會發生，我們的關係沒問題。」

事實當然不是這樣，接下來的十年，這兩人之間的問題就成了凱許曼管理球隊時最大的挑戰。

這種關係在洋基隊當然不是什麼新鮮事，這個名門球團的歷史上滿是頂級球星之間的衝突，多到可以用這些衝突來辨別出不同的年代。

在基特和羅德里奎茲之前，互相水火不容的是瑞吉．傑克森和瑟曼．蒙森，往前推數十年是貝比．魯斯和盧．蓋瑞格（Lou Gehrig）；每一個案例的基本架構都差不多，都是一個引人注目的大明星在加入球隊之後，始終無法和一個沉穩安靜的球隊隊長找到共處之道。

魯斯和蓋瑞格在一九二〇年代一直是好朋友，會在球季休兵的時候一起參加聚會或是到處巡迴去賺點外快，但是一九二九年球季結束之後，魯斯提議兩人應該暫緩去春訓報到，卻遭到蓋瑞格拒絕，在那之後他們的關係就開始走了下坡。

數年之後他們的友誼因為一件家庭爭議而正式畫上句點，當時魯斯帶著女兒桃樂絲（Dorothy）和繼女茱莉亞（Julia）一同前往紐約州的新羅謝爾市（New Rochelle）拜訪蓋瑞格的母親，茱莉亞穿著符合當時爵士樂年代的流行服飾，而桃樂絲的裝扮就比較普通而保守。

後來傳出蓋瑞格的母親因此而批評魯斯的妻子克萊兒（Claire），說她「沒有把桃樂絲打扮得和自己女兒一樣漂亮。」

這樣的評論傳到了魯斯耳中之後，這兩位傳奇人物從此就幾乎再也不和對方說話，要一直到一九三九年蓋瑞格因為不治之症[57]而不得不宣布退休時，魯斯才忍不住伸手抱住了他的老戰友。

四十年之後，洋基隊以一份五年兩百九十萬美元的合約將瑞吉．傑克森簽進了球隊陣中，他就是一九七〇年代的羅德里奎茲：高薪、公眾對他愛恨分明，而且常常因為在媒體上失言而得罪隊友。

巧合的是，史坦布瑞納和二〇〇四年一樣，在當年就指定滿腔怒氣的瑟曼．蒙森要到布朗克斯參加傑克森的加盟記者會；蒙森和基特一樣答應了大老闆的要求，而且他在現場的反應也和基特一樣藏都不藏。

從傑克森第一次到春訓基地報到開始，蒙森和總教練比利・馬丁以及其他資深的洋基隊球員就把這位空降的明星球員給排除在他們的核心之外；沮喪之餘，傑克森以一個媒體訪談展開反擊，也就此建立了他的不朽形象。

他在羅德岱堡市酒吧接受一位運動雜誌記者的訪問，他點了一杯鳳梨可樂達（Piña Colada）調酒，然後開始評論起他在洋基隊的地位。

「這支球隊……一切都從我開始，」傑克森說，「我就像這根攪拌飲料的吸管一樣，我才是中心點，不然就是我跟蒙森……不過他其實不能算是……我聽說過他講到我……我聽說他告訴過一些記者，說他要讓人知道他才是這支球隊的隊長……蒙森嚇不了我的。」

這篇訪問被刊出之後在球隊內激起了軒然大波，一整個球季都餘波盪漾，但是與基特和羅德里奎茲不同的是，蒙森和傑克森在同隊的第一年就拿下了世界冠軍；贏球治百病，也專治休息室裏的各種怪聲，所以在蒙森於一九七九年因為墜機意外而過世之前，他和傑克森都一直和平共處。

將近四十年之後的現在，二〇一八年九月的一個午後，洋基隊正在主場進行賽前的打擊練

57 肌萎縮性側索硬化症（Amyotrophic Lateral Sclerosis, ALS）在臺灣一般稱為漸凍人症，是一種漸進且致命的神經退行性疾病；在美國因為洋基隊球星盧・蓋瑞格病發而漸為人知，並因此命名為盧・蓋瑞格症（Lou Gehrig's Disease）。

習，已經七十二歲但是體態依然苗條的傑克森戴著時尚的藍色鏡框眼鏡，在打擊籠後方指導新生代的球星亞倫·賈吉和吉恩卡洛·史丹頓；和前述那些前輩不同的是，這兩人在相處上沒有任何問題。

打擊練習結束時，我問傑克森說他和蒙森之間的經歷是否和基特與羅德里奎茲之間的情形類似？

他的雙眼眨動了幾次，然後才緩緩的說，「可以說是。」然後他頓了一下，雙眼看著我又加上了一句，「一定程度上吧！」

「你的意思是？」我問道。

「瑟曼和我在幾年之後就和好了，」傑克森說，「我們放下了過去，我在訪問時說的那些話，讓我看起來像個渾蛋似的，那不是我的本意。」

傑克森說著又停了一下。

「艾力克斯和德瑞克始終沒有和好，」他最後說，「如果你得罪了德瑞克，你就會從此變成空氣。」

# 20 起源

在羅德里奎茲被交易到洋基隊的三年前，二〇〇一年的三月三日，一群洋基隊的隨隊記者跟著德瑞克・基特，在他還沒有走到置物櫃前就追上了他。

在坦帕市的洋基隊春訓基地，這原本應該是最普通的一天，就和春訓期間的任何一天一樣，但是這不是艾力克斯・羅德里奎茲第一次在這種時候成為新聞話題；這一次他把基特給牽扯了進來，但是當基特到春訓基地報到的時候，他似乎還不知道發生了什麼事。

「我記得德瑞克問我們說，『大家怎麼啦？』臉上還帶著微笑，」當時代表WFAN廣播電臺的史威尼・莫堤（Sweeny Murti）說，「有一個傢伙把所有的訪談重點都做了筆記，他一條一條讀了出來給基特聽。」

所謂的訪談就刊登在剛出版的《君子》（*Esquire*）雜誌上，封面是羅德里奎茲，他的專訪則是當期的重點。

「基特的運氣很好，他有很多優秀的隊友，」羅德里奎茲在訪談裏說，「他從來都不需要領導球隊，他可以輕鬆比賽，開心打球，而且他打第二棒，這完全不能和第三棒還是第四棒相比，到紐約去比賽，我們擔心要對付的是伯尼還有歐尼爾，從來不會有人說要小心德瑞克，你不會擔心他的存在。」

基特沒能事先看到這些，而是被迫要在媒體面前消化這些評論，對一個通常都與媒體保持著一定距離和界線的公眾人物來說，這是最糟糕的情況。

「他聽到這些內容時，臉上的微笑就消失了，」莫堤說，「他說了幾次『我覺得我要先問問他，』但是很明顯的他非常生氣，他臉上的表情是騙不了人的。」

羅德里奎茲的言論立刻就成了洋基隊春訓基地裏的大事，甚至引起了整個職棒圈的熱烈討論；當天早上媒體問了布萊恩．凱許曼他的看法，卻只得到他開玩笑的回應，「百萬富翁之間的鬥嘴哪有我插嘴的餘地？」

羅德里奎茲打了電話給基特，然後從德州遊騎兵隊位在佛羅里達州夏洛特港（Port Charlotte）的春訓基地開了九十五英里的車到基特的家去；他們坐在客廳的沙發上，基特聽著羅德里奎茲解釋，但是他知道這已經是四個月以來第二次發生這樣的事了。

第一次是二〇〇〇年十二月，羅德里奎茲和德州遊騎兵隊簽下了十年兩億五千兩百萬美元的合約，成為史上薪資最高的棒球員，簽約之後沒有多久他就上了ＥＳＰＮ廣播電臺的《丹．派屈克秀》（Dan Patrick Show）。

「就算是像德瑞克好了，他很難打破這個合約的紀錄，因為他就是缺乏長打的數據，而且防守上他也不夠全能，」羅德里奎茲在節目上說，「所以他不可能打破兩億五千兩百萬，可能拿得到一億八千萬，我也不知道他可以拿到多少，一億五千萬？也許吧。」

就像瑞吉・傑克森說的，只要得罪了德瑞克一次，你就會從此變成空氣，現在從ESPN節目到《君子》雜誌，羅德里奎茲已經得罪了他兩次。

「他超恨基特，是那種高度深層的痛恨，」佛羅里達州科爾蓋伯斯市（Coral Gables）生源論抗老化中心（Biogenesis Clinic）的負責人東尼・波許（Tony Bosch）說；波許與羅德里奎茲於二〇一〇年球季多次在客場比賽時見面，並曾多次提供能增進體能的藥物給羅德里奎茲，羅德里奎茲於二〇一四年向聯邦探員承認自己曾收受這些藥物，並因此被大聯盟禁賽一整個球季，次年波許則以密謀提供睪酮（Testosterone）藥物的罪名與有關單位達成認罪協商。

「有一次我們在球隊旅館，」波許說，「艾力克斯對我說，『你下樓去酒吧等我，我待會就會下去，我準備好了就會打電話給你，你看到我向你揮手了你再過來。』」

「於是我就和他的表哥尤里・蘇卡特（Yuri Sucart）一起坐在酒吧等，然後基特走了進來，他招手對我們打招呼，這沒什麼，他也對尤里招手，然後就要了兩張桌子，弗朗西斯科・瑟維里（Francisco Cervelli）和柯特斯・葛蘭德森（Curtis Granderson）也一起坐了下來。」

「瑟維里（洋基隊捕手，同樣也是波許的客戶）看到我在，就招呼著我，於是我們就過去一起坐，那是兩張圓桌，當然還有一些女孩也在，人來人往的；但是後來艾力克斯下來看到我和尤里都跟基特坐在一起的時候，他一個人坐到了酒吧的另一頭，然後用西班牙文傳了訊息給我，他說『你他媽的跟那傢伙混在一起幹嘛？』還是『你他媽的跟那渾蛋在一起搞什麼鬼？』大概是那樣的內容。」

基特和羅德里奎茲之間本來不是這樣的，他們的友誼可以回溯到接近二十年前，一九九三年他們在一場密西根大學到邁阿密大學去的比賽中第一次見面，基特是前一年洋基隊的第一輪選秀，羅德里奎茲則正要準備投入這一年的選秀。

「艾力克斯眼睛冒著星星，」基特的第一個經紀人史提夫．克魯索（Steve Caruso）說，當時他也試圖想要和羅德里奎茲簽下合約，「在艾力克斯眼中，基特就像是在另一個層級似的。」

克魯索沒能簽下羅德里奎茲的代表權，後來基特也離他而去，轉而與克西．克羅斯（Casey Close）合作，但是若要說起這兩位明星球員成名前的狀態，他卻是唯一一位可以對他們做出比較的人。

「艾力克斯絕對是我所見過最厲害的高中球員，包括基特在內，」克魯索說，「基特很不錯，看到基特大概只要五分鐘，你就會說『我懂了，難怪他這麼出名』，但是艾力克斯的話，只要五秒鐘。」

拜訪兩個人的家庭時也可以看出明顯的不同，基特來自一個嚴格但充滿愛的家庭，父母婚姻幸福而且關懷備至；艾力克斯的父親在他十歲的時候就離家而去，數十年來艾力克斯一直想要找到什麼來填補這個空缺。

最接近代理父親這個角色的是一位邁阿密地區的棒球教練璜恩．迪亞哥．亞提加（Juan Diego Arteaga），他是艾力克斯童年好友J. D.亞提加（J. D. Arteaga）的父親，這一家人收容了艾力克斯，在他成長時期給了他歸屬感。

在艾力克斯和J. D.高中二年級的時候，璜恩．迪亞哥．亞提加在一場兩個男孩都參賽的美式足球比賽中卻因為心臟病發作而意外過世。

「那是球季的第一場比賽，第二節，」球隊的防守教練瑞奇．霍夫曼（Rich Hofman）說，「他在觀眾席上站起來，感覺不太舒服，然後就往前倒下，再也沒有醒過來，真的非常讓人難過。」

或許是因為這些挫折和失落，艾力克斯變得更加堅強，但是同時也更缺乏安全感，到了高中畢業時他顯得比同時期的基特更加自信大方，但是也更黏人。

「他不是個壞人，但是他從一開始就油嘴滑舌的，」克魯索這樣描述羅德里奎茲。

「他很圓滑，很討人喜歡，但是他最大的問題就是他好像非常需要別人肯定他，『我表現得好嗎？』『你覺得我在比賽裏那樣做可以嗎？』德瑞克幾乎從來都不需要別人肯定，但是艾力克斯非常需要。」

如果羅德里奎茲從一開始就讓人招架不住，那基特則是從一開始就讓人難以捉摸，而且一直到後來都是。

「我記得有一次在雙重戰之後回到他家，」克魯索說，「德瑞克的父親查爾斯邀請我一起去吃點披薩，德瑞克總共只開口說了不到三個字，他非常害羞，在球場上也很安靜；艾力克斯就不是了，雖然他並不吵，但是他絕對有話直說，也比較活潑好動，我實在想不出他們的相似之處，大概就只有他們的棒球天賦而已，除此之外他們是完全不同的兩種人。」

隨著基特和羅德里奎茲的職業生涯往前開展，隨之而來的挫折不但凸顯出他們個性上的差異，也連帶呈現出他們背後各自不同的支撐力量。

基特在小聯盟的第一年表現不佳，他選擇對父母親訴說自己對未來的不安定感，在家人的開導下繼續埋頭努力；羅德里奎茲雖然和母親感情很好，但是從年少時就學會了只能靠自己面對世界。

一九九四年球季結束之後，羅德里奎茲選擇到多明尼加去參加冬季聯盟，和來自蒙特婁博覽會隊的外野手新秀克里夫·佛洛伊德同住，當他承受不住競爭的壓力時，他只能向佛洛伊德傾訴。「他那時很痛苦，因為球隊上已經有了一位資深的游擊手荷西·維斯凱耶諾，」佛洛伊德說，「他從來沒有那樣的經歷，連上場比賽的機會都沒有，我們每天都混在一起，他每天都說

『我今天會上場』、『今天肯定是我上場了』，我就會回答他說，『算了吧！你今天不會上的，認輸吧！』但是他一直沒辦法接受。」

有時候兩個人聊天聊到深夜，羅德里奎茲會哭，「情緒真的太緊繃了，」佛洛伊德說，「好幾次我們聊天的時候他都眼眶帶淚，沒有上場比賽的沮喪情緒真的把他擊垮了，他有一點太過於理所當然，就像是『既然球隊派我到這裏來，為什麼又不讓我上場？你們肯定不了解我吧？你們要讓我上場啊！我馬上就要成為明星的！』」

對羅德里奎茲來說，那是一段沉重而緊繃的時光，那年十二月他失聯多年的父親維克多．羅德里奎茲（Victor Rodriguez）突然買了門票進場，然後在球隊賽前打擊練習的時候上前和他相見，艾力克斯雖然感到意外，但還是同意了第二天要和維克多共進午餐，然而隨著約定好的時間逐漸接近，他卻始終無法強迫自己到場。

基特從來沒有這樣的經驗，但是到了一九九〇年代中期，他們兩人終於共同經歷了一段一般人少有的生涯挑戰：他們都是被放大檢視的新秀游擊手，而且還要快速學會怎麼在大聯盟這個環境成為超級新星。

他們在站上大聯盟的時候建立起了遠距離的友誼，當羅德里奎茲到紐約比賽的時候，他會在基特的公寓借住，反之亦然；一九九九年洋基隊和西雅圖水手隊在球場上打群架的時候，基特和羅德里奎茲也因為在戰場一旁愉快的聊著天而遭到了洋基隊外野手查德．科特斯的公開指責。

到了二〇〇〇年代初期，兩人的情誼已經不復過往，基特帶領洋基隊勇奪冠軍的傳奇地位早已穩固，羅德里奎茲卻被困在德州，還在努力想要證明他能領導球隊，能符合他史無前例的身價。一切並不如想像中順利，洋基隊一直在美國聯盟東區稱霸，但遊騎兵隊卻在羅德里奎茲加盟的三年連五成的勝率都達不到；羅德里奎茲是明星賽的固定人選，全壘打的數量也在聯盟領先，在二〇〇三年還被選為美國聯盟的最有價值球員，然而當時許多人都知道，他始終無法接受公眾因為一些無形的、更重要的評鑑因素而認為他比不上基特。

「他在德州時的處境很辛苦，」二〇〇三年遊騎兵隊的總教練巴克．休瓦特說，「我認為他是全聯盟最優秀的球員，他把整支球隊扛在肩上，偏偏那支球隊最缺乏的卻是投手戰力，他被束縛住了，不管什麼事都是他的事。」

這樣的壓力將他推上了領導者的位置，但是他的手法卻又讓隊友和對手都覺得笨拙。「他在德州的時候，聯盟裏很多人都說他只懂得幫人『打手槍』，」當時的一位競爭對手說，「他嘗試著當球隊的領導者，但是表現出來的就是虛偽，就像是在幫人自慰還心不在焉，有時他會誇隊友說『哇！這一棒揮得真漂亮！』但是很明顯的根本就不是那回事，諸如此類。」

二〇〇〇年初期有一天，一位羅德里奎茲的朋友告訴他說，巴爾的摩金鶯隊資深游擊手／三壘手小卡爾．瑞普肯（Cal Ripken Jr.）有時會分走捕手的工作，自己從內野為投手配球，「這也太酷了吧！」羅德里奎茲說。

於是他就試著要在遊騎兵隊做同樣的事，但是反而惹怒了投手教練奧勒爾・赫西瑟（Orel Hershiser）和捕手英納・迪亞茲（Einar Díaz）；「我的反應是，捕手是我喔，」迪亞茲說，「去他媽的，他居然想要配球，我的反應就是，想都別想。」

「我們的投手戰力真的很差，他的出發點是好的，」休瓦特說，「他想幫忙，但是他幫忙的方式會讓人覺得不舒服，他覺得自己簽了大合約就必須盡到責任，『好，讓我來幫幫投手，讓我來幫幫外野手，』他覺得拿了那麼多錢就應該要做那麼多事。」

到了二〇〇三球季結束時，羅德里奎茲和遊騎兵隊都知道他們的緣分已經到了盡頭，德州和波士頓紅襪隊談了交易，願意將羅德里奎茲送到波士頓去換回強打者曼尼・拉米瑞茲（Manny Ramirez），唯一的條件就是羅德里奎茲必須同意減薪大約三千萬美元。

羅德里奎茲願意減薪，但是大聯盟球員工會卻不願意允許這樣的先例，於是這筆交易就胎死腹中了。

二〇〇四年一月二十五日，羅德里奎茲前往紐約參加全美棒球記者協會（Baseball Writers' Association of America）的年度晚宴，並領取他的年度最有價值球員獎；他同時也和遊騎兵隊的老闆湯姆・希克斯（Tom Hicks）、總經理約翰・哈特（John Hart），以及總教練休瓦特見面，在經過五個小時的會談之後，每個人都宣誓對彼此忠誠，遊騎兵隊也對外宣布羅德里奎茲將會是球隊隊長。

沒有任何人相信那些消息，布萊恩．凱許曼更是完全沒有放在心上，當天晚上他的座位就在講臺上羅德里奎茲的隔壁，而且他現在剛好就需要一位內野手。

晚宴的九天之前，洋基隊三壘手艾倫．布恩（Aaron Boone）在打籃球的時候撕裂了膝蓋韌帶，布恩的合約裏明確註明了禁止打籃球，他向凱許曼承認了自己的錯誤，而洋基隊最後也不得不決定將他釋出。

到了晚宴當天，凱許曼說：「我準備好坐在他旁邊要聊些什麼了，我們說到功虧一簣的波士頓交易，也聊到工會為什麼會反對，幾乎是晚宴一結束，我就立刻開始跟德州遊騎兵隊談。」

在二〇二二年播出關於基特的紀錄影集《隊長》（The Captain）中，羅德里奎茲還回憶了更多細節。

「我點了一杯雞尾酒，」羅德里奎茲說，「我酒量不好，所以一杯下去我就有點暈了，凱許曼他喝的，我記得應該是蘇格蘭威士忌，我覺得他應該就是開玩笑隨口說說，他說『太可惜了，要是你願意去守三壘的話，說不定就可以穿我們的條紋球衣了，』我一杯酒的酒量已經到頂，當下只能回他說，『哈哈，這個好笑，』不過大概四十五分鐘之後，我忍不住又問了他，『對了，你剛剛說的三壘，是認真的嗎？』」

凱許曼偷偷埋下種子的手法完全出自於吉恩．麥寇爾的秘笈，不到一個月羅德里奎茲就會加入洋基隊，就像當年的魯斯和瑞吉加入時一樣，成為隊長基特在新紀元裏亦敵亦友的另一半。

# 21 漫長的前行

洋基隊透過交易迎來了艾力克斯·羅德里奎茲，這是球隊揮別一九九〇年代後期洋基王朝最戲劇性的一步，但絕對不是第一步。

早在二〇〇一年球季結束之後，布萊恩·凱許曼就被迫開始認真思考要重新建構一個新世代的洋基隊，而隨著時間往前推進，這支球隊再也不會是一九八〇、一九九〇年代初期由吉恩·麥寇爾、比爾·利弗賽、布萊恩·塞比恩等人和凱許曼所一起組建起來的樣子。

十年前他們在喬治·史坦布瑞納被停權期間以及他重返球隊之後所打下的球隊基礎，包括了保羅·歐尼爾、提諾·馬丁尼茲、史考特·布洛修斯以及恰克·那布勞克等人，他們都是率領洋基隊稱霸的關鍵人物，也都代表了球隊進軍二〇〇一年世界大賽，但是球季結束之後他們都沒被留下。

洋基隊在世界大賽的第七戰敗給了亞利桑那響尾蛇隊，為一個時代畫下了戲劇性的句點；二〇〇一年的九月十一日恐怖份子攻擊了世貿中心，整個城市都壟罩在沉重的情緒之中，而洋基隊在第四戰和第五戰皆以再見逆轉的方式獲勝，為在地球迷們注入了新的能量。

首先是德瑞克．基特在第十局以一支再見全壘打為球隊取勝，當年球季曾經因為九一一恐怖攻擊而暫停，季後賽的時間也因此而延後；基特擊出這支全壘打的時候剛過午夜十二點，正好進入了十一月，這也為他贏得了一個「十一月先生」的新外號。

第二天晚上布洛修斯在第九局兩人出局的情況下揮出全壘打追平比數，最後洋基隊在延長賽後獲勝；然而響尾蛇隊在第六戰打爆了安迪．派提特，接著又從馬里安諾．李維拉手中以一支斷棒安打偷走了第七戰。

在那之後，五年四勝、三連霸的洋基隊要再等八年才能再度在世界大賽中封王；而史坦布瑞納則在第七戰敗戰之後衝進了洋基隊的球員休息室，大喊著要有人下臺負責。

凱許曼知道自己正目睹著兩條命運的軌跡正在逐漸逼近，一是多年來因為贏球而略為安分的大老闆又要插手管事了，另一個則是麥寇爾和利弗賽年代所打造的球隊陣容因為年紀也必須被大幅整頓。

在保留了基特、李維拉、荷黑．波沙達以及伯尼．威廉斯這些核心球員之後，最後的結果就是其他的名單位置都不斷被調整，連派提特都在一年後離隊轉往休士頓，雖然那只是暫時。

歐尼爾和布洛修斯退休、馬丁尼茲以自由球員的身分和聖路易紅雀隊簽約、那布勞克轉往堪薩斯皇家隊打了一年球之後也決定退休；凱許曼還把大衛・賈斯提斯交易到大都會隊去，換回了羅賓・范杜拉（Robin Ventura）來接替布洛修斯的三壘手之位。

外界看來這是這位年輕洋基隊總經理最關鍵的一刻，他第一次開始以自己的人選來幫球隊換血，不管結局是好是壞，成敗都會被算在他的頭上。

然而凱許曼從不將這些大局的論述放在心上，他在意的只有眼前的任務；當他說起二〇〇一年到二〇〇二年球季之間的秋冬兩季，他記得的只有當時迫切必須解決的問題。

「不會，我不覺得那時有想到自己正在拼湊出一支與過去不同的球隊，」凱許曼說，「我只想著還有哪裏可以調整？還應該做些什麼？我們要怎麼維持住球隊的強度？農場裏有沒有足夠的本錢？還是我們要往外尋求助力？有沒有什麼交易的選擇？我們的財務上有多少調度空間？」

在幾份合約結束之後，凱許曼有了足夠預算去簽下奧克蘭運動家隊的傑森・吉昂比；吉昂比的弱點是防守，這並不符合當年利弗賽在球員分類系統中「最少要有平均值」的要求，但是對凱許曼來說，他更看重吉昂比的長打能力和上壘率。

在世界大賽失利之後，吉昂比七年一億兩千萬的大合約滿足了史坦布瑞納想要大手筆製造新聞的衝動，通常這樣的衝動大多會與球團人員嚴謹的決策發生衝突，但是這一次對於吉昂比的招募，雙方卻是站在了同一陣線。

「我完全贊成要把傑森・吉昂比簽下來，」凱許曼說，「整個棒球部門都同意這件事。」

但是那年並不是每一筆人事調度都這麼順利，甚至是接下來的三個球季，史坦布瑞納每一次的介入幾乎都對球隊成員造成了影響，而最大的原因就是他在坦帕市的家鄉有著一群美其名為幕僚的友人在不停給他各種意見。

副總經理珍・艾芙特曼（Jean Afterman）在二〇〇一年加入洋基隊的時候，就對這個越發嚴重的問題感到驚嚇。

「喬治在坦帕市有一個山寨版的棒球事務辦公室，裏面幾乎都不是洋基隊的員工，」艾芙特曼說，「都是些依附在他身邊的外人，還有球團內部一些別有用心的人士，這個山寨版的棒球事務部不停在他耳邊碎念。」

艾芙特曼很快就成為凱許曼最重要的參謀之一，隨著他的第一批前輩導師們逐一離職、退休，或是職位角色不再受到重視，在這個日漸惡化的工作環境中，凱許曼把艾芙特曼當成了是他極少數可以信任的搭檔。

艾芙特曼的背景在棒球界很不尋常，她在舊金山灣區長大，大學主修學位是歷史，專精領域則是希臘神祇，並且投入了許多時間協助整理加州大學柏克萊分校（University of California, Berkeley）人類學博物館中的古代文物。

然而艾芙特曼最熱愛的卻是舞臺，一九八〇年代她的演技在舊金山戲劇界逐漸受到重視，但是她卻又轉換跑道，重返校園攻讀法律。

身為一位棒球迷，艾芙特曼在進入法務職場之後沒多久就和棒球有了第一次接觸；一九九〇年代初期她協助了棒球經紀人團野村（Don Nomura）處理棒球球員卡片的授權問題，並因此而前往日本旅遊，當時她就詢問野村為何沒有日本球員前往美國打球。

野村解釋說日本既有的規定並不允許日本球員和美國球隊簽約，但是艾芙特曼認為這並不公平，甚至有可能違憲，於是她決定要找出既有法規中的漏洞；經過研究之後，她發現可以利用「自願引退條款」的規定，因為球員可以先從日本職棒退休之後，再轉往國外的其他球隊打球。

於是在一九九五年，野村和艾芙特曼就利用了這個條款讓日本投手野茂英雄（Hideo Nomo）先「退休」，然後再和洛杉磯道奇隊簽下合約，野茂立刻就成為了美國職棒的大明星，還入選明星隊，也為日後的日本職棒明星們走出了一條能更自由前往美國職棒挑戰的道路。

在協助另一位日本球星伊良部秀輝（Hideki Irabu）時，艾芙特曼的表現也讓洋基隊留下深刻印象；雖然被譽為是「日本版的諾蘭．萊恩（Nolan Ryan）[58]」，伊良部在一九九七年加入洋基隊之後就一直適應不良，甚至還被喬治．史坦布瑞納在媒體前羞辱是隻「胖蟾蜍」。

---

58 諾蘭．萊恩是美國棒球名人堂成員，也是美國棒球史上最偉大的投手之一，以剛猛的球速及堅毅的個性聞名，在二十七年的職業生涯累積三百二十四勝兩百九十二敗，曾經八度被選入明星隊，並且十一度拿下聯盟三振王，職業生涯累積五千七百一十四次的三振紀錄，至今依然排名第一。

在伊良部剛剛加入洋基隊的第一年，有一次史坦布瑞納打電話給艾芙特曼大聲咒罵，並誓言要將伊良部送上飛機寄回給她，但是艾芙特曼一點也沒被嚇倒。

「我一定會去機場接他，」她對著電話吼了回去，「你他媽的別忘記把他的簽約金支票一起送回來，我會立刻帶他去銀行兌現，你最好他媽的確定把支票交給他，我會在機場開開心心等著他，然後明天就帶他去跟下一支球隊簽約。」

就跟一直以來的麥寇爾和凱許曼一樣，艾芙特曼這隻同事們口中的「比特鬥牛犬」完全知道該怎麼應付大老闆史坦布瑞納，在原任副總經理伍佩琴（Kim Ng）離隊轉往道奇隊之後，凱許曼就說服了艾芙特曼接替她的位置。

對於洋基隊願意在棒球事務這個幾乎沒有女性的環境先雇用了伍佩琴，接著又邀請她接任，艾芙特曼對此感到非常敬佩。

「喬治總愛說『我就是一隻男性沙文主義豬』，但是實際上的作為卻並非如此，」艾芙特曼說，「當我來到洋基隊的時候，球團裏的女性高階主管人數比我看過的任何一個其他球團都多，當時如果布萊恩想要雇用一位副總經理，並不是他自己說了算，必須要得到喬治的允許才行，所以我認為他們兩個人都必須獲得更多的讚賞。」

「當我成為副總經理之後，接下來大概有十五年時間，在每次的總經理會議中我都是唯一的女性，當時許多總經理在介紹他們的副手時，都只會簡單的說『這是我的助理。』」

「當一個男性向另一位男性介紹一位女性說『這是我的助理』時，一般人的直覺就是妳是他的秘書，我必須訓練布萊恩，我們整理出一段臺詞，他必須在介紹我的時候說，『這位是我的副總經理珍．艾芙特曼，她曾經是一位律師，曾經代表球員，是我們把她從敵方陣營給挖了過來…』基本上他必須要先把我的履歷給說出來，這樣才能認證我的身份，那個年代就是這樣。」

凱許曼和艾芙特曼因為欣賞彼此的堅韌而成為好友，共同對抗著史坦布瑞納來自坦帕市山寨辦公室越來越嚴重的介入。

對於球隊名單的各種建議持續從佛羅里達傳來，許多都與凱許曼的想法截然不同，但他又必須執行大老闆的指令，凱許曼和艾芙特曼因此而學會以黑色幽默來面對這些狀況。

「布萊恩和我有一次對看了一眼，然後忍不住說，『你知道嗎？一隻訓練有素的猴子就可以取代我們現在的地位，』」艾芙特曼回想起她剛剛加入球隊時的經歷這樣說。

凱許曼喜歡在辦公室開玩笑惡作劇，許多下屬都認為這些舉止適度減輕了棒球事務部無止境的緊繃氣氛；有一次他用匿名號碼打電話給麥寇爾，假裝是記者詢問他是否對佛羅里達馬林魚隊的總教練之位有興趣，麥寇爾說他不能公開表達意見，但是也承認他願意考慮，凱許曼忍不住大笑出聲，笑到連眼淚都流了出來。

還有一次凱許曼在選秀前開國內業餘球員球探副總裁戴蒙．奧本海默的玩笑，在他向坦帕市一間餐廳訂餐的時候啟動了惡作劇放屁機製造噪音；艾芙特曼甚至因為覺得凱許曼的器材需要升級而添購了一個更高級的版本，布萊恩興奮的將它命名為屁王四百號。

這些輕鬆的消遣活動短暫舒緩了辦公室內緊繃的情緒，但是球團內部各股勢力為了招募不同球員所產生的衝突，終於在二〇〇二年球季開打後兩個月達到了最高點。

接下保羅．歐尼爾右外野手位置的主要是約翰．凡德瓦（John Vander Wal）和謝恩．史賓賽，他們兩位的表現都不夠理想，而新任左外野手朗戴爾．懷特（Rondell White）也同樣令人失望；可以理解的是史坦布瑞納肯定會想要做出一些改變，而這時總教練托瑞就向他建議，應該向多倫多藍鳥隊發動交易，嘗試換回拉烏．孟德西（Raúl Mondesi）。

孟德西的長打火力還不錯，但是風評不佳，被公認是一個不易管理的球員；就在洋基隊考慮交易的時候，他剛好就因為開會遲到了十分鐘而被球隊處罰停賽。

凱許曼並不想要這名選手，但是當時他的職權還不到後來那樣全面，無法直接拒絕交易，於是為了表達自己的不滿，凱許曼決定退出關於孟德西的交易協商。

「孟德西跟我完全無關，」凱許曼說，「那是喬．托瑞的事，他說『沒問題啊！他一定會好好替我打球的，』我從一開始就在對抗這件事，而且一直反對把他找來，大老闆親自執行了交易，還有球隊總裁藍迪．拉文也有份，我才不會同意這筆交易，所以我覺得最後就是藍迪．拉文收的尾。」

「孟德西的性格很明顯的就是一個大問題，不是我們想要的球員，我最後一次聽到他的消息，是他正在多明尼加坐牢。」

這件事他沒記錯，孟德西因為在家鄉聖克里斯托巴（San Cristóbal）擔任市長時涉及貪腐，於二〇一七年被判處了八年徒刑入獄。

但是在二〇〇二年六月底，托瑞正想盡了辦法想要把孟德西弄過來，六月二十九日地鐵大戰時，他送出了一份帶著挑釁意味的先發名單。

「他讓內野手安立奎・威爾森（Enrique Wilson）去擔任先發右外野手，在洋基球場迎戰大都會隊，」凱許曼說，「大老闆氣炸了，我猜這就是托瑞的用意。」

兩天之後洋基隊在總經理完全沒有參與的情況下完成了交易，這也是洋基隊決策程序持續惡化的一個指標。

孟德西在洋基隊的表現一如凱許曼所預期，而他的離去也像來時一樣倉促，第二年七月他就不告而別離開了球隊。

「那是星期六晚上在波士頓的一場延長賽，我們啟用代打把他換下場，」凱許曼說，「第二天是我們飛往安納罕（Anaheim）的移動日，我猜他有來過球場休息室，但是沒多久就離開了，於是星期二我就把他交易去了亞利桑那，克林姆・賈西亞（Karim García）就是這樣換來的。」

二〇〇三年加入球隊的外野手賈西亞對於洋基隊在美國聯盟封王做出了相當的貢獻，雖然凱許曼順利清理了孟德西的爛攤子，但是大老闆依然持續插手球隊事務，後來甚至還把一筆影響力遠超過孟德西的交易案給搞砸了。

在二〇〇三年球季結束之後，凱許曼嘗試說服超級明星外野手弗拉迪米爾・葛雷諾（Vladimir Guerrero）以自由球員的方式簽約加盟。

「他根本已經簽下葛雷諾了，結果大老闆說『不不不，我們應該簽老謝才對，』」當時在洋基隊任職的一位高階主管說。

老謝就是蓋瑞・謝菲爾德，他也是一位明星球員，但是年紀比葛雷諾大了六歲；他因為同樣是坦帕市人而受到史坦布瑞納喜愛，而當凱許曼正忙著在招募葛雷諾的時候，謝菲爾德直接去和大老闆見了面。

謝菲爾德對洋基隊貢獻不小，特別是在他加盟之後的第一個球季，他貢獻出了三十六支全壘打，同時也帶來了洋基隊當時一直欠缺的拚戰精神；在洋基隊的三年期間他交出了兩成九一的打擊率、七十六支全壘打，以及〇點八九七的OPS整體攻擊指數（或稱上壘加長打率）。

問題是轉而與安納罕天使隊簽約的葛雷諾在二〇〇四年被選為美國聯盟的最有價值球員，並且把職業生涯最巔峰的六年全都貢獻給了天使隊；他在天使隊交出了〇點九二七的整體攻擊指數，而且還以天使隊球員的身份被選入了棒球名人堂，這些原本都應該是屬於洋基隊的。

然而回到二〇〇四年的春訓，謝菲爾德仍然是洋基隊休息室中備受期待的頂級球星，他專業自信的形象自帶光環，一登場就吸引了大家的注意力。

在休息室的另一頭卻是完全不一樣的氣氛，艾力克斯．羅德里奎茲和謝菲爾德一樣剛剛加入洋基隊，但是他第一天的表現就讓人尷尬不已。

「老謝走進來輕鬆自在，好像是在說『一切還好吧兄弟？我就在這裏做我該做的，你有什麼需要就儘管開口。』」一位當時的隊友說，「艾力克斯就比較像是『嗨！大家！我想跟每個人都做好朋友喔！』當時我們的感覺就是『你是艾力克斯．羅德里奎茲，你不需要這麼假掰好嗎？』」

在那個星光燦爛的球季第一天，基特就沒有打算要幫他那位老朋友安頓下來，除了輕描淡寫的推掉兩人過往的爭執，並且歸咎是媒體太過誇張之外，兩人也極少在休息室中有任何接觸。

「德瑞克有他自己的小圈子，波沙達、伯尼．威廉斯等等，」同一位隊友接著說，「艾力克斯根本打不進去，氣氛就是這麼緊繃。」

對羅德里奎茲不滿意的不只是基特而已，春訓開始沒有多久，艾力克斯一位來自邁阿密的親近友人艾迪．羅德里奎茲（無親戚關係）於二月二十九日抵達春訓基地拜訪，他擅自闖入了好幾個不對外開放的禁區，其中包括打擊籠附近幾乎所有辦公室人員都不得進入的打擊練習區，艾迪．羅德里奎茲甚至還走進了一條清楚標示著「僅限授權人員」的通道。

「我們都瞪著艾力克斯，『這裏是有規矩的好嗎？』」同一位隊友繼續說。

到了春訓尾聲，許多球員都已經對羅德里奎茲和基特之間的酷寒氣氛感到疲憊。

一位羅德里奎茲的多年好友說，「我不認為德瑞克想和艾力克斯做朋友，我也不認為艾力克斯想和德瑞克做朋友，我覺得艾力克斯只想要證明他是一個比德瑞克更優秀的球員，那是他選擇來到紐約最主要的目的。」

許多後來必須面對這兩個強悍人格的洋基隊高層人員都認為，他們處不來的理由其實非常簡單：除了冠軍王座之外，羅德里奎茲在球員評鑑的任何層面都比基特優秀，但是偏偏他沒能得到像基特所獲得的那些讚美和熱愛。

羅德里奎茲缺乏安全感，許多棒球界的業餘心理學家都認為原因包括了他在成長時期沒有父親陪伴、他因為沒有讀大學而未能繼續求知、他因為使用了類固醇禁藥而暗自感到羞愧、他因為破紀錄天價合約所感受到的壓力，以及與生俱來對社交的恐懼等等。

「艾力克斯非常需要感受到被接受、被喜歡，」一位洋基隊高層說，「他嘗試過去努力，那些未盡人意的場面也絕對不是出於惡意，譬如說他真的對小孩無感，如果喜願基金會（Make-A-Wish Foundation）[59]的人帶著病童出現在球員休息區，基特一定會上去和他們互動，而艾力克斯就會完全無視，但是如果我們告訴他這樣的情況請他注意，下一次他就會試著去改進。」

至於基特，許多隊友都在他身上看到明顯的雙重性格，他可以對某些人極度友好，譬如說有一位年輕女孩在父親因為九一一恐怖攻擊而過世之後寫信給基特，基特就和她維持了多年的友誼，甚至還在她成年之後幫助她一起對抗癌症；但是在棒球圈子裏他就未必對人都如此友善，一位洋基隊員工就認為基特的性格和另一個時代的一位洋基隊傳奇球星十分相似。

「他就像喬．迪馬喬，」那位員工說，而且口氣中絕無讚美之意，「迪馬喬的身邊有一圈牆，而且他有非常討人厭的一面，有一次他就是不肯幫唐．齊默簽一顆球，完全沒理由，後來有一天他坐在托瑞的辦公室裏終於說了，『我現在可以幫老齊簽他的球，』結果老齊叫他去死一死算了，迪馬喬可以很冷漠，德瑞克也是。」

在二〇二二年播出的紀錄影集《隊長》中，基特親自解釋了他個性中的這一面，並且給了一個足以讓人信服的理由。

「我無法信任他人，」他說，「我無法信任人，我從一開始就有這方面的問題。」

「從小到大，我記得高中的時候有一個好朋友，一直到了畢業以後我才知道他曾經說過他無法接受跨種族婚姻[60]，這是一個常常和我在一起玩耍的人，我曾經多麼信任這個人，但這就是一個例子，對我的影響非常大，而且隨著我的職業生涯繼續發展，這個問題也越來越嚴重。」

當年的洋基隊當然還不知道這些內心戲，於是他們的二〇〇四年球季就在這樣彆扭的基礎上展開；而更艱難的挑戰則是同分區的死對頭波士頓紅襪隊，他們被認為是一支即將在二〇〇四年

---

59 喜願基金會成立於一九九三年，是美國一個專為重病兒童完成心願的的非營利組織，希望能透過讓他們美夢成真而對生命保有希望，除了獲得禮物或外出旅遊之外，許多兒童的心願都是希望與運動明星見面，或是體驗職業運動員的一天。

60 基特的母親是白人，父親則是黑人。

展翅高飛的球隊。

紅襪隊在二〇〇二年初被轉賣給新的經營團隊，並在球季結束後雇用了席奧．艾普斯汀擔任總經理，二十八歲的艾普斯汀掌握了時代潮流，大量利用數據資料，是一位年少成名的風雲人物；波士頓同時也雇用了棒球資訊分析的祖師爺比爾．詹姆士擔任高級顧問。

二〇〇三年球季，洋基隊和紅襪隊世仇對決的張力已經衝上了前所未有的高峰，球場在兩隊對戰時滿是緊繃的情緒，而對球迷來說，如果在客場穿上自己球隊的球帽或T恤，那是極有可能會引來地主球迷暴力相向的。

這種對彼此厭惡的反感從球場漫延到球團的層級，紅襪隊的新任總裁拉瑞．盧奇諾（Larry Lucchino）公開稱呼洋基隊是「邪惡帝國」，這個稱號讓史坦布瑞納暴跳如雷，氣到幾乎要中風。「當年球團工作人員對對方都沒有任何好感，」艾芙特曼說，「現在我們和每個球團的關係都不錯，跟波士頓也是，但是當年不一樣，當年連球員也痛恨對方。」

二〇〇三年紅襪隊在強打者曼尼．拉米瑞茲和後起新星大衛．歐提茲（David Ortiz）的率領之下，不管是得分、總壘打數、整體攻擊指數以及其他許多進攻數據都領先全聯盟所有球隊。

到了十月的季後賽，他們差一點就超越了洋基隊打進世界大賽，洋基隊靠著三壘手艾倫．布恩在美國聯盟冠軍戰第七戰第十一局所擊出的再見全壘打才順利過關；然而勉強續命的洋基隊氣勢已衰，他們在世界大賽中表現平平，六場比賽就被佛羅里達馬林魚隊擊敗出局。

兩支球隊在球季結束之後都經歷了文化衝擊，在羅德里奎茲帶著天賦和包袱加入洋基隊的兩個半月之前，紅襪隊率先發動交易換來了亞利桑那響尾蛇隊的明星投手柯特・席林（Curt Schilling），就和羅德里奎茲一樣，席林同樣也被認為是一支球隊冠軍拼圖的最後一片，而且他同樣有著一個會讓新隊友們尷尬不安的個人特質。

二〇〇四年球季初，洋基隊前往波士頓紅襪隊主場芬威球場比賽的時候，他們就親眼見證到內部氣氛詭譎的球隊並不是只有洋基隊而已。

「我清楚記得在往牛棚區走過去的時候，他們隊上的幾個球員正好說到席林，『叫他去死啦！』」一位洋基球員回憶著說，「氣氛很差，而且他們的戰績也不好。」

那時的紅襪隊一團混亂，幾乎沒有威脅洋基隊的可能，但是洋基隊也有自己的問題，最嚴重的就是基特居然在四月陷入了低潮。

基特是這個世代表現最穩定的球星之一，但是他卻連續三十二次打擊都沒有擊出安打，這是洋基隊自一九七七年的吉米・溫恩（Jimmy Wynn）之後最糟糕的球員表現；狀況糟到主場球迷都開始噓他，四月底洋基隊在紐約被紅襪隊橫掃的時候更是嚴重。

球季進行了四十三場比賽的時候，基特的打擊率依然只有一成八九；要到接近二十年之後，在他自己的紀錄片中，基特才終於願意承認羅德里奎茲的到來以及外界對他們兩人互動關係的放大檢視，都對他造成了強大的壓力，而這些壓力也影響了他在球場上的表現。

「其實很容易理解……那確實造成了影響，因為在當下大家關注的焦點都在個人身上，而不在整個球隊，也不在意輸贏，」基特說，「那些壓力絕對是部分原因。」

表現失常的明星球員不光只是基特而已，羅德里奎茲在四月的某個時間點也一樣陷入了十六次打擊都沒有安打的低潮，那是他第一次聽到洋基隊球迷的噓聲；這個問題日後也成為凱許曼和基特關係破裂的原因之一。

即使必須熬過這段適應期，洋基隊在上半球季的表現還是勝過了波士頓紅襪隊。

七月二十四日星期六下午，洋基隊在美國聯盟東區位居第一，戰績領先了波士頓九場半，他們在芬威球場的比賽進行到第三局，洋基隊以三比〇暫時領先。

紅襪隊投手布朗森．阿洛尤（Bronson Arroyo）在一好一壞兩出局的情況下對羅德里奎茲投出觸身球，砸在了他的手肘上；在要邁步走向一壘的時候，羅德里奎茲對著阿洛尤大聲發出怒吼。

「有種就他媽的把球投進好球帶！」他邊吼邊把目光從阿洛尤身上轉向正阻擋在他身前的捕手傑森．維瑞泰克（Jason Varitek）。

「我們才懶得砸兩成五的打者，」維瑞泰克回嗆，雖然當時羅德里奎茲的打擊率其實是兩成七八，但是比起他的標準這確實不符合洋基隊的預期，而這也戳中了羅德里奎茲的痛處。

「去你媽的，」羅德里奎茲對維瑞泰克罵道，「去你媽的，去你媽的王八蛋。」

他一發不可收拾，「來啊！要打就來啊！」對著維瑞泰克招手挑釁。還戴著面罩的維瑞泰克伸手向羅德里奎茲的臉推去，兩隊的球員都從休息區和牛棚區衝出來準備大戰，這可不是一般棒球場上的推擠，這是一場真正動手的群架。

洋基隊投手坦尼恩．史都瑞茲（Tanyon Sturtze）從人堆中拖出了紅襪隊的蓋柏．凱普勒（Gabe Kapler），結果卻引來凱普勒與一群隊友的圍毆，史都瑞茲在界外區被打到滿臉都是鮮血。

在這種時候，球隊總經理只能緊張的袖手旁觀，同時暗自祈禱自己的球員不被驅逐出場或是因此受傷，凱許曼也不例外，他正站在觀眾席上怒目瞪著場上的一切。

席奧．艾普斯汀也正在座位區，但是他的反應和凱許曼截然不同，這位年輕的紅襪隊總經理笑著看著他的球員們打成一團，甚至忍不住笑出聲來。

群架的結果大概是平手，維瑞泰克和羅德里奎茲都沒能撂倒對方，但是球場上的這一切對這兩支球隊和他們的球迷來說，都產生了更重大的象徵性意義。

自從紅襪隊在一九一九年將貝比．魯斯賣給了洋基隊之後，他們就再也沒有拿過世界冠軍，對比起洋基隊的二十六次，這對「世仇」之間一面倒的對比關係大概就像是鐵釘和榔頭一樣，但是現在突然就不一樣了，紅襪隊還手了；在波士頓紅襪隊所在的新英格蘭區，維瑞泰克一掌推向羅德里奎茲臉頰的照片就這樣永遠留在書本封面和電腦桌面上了。

「我認為羅德里奎茲和維瑞泰克那件事改變了整個球季，」一位二〇〇四年洋基隊的成員說，

「要說一件事情就可以改變整個球季，這聽起來好像很瘋狂，但是事實就是如此。」

跌跌撞撞的洋基隊還是以三場勝差的距離在聯盟分區封王，羅德里奎茲交出了兩成八六的打擊率和三十六支全壘打，很不錯的成績，但是比起前一年他在德州時創下的兩成九八和四十七支全壘打還是退步了一截；更重要的是，一整年他在所謂的緊要關頭都沒能為球隊立功，舉例來說，兩人出局而跑者在得分位置上時，他的打擊率只有兩成〇六。

八月在多倫多的一個晚上，賽前羅德里奎茲站在打擊籠旁邊哀怨的說著自己總是無法在關鍵時刻為球隊立功，打擊練習和他同一組的蓋瑞．薛菲爾德終於受夠了。

「老弟，」一位當時也在場的洋基隊人員複述了薛菲爾德的反應，「你是他媽的艾力克斯．羅德里奎茲，好好的用力揮棒，給我像個男人一樣用力揮棒。」

羅德里奎茲在那場比賽就擊出了全壘打，而且在那之後似乎也找回了一些他加入洋基隊之前的霸氣。

洋基隊在季後賽的第一輪淘汰了明尼蘇達雙城隊，接下來的美國聯盟冠軍戰就是和去年一模一樣的對戰組合，由紐約洋基隊迎戰波士頓紅襪隊。

系列賽在紐約開打，洋基隊氣勢如虹，第一局就從席林手中攻下兩分，接著在第三局又攻下四分，第六局又補上兩分。

松井秀喜（Hideki Matsui）在滿壘的情況下擊出一支清壘的二壘安打，洋基隊一整年真正的領袖薛菲爾德滑回本壘攻下第五分；他從地面一躍而起，朝著空中揮拳發出一聲深沉的怒吼，然後用胸口重重的撞向了羅德里奎茲。

七月時維瑞泰克的那一推或許曾經一度把這兩支球隊拉到對等的地位上，但是到了十月似乎一切都恢復了正常；系列賽才剛剛開始，但波士頓眼看著就要被整個打趴了。

然而到了第七局，在洋基隊以八比○領先的情況下，局面開始出現了反轉；一點都沒有氣餒的紅襪隊一口氣攻下五分，把洋基隊休息區原本歡樂的氣氛都打散了。

最後洋基隊還是以十比七贏得比賽，但是終結者馬里安諾．李維拉也被逼得要登場關門；這原本應該是場一面倒的比賽，最後卻變成驚險收場，為這個系列賽添加了一絲詭譎的氣息。

接下來的兩場比賽就沒有那些氣息了，洋基隊以三比一贏得第二戰，接下來第三戰又在芬威球場以十九比八輾壓了紅襪隊；洋基隊在這場大勝之後取得了系列賽三比○的領先，在棒球歷史上從來沒有球隊能在這樣的劣勢之下逆轉，洋基隊看起來是贏定了。

接下來的四場比賽卻在雙方球迷間成了各種紀錄片、書籍，以及賽事分析最豐沛的素材，這個系列賽徹底扭轉了洋基隊與紅襪隊之間的世仇糾葛，也在洋基隊高傲的自尊上狠狠戳出了一個無法被修復的大洞。

第四戰洋基隊在九局下半以四比三領先，紅襪隊一壘手凱文．米拉爾（Kevin Millar）首先登場，他鎮定選球到一好三壞，然後看著馬里安諾．李維拉投出一記內角偏高的壞球沒有揮棒，獲得了四壞保送。

紅襪隊總教練泰瑞．法蘭柯納（Terry Francona）換上了腳程飛快的大衛．羅伯茲（Dave Roberts）擔任代跑；沒有什麼好隱瞞的，羅伯茲的任務就是要盜上二壘。

在差一點點被李維拉牽制出局之後，羅伯茲看準了李維拉面對比爾．米勒（Bill Mueller）投出的第一球就全速奔向二壘。

那一球的位置對左打的米勒來說偏外角而且偏高，捕手荷黑．波沙達從蹲姿躍起往二壘方向傳球，但球的方位偏向了二壘壘包的右側。

基特接到了球就立刻嘗試觸殺跑者，但是已經太遲，羅伯茲安全登上了二壘。

如果那一球傳得準一點，或是稍微在偏基特的左側一點，這兩支球隊後續的走向可能就完全不一樣了；然而就算是事件發生當下的直覺，或是多年以後經歷了沉澱的事後諸葛，洋基隊都知道那一刻他們的命運就此轉變。

還要再輸掉三場比賽才會輸掉整個系列賽，但是在某些層面上，當羅伯茲趕在基特的觸殺之前滑進二壘，他們就已經看到了結局。

「差不多就是當大衛．羅伯茲盜上了二壘，然後我們輸掉了那場比賽之後，整個氣勢就變了，」珍．艾芙特曼說，「我們本來是一股無人能擋的力量……」

「我不想讓人聽起來覺得這是我像北加州嬉皮一般的隨口瞎說，但是要說起洋基隊和紅襪隊這對世仇之間的魔幻力量，這就是證據；你真的好像可以感受到整個宇宙在轉動，像是一種可以影響潮水來去的力量，那場比賽證明了這股力量正站在他們那邊。」

米勒擊出安打讓羅伯茲回來得分追平了比賽，大衛・歐提茲則在第十二局揮出了再見全壘打拿下勝利；到了第五戰，正在逐漸成為紅襪隊傳奇的歐提茲又在第十四局擊出再見安打，為紅襪隊贏得第二勝。

回到紐約，紅襪隊靠著席林精彩的投球拿下了第六戰，他強忍著腳踝的傷勢上場投球，連襪子都染上了鮮血，但是時至今日仍然有許多洋基高層堅信那些血跡都是造假。

在季後賽最感到無力的就是球隊總經理，他們已經組建出了球隊，現在就只能看著球隊在比賽時的表現，凱許曼、艾芙特曼以及其他的球隊高層都聚集在老洋基球場的包廂內觀賞第七戰，雖然那個所謂的「包廂」只不過就是三排階梯式的座位而已，就像是一個小型的媒體工作室；他們一聲不出的看著波士頓紅襪隊以大比數擊垮了洋基隊贏得勝利，彷彿這個結局從一開始就註定無法避免。

魯賓・席瑞拉的滾地球出局為整個系列賽劃上了句點，二壘手波奇・瑞斯（Pokey Reese）接到球之後傳給一壘手道格・明凱維茲（Doug Mientkiewicz），休息區裏紅襪隊的球員們全都衝上球場，凱許曼和他的同事們全都留在位子上，雙眼盯著球場上的一切。

「我們大多數都留在原地看著紅襪隊在我們的球場上慶祝，我和布萊恩都是，因為我們要記下這一切，」艾芙特曼說，「然後布萊恩才走下樓去球員休息室。」

「這個打擊實在太大了，每一個人的自信心都受到了沉重的一擊，就像肚子上挨了重重的一拳，我的感受是很多球員的自尊心也受到了重創，因為一路走來我們一直都是獲勝的一方。」

「接下來我發現的就是球隊內部開始出現了一股暗流，隨著我們逐漸開始遠離過去的榮耀，那些曾經贏過世界冠軍的球員和新來的、沒有贏過世界冠軍的球員之間開始出現了一種階級之分，這一切都是從二〇〇四年之後開始的。」

洋基隊早已從一九九〇年代末期所達到的、不可思議的高處落下，而這一次的失利更加證明了這個曾經的王朝一直持續在衰敗。

「二〇〇二年天使隊在第一輪把我們淘汰出局，」艾芙特曼說，「二〇〇三年我們回到了世界大賽，所以我們就認為二〇〇二年只是一次意外而已，但是事實是二〇〇三年我們是靠著小布的魔法才打進世界大賽的。」

「我跟你說，《慾望街車》（A Streetcar Named Desire）裏有一句很棒的臺詞，是布蘭琪對史黛拉說的，『你根本不在，只有我留在那，所有人一個接著一個慢慢前行往墳墓走去，』因為史黛拉早已離家，只留下布蘭琪和所有的親戚一起，看著他們一個接著一個死去。」

在劇作家田納西．威廉斯（Tennessee Williams）的原作中，布蘭琪．杜布瓦（Blanche DuBois）是這樣對她的妹妹史黛拉（Stella DuBois）說的：

所有的打擊都落在我身上！所有的死亡！一個接著一個慢慢往墳墓走去！父親、母親、瑪格麗特⋯你只是趕回家參加葬禮而已，史黛拉，和死亡相比，葬禮漂亮多了，葬禮是靜謐的，但是死亡就未必了；有時候他們的呼吸是嘶啞的，有時候他們會發出怪聲，有時候他們甚至會對著你哭叫著，「別讓我走！」

艾芙特曼的結論是，「從某個角度來看，我們漫長的前行腳步就是向著墳墓而去，在我們球迷的眼中是如此，在媒體的眼中是如此，對我們球團辦公室的人來說又何嘗不是如此。」

「但是事實上，和劇本不同的是我們可以重新打造一支球隊，棒球和真實人生不同的地方在於我們每年都可以重來一次；我們當然都知道這些球員一個接著一個都會退休，但是一支新的球隊會重新站起來，對我來說，布萊恩在這方面的能力是無人能比的，他就是可以打造出一支能從墳墓裏起死回生的球隊。」

# 22 「真的像要殺了他一樣」

布萊恩・凱許曼個性冷峻，很難看出他內心的真實想法，面對記者追問著他的未來，他只能選擇避開。

又是一個球季的結束，球員休息室裏氣氛沉重得像是靈堂一般，這一次是在加州的安納罕市，時間是二〇〇五年的十月十日；洋基隊在分區系列賽敗給了天使隊，而凱許曼的總經理合約也即將在月底到期。

他知道他要離開這支球隊了，在面對媒體時他梳理不開球季挫敗的痛苦和即將離隊的解脫，這兩種衝突的情緒在他腦海中糾結，讓他忍不住哽咽而不得不提前結束訪問。

兩位洋基隊的高階主管，球隊總裁藍迪・拉文和普通合夥人（General Partner）、同時也是喬治・史坦布瑞納女婿的史提夫・史雲道爾（Steve Swindal）都感受到球隊山雨欲來的緊繃氣氛，他們都主動聯繫了凱許曼。

「藍迪．拉文試著勸我留下來，但是我拒絕了，」凱許曼說，「史提夫．史雲道爾也試著勸我留下來，我也拒絕了，於是他們兩個都跑去跟喬治報告說，『他要走了。』」

這個決定醞釀已久，自從洋基隊在二〇〇一年世界大賽敗給了亞利桑那之後，史坦布瑞納對球隊運作的干涉就越發頻繁，也更加無理；凱許曼物色了弗拉迪米爾．葛雷諾這樣的選手，但是史坦布瑞納卻偏偏要用蓋瑞．薛菲爾德、拉烏．孟德西，或是肯尼．洛夫頓（Kenny Lofton）來取代，然後等到球員表現不佳時又對著凱許曼大吼大叫。

同樣的事情在二〇〇四年又發生了一次，就在凱許曼努力想要和稱職的二壘手米蓋爾．開羅（Miguel Cairo）續約時，坦帕的大老闆辦公室瞄準的卻是另一位他根本沒有興趣的選手湯尼．沃麥克（Tony Womack）。

「各股不同的勢力，坦帕辦公室和紐約辦公室的對決，到最後變成一直有不同的人提出不同的球員名單，」凱許曼說，「湯尼．沃麥克就是個例子，我明明就在跟米蓋爾．開羅談續約，結果坦帕那邊說他們已經簽了湯尼．沃麥克，他根本就是個慘劇。」

「情況變得讓人無法忍受，」深受凱許曼信任的副總經理珍．艾芙特曼說，「布萊恩要應付老闆、要應付總教練、要應付媒體、要應付球團主管們；他每天要花超多精神對抗那些愚蠢的、毫無建設性的提議，真的無止無休，到二〇〇五年已經是要把人逼瘋的地步了。」

在季後賽敗陣出局之後，浮現出來的卻是一個全新的機會：洛杉磯道奇隊想要以雙倍薪水吸引凱許曼過去加盟。

「他已經談得差不多了，」艾芙特曼說，「他其實也很掙扎，但是真的談得差不多了，他是個死忠的洋基人，離開洋基隊是會讓他心碎的，但是當時的工作環境太折磨他了，他已經撐不下去，真的像要殺了他一樣。」

聽起來好像很極端，但是艾芙特曼堅持事實就是如此，她回憶起凱許曼確確實實在壓力之下整個人都萎縮了起來。

「布萊恩運氣真好，他碰上了壓力就會一直變瘦，而且越來越瘦，」艾芙特曼說，「有一次我跟他說，『要是你把舌頭伸出來然後側過來站，你看起來就要變成拉鍊了，』他的壓力真的很大，而且工作量超大，就像是一天工作三十六小時那樣，一下子坦帕那邊就丟一個東西過來，像個火球一樣炸過來，不停的對著他開火，我覺得到了某一個程度他肯定就覺得受夠了，人生苦短。」

拉文和史雲道爾建議史坦布瑞納，要他務必親自和凱許曼聊一聊。

「他太會說了，像個弄蛇人，」凱許曼說，「他把我叫去，跟我說『我聽說你要走了，為什麼你要離開我？』我就把所有的理由都一條條列出來。」

「我希望你可以得到最好的，」凱許曼對史坦布瑞納說，「你一定要找到一個你可以信任的人，這些年來你一直違背我的各種建議，然後球隊打不好你又要怪我，那些決定都不是我做的啊！現在最好的做法就只能是我離開了。」

史坦布瑞納問凱許曼說要怎麼樣才願意留在洋基隊，凱許曼說，他需要的是把整個棒球事務部門都集中起來，直接由總經理來負責，就像任何一個正常運作的企業那樣；他要史坦布瑞納把坦帕那間只有親信的山寨辦公室給關了，然後告訴大家，他，凱許曼，才是真正管事的人。

他認為洋基隊該要進入新時代了，負責評鑑大聯盟和小聯盟球員以協助交易的職業球員球探部必須從坦帕搬到紐約來，凱許曼要重新整頓這個部門，然後跟上潮流聘雇運動心理教練，幫助球員更有效地面對情緒管理上的問題。

最後，洋基隊需要更多預算和支援來追趕上奧克蘭運動家隊和波士頓紅襪隊，這些球隊早就已經在資訊分析的領域遙遙領先。

這些要求對於一個熱衷於微觀管理、又沉浸在洋基傳統和美式足球頑強心態之中的大老闆來說確實很多，但是史坦布瑞納毫不遲疑的就給出了他的答案。

「我要你留下來，想做什麼就去做，」大老闆這樣告訴凱許曼。

從這件事情上我們再一次看到喬治・史坦布瑞納在處理人際關係時的手法有多細緻，考慮得有多周詳。

數十年前的史坦布瑞納恣意雇用、開除，或是更動吉恩・麥寇爾和比利・馬丁的職務，而這兩人卻始終留在他的身邊沒有離去；他們的性格幾乎不可能會想要為一個像史坦布瑞納這樣的人工作，但是他們卻不斷回到他身邊。

凱許曼的情況也類似，但是關係卻又更深一層，他們雙方家庭的連結更深；約翰・凱許曼對於兒子布萊恩能夠主管棒球名門洋基隊深以為榮，因為在他自己的職業生涯，由他所主管的卡索頓農場在賽馬育種機構之中的地位就像是紐約洋基隊一樣。

「我爸是洋基隊的超級粉絲，」凱許曼說，「我爸想要我留下來，我告訴他在這邊的工作環境有多艱難，完全無法忍受，諸如此類的，但是說到最後，當喬治說出『為什麼你要離開我』的時候，聽起來就像是你的另一個爸爸告訴你說他受傷了。」

「道奇隊開給我的條件，薪資大概是……我留下來時喬治給了我每年兩百五十萬美元的三年合約，道奇隊開給我的條件是五年每年五百萬，我還是留下來了，畢竟我是一個忠心的人。」

「費城費城人隊的總經理派特・吉利克也跟我談了好幾次，他決定要在二〇〇八年退休，想要說服我過去費城，但是真正最有可能的兩支球隊是水手隊和道奇隊；我拒絕了道奇隊之後，他們就轉而雇用了內德・柯列提（Ned Colletti），除了一支球隊之外，每一隊都答應給我高薪，道奇隊的條件也是高薪，但是也許我就只想要留在紐約。」

「追根究柢，我推掉了這麼多不同球隊的高薪機會就只是因為我對一個人忠心，當年是他親手給了我機會，要是沒有他的話我什麼都不是；如果離開，之後的日子裏我會睡不安穩，我會無法面對我自己，我知道他要我留下來，我知道他的家人希望我繼續是他們的一份子，所以我還是留下來了。」

和吉恩・麥寇爾的情況一樣，如果光看凱許曼和史坦布瑞納之間糾結的歷史，你很容易會看到兩個互相怨恨的人，但是實際上他們對彼此的感受是愛，雖然那愛有毒。

「布萊恩和喬治互相尊重也互相欽佩，他們是分不開的，他們就像家人一樣，相愛相殺，他們的關係不光只是親近而已，」艾芙特曼說，「布萊恩的辦公室到現在都還掛著喬治的照片，但是他們的關係在二〇〇五年之前真的非常糟。」

在史坦布瑞納答應了凱許曼所有的請求、讓他可以放手整頓球團裏的棒球事務部門之後，整個球隊辦公室的氣氛確實有改善，洋基隊繼續在例行賽稱王，卻又在季後賽讓人失望，但是凱許曼終於可以心甘情願的接受這些結果，因為他知道所有的決定都是他做的，所以最後的勝敗成果也就應該由他來承擔。

然而只有一件事情是凱許曼和喬治・史坦布瑞納兩個人都沒能改變的，那就是大老闆已經年近八十，他的健康和認知能力都已經開始退化；二〇〇六年史坦布瑞納摔了一跤，更進一步影響到了他的表達能力和行動步伐，到了二〇〇七年他已經無法天天關心球隊的狀態了。

幾年前史坦布瑞納就以史提夫・史雲道爾為中心啟動了接班計劃，他是大老闆女兒珍妮佛・史坦布瑞納（Jennifer Steinbrenner）的丈夫，但是二〇〇七年二月史雲道爾在坦帕市因為酒後駕車而被逮捕，而且之後沒有多久他和珍妮佛就宣布了正在計畫離婚，史雲道爾也自此退出了洋基隊備位管理合夥人（Managing General Partner）的位置（史雲道爾對酒駕的起訴指控選擇不抗辯，最後獲得了緩刑）。

填補上這個空缺的是漢克・史坦布瑞納，但是他的出現卻在此時對凱許曼管理球隊造成了更多困擾；這並不是什麼私人恩怨，凱許曼和洋基隊中的大多數人一樣，都非常喜愛喬治這個大方健談的長子，但這卻是所有麻煩的來源。

由於完全沒有準備好要成為公眾人物，漢克對於記者的來電知無不言，把與交易相關的細節以及對自由球員的競逐全都說了出去；凱許曼慣於低調行事而且口風很緊，即使偶爾透漏一些訊息也全都是蓄意為之，他深知口無遮攔的公開發言對於正在洽談中的球隊和經紀人很容易就會產生負面影響。

漢克剛剛成為洋基之聲的時候，凱許曼正在和荷黑・波沙達的經紀人瑟斯・列文森（Seth Levinson）討論合約，當時波沙達是一位已經三十七歲自由球員，他想要一張四年的合約，但是凱許曼並不同意。

凱許曼和列文森的關係很好，對方也明確知道凱許曼不會接受四年的長度，於是雙方逐漸在三年合約上取得共識，但是在二〇〇七年十一月晚上，正在奧蘭多參加大聯盟總經理會議的凱許曼卻在房間裏收到了列文森傳來的簡訊。

「看來我們還沒談完。」這是簡訊的內容。

凱許曼搞不懂這是什麼意思，直到他連上了網路，才知道早上的報紙已經刊出了對漢克的訪問，他說洋基隊肯定會給波沙達他要的第四年，結果最後雙方簽下了四年五千兩百四十萬美元的合約。

在季後休兵期間，洋基隊開始商談交易明尼蘇達雙城隊的王牌投手尤漢．山塔納（Johan Santana），漢克卻以實況轉播的方式把其中細節全都告訴了記者，甚至還透露了球隊正在企圖說服艾力克斯．羅德里奎茲不要執行合約中的逃脫條款。

凱許曼並不建議球隊簽回羅德里奎茲，他對選手本身沒有意見，畢竟在羅德里奎茲和基特的冷戰期間他是支持羅德里奎茲的，而羅德里奎茲也剛剛被選為美國聯盟的最有價值球員；但是不管是哪一支球隊的總經理，都會選擇寧可把這一大筆錢分散開來投資在不同選手身上，結果史坦布瑞納家族和拉文直接就和羅德里奎茲簽下了十年的新合約。

比起凱許曼在二〇〇五年決定回歸之前的那些亂象，現在的狀況根本算不上什麼，他仍然掌控了整個棒球事務部門，同時也持續加強球隊在資訊分析上的投入；他被授權可以留下菲爾．休斯（Phil Hughes）、喬巴．張伯倫（Joba Chamberlain）以及伊恩．甘迺迪（Ian Kennedy）等幾位他非常看好的潛力投手，而且多年之後凱許曼也親口承認二〇二〇年逝世時年僅六十三歲的漢克．史坦布瑞納「是個善良的好人。」

漢克是個懂棒球的人，也曾經花了數十年的時間在高手身邊學習，「我還在讀高中的時候我哥就在紐約上班了，」海爾·史坦布瑞納說，「他在老棍麥寇爾底下工作，他們感情很好。」

但是隨著漢克越來越多話，球隊高層開始擔心他對小報媒體太過信任，就像一位高階主管說的，「他們把漢克·史坦布瑞納塑造成了一個像是大老闆再臨的角色，然後這列車就失控了，於是整個家族不得不介入，由海爾出來收拾局面。」

海爾·史坦布瑞納於二〇〇八年十一月二十日以三十八歲之齡接手成為洋基隊的管理合夥人，這是球團歷史上很重要的一刻，因為球團最高層的經營風格再也不是他父親的反覆無常，也脫離了他兄長立意良善但毫無章法的管理模式。

在二〇〇八年之前，外界對於喬治內向到近乎害羞的次子幾乎一無所知，但是多年來他早已沉浸在棒球的世界裏；當他任職於家族內的運輸以及旅館事業時，他的辦公室就被設在洋基隊春訓基地的傳奇球場（Legends Field），就和他父親的辦公室一起。

「我的辦公室就在喬治隔壁，」海爾說，「我對旅館事業培養出了高度的興趣，還有我們在坦帕的拖船、五大湖區（Great Lakes）的船運等等，這些我都認真投入過，但是我總會被拖進洋基隊的會議裏，這讓我很開心，也許你不認得我的臉，但是喬治就是故意把我的辦公室放在他隔壁的。」

海爾的性格也比較符合凱許曼想要讓洋基隊更現代化的努力，他更加理智也更加注重證據，他會耐心聆聽各方面的建議，而且極少提高音量。

反。

海爾的個性和他父親截然不同，差異大到會讓人懷疑他是不是刻意要和他口中的喬治完全相反。

「我知道你在問什麼，」海爾在被問到這個問題的時候說，「不是這樣的，我沒有故意去和他不同，真相就是我們本來就完全不同，我覺得我比較不衝動、比較有耐心、在做決定的時候也比較重視分析；我不喜歡聚光燈照在身上，那不是我的個性，但是那並不是我故意決定說，『我一定要證明給大家看我和他不一樣』，因為根本就不需要，這本來就已經很明顯。」

「我很重視決策授權，我不喜歡微觀管理，這不是什麼戰術之類的，而是我就不是這樣的人，我不想去扮演一個不是我的角色，我就是我，我要盡力為我的家族做到最好。」

海爾對忠誠度的重視就和凱許曼相當，當喬治・史坦布瑞納在二〇一〇年以八十歲高齡過世時，海爾和凱許曼已經培養出幾乎像是家人一般的合作關係。

他們會攜手邁進一個已經與瘋狂的一九八〇年代毫無相似之處的、嶄新的棒球年代，但是在那之前，凱許曼必須先去為那個已經衰敗破落的王朝世代畫上句點。

# 23 垃圾話

「我聽說你講了一些關於我的垃圾話，」德瑞克．基特說。

這是大概二〇〇六或二〇〇七年在老洋基球場的時候，球隊內部已經分裂得不成樣子了。「這樣說好了，D. J.[61]，」布萊恩．凱許曼回答道，「如果說垃圾話的意思是說，我說你對羅德里奎茲不好，你的隊友們對你的行為有意見，而且他們已經覺得不舒服，這些話我都已經當面對你說過了。」

「如果是說你的防守還有你橫移的範圍，這些話我已經當面對你說過了，如果是說你太注重個人隱私、跟大家都保持距離，這些我也對你說過了，如果你覺得這就叫做我說了關於你的垃圾話，那我已經全都當著你的面對你說過了。」

沒有什麼人會用這樣的態度對基特說話，但這就是凱許曼，他接著說，「你覺得這些話是從哪裏來的？這些都是從你們球員休息室傳過來讓我知道的，那些和你一起贏過冠軍的人，那些你敬重的隊友，是他們告訴我的。」

「是誰？你說啊！」基特問道。

「我不會告訴你是誰，」凱許曼回答，「但是我的職責就是要面對這些問題。」

「布萊恩總是說，『如果我是醫生的話，我對病人的態度肯定很差，』」珍．艾芙特曼說，「他不是那種充滿溫暖跟關懷的人，他對他們一律有話直說，而且選手都知道他不會說謊，這一點真的非常重要。」

「有話直說是最簡單的，」凱許曼說，「立場要堅定。」

凱許曼在那一段對話所提出的許多意見裏，他最在意的還是基特對於艾力克斯．羅德里奎茲不夠支持。

這已經是羅德里奎茲在洋基隊的第三個球季了，但是他在球賽的重要關頭還是無法穩定立功，還是會在主場聽到球迷的噓聲，而且這些噓聲越來越大，凱許曼希望基特能呼籲球迷收斂一點。

基特和羅德里奎茲之間的關係有多糟？最鮮明的例子就發生在二〇〇六年八月十七日的比賽中，當時兩人都往內野左側移動準備要接殺一個高飛球，但是沒有任何人喊聲，於是球就落在了

61 美國人有時擷取姓名的第一個字母做為暱稱，所以德瑞克．基特亦可被暱稱為D. J.。

內野的紅土上。

「布萊恩對基特說，『你是球隊的隊長，』」艾芙特曼說，「『你不能在隊友當中挑三揀四的，你是球隊上每一個人的隊長，』這句話應該是非常有說服力的。」

「艾力克斯被噓的時候我確實有去堵基特，」凱許曼說，「如果你把時間往前轉個幾年，傑森．吉昂比被噓的時候，他就公開說了球迷不應該噓吉昂比，他們應該要支持我們的球員，那是因為他喜歡吉昂比，所以他就公開替他辯護；所以我就問他了，『為什麼那一次你就願意出來說話？』因為對於羅德里奎茲，基特的立場一直都是『我又不能要求我們的球迷要怎麼做。』」

基特在他二〇〇二年的紀錄影集中談到了這些對他的指責，算是吧？「你他媽的想要我怎麼樣嘛？」他說，「我知道他在說什麼啦！但我還真不知道他們到底想要我做什麼。」

艾芙特曼說，「幫基特說句話，其實我也不知道當時大家能叫他幹嘛，我一直很喜歡基特，我覺得他很幽默，但他也不是一個會對大家表現出溫暖與關懷的人，那就不是他的風格；我猜大家是希望他能公開幫艾力克斯說些話，支持他，但是這就偏離他的本性太遠了。」

關於基特和羅德里奎茲之間的各種謠言在當年就四處流傳，不會有人天真到相信他們會是好朋友，但是沒有人知道的是，在球隊內部，他們兩人的關係更加惡劣。

二〇〇七年五月，《紐約郵報》在頭版刊登了一張在多倫多拍攝的照片，主角是羅德里奎茲和一位不知名的女子。

「出軌羅，」標題上這樣寫著，「艾力克斯在脫衣酒吧與神祕金髮女同歡」。羅德里奎茲已婚，但是婚外情這種事在棒球界從來就不會對球隊造成影響；一位洋基隊高層人士指出，真正的問題是有一位與羅德里奎茲友好的球隊人員企圖說服他，說是基特的人向攝影師透露他行蹤的。

這只是八卦耳語，完全沒有任何證據顯示基特與那張照片有任何關係，但光是這樣的指控就足以證明這支球隊和這兩位大明星之間的裂痕與不信任感有多嚴重；基特和羅德里奎茲幾乎每天晚上都並肩鎮守洋基隊的內野左側，但是球迷卻一點都不知道表面之下有著這些洶湧的暗流在滾動著。

就像凱許曼在基特質疑他時所說的，羅德里奎茲並不是他唯一在意的問題，事實上越來越令他難以忍受的另一件事反而是基特無法控制的，那就是長久以來球隊中的教練、甚至是連總教練都不願意再對基特有話直說。

凱許曼並不願意再討論那些過去的對話，但是根據一位球隊高層回憶，二〇〇〇年代初期三壘教練威利・藍道夫曾經對球隊高層抱怨，說基特在賽前內野守備練習的時候和內野手路易斯・索荷（Luis Sojo）嬉鬧，沒有專注準備比賽，而且這些心不在焉的態度甚至到了比賽開打之後都沒有收斂。

這位球隊高層告訴藍道夫說應該要去糾正基特，幾天之後藍道夫回報說他已經照辦。

後來這位高層和基特提起這件事的時候，這位洋基隊長說，「威利根本連話都沒有跟我說過。」

幾年之後，棒球事務部開始討論起基特遲早必須要更換防守位置，雖然他的防守範圍開始縮減，但是基特往後追逐飛球的能力仍在，於是球隊內部認為變更到中外野去對他會有好處，就像名人堂球星羅賓．楊特（Robin Yount）在職棒生涯晚年所做的調整一樣。

有兩位球隊高層表示，總教練喬．托瑞告訴他們說基特拒絕變更防守位置。

但是在被問到的時候，基特還是說，「他沒有跟我說過這件事。」

曾經關係緊密的凱許曼和托瑞此時已經漸漸疏離，雙方對於讓基特更換防守位置這件事意見相左，而托瑞又如同基特一般不願意全心接受艾力克斯．羅德里奎茲融入球隊，這些事都更加深了凱許曼和托瑞之間的裂痕。

在二〇〇〇年代，球隊高層都看出球隊內部的階級差異越來越明顯，和托瑞一起贏過世界冠軍的是一邊，沒有贏過的就是另外一邊；外野手蓋瑞．謝菲爾德和肯尼．洛夫頓曾經向球隊高層抱怨，說托瑞在與他們談話時因為他們是黑人而語氣有所不同，球隊高層在讓他們發洩完不滿之後，給出了另一個解釋。

「洛夫頓和謝菲爾德認為托瑞的態度是種族歧視，」一位洋基隊主管說，「我們努力說服他們說那和種族沒有關係，他只是偏心而已；如果你有冠軍戒指，他會用一種方式對待你，如果你沒有，那就是另一種態度。」

托瑞嚴詞否認他對謝菲爾德和洛夫頓有任何種族偏見。

「喬變了，」同一位洋基隊主管說，「比賽結束後變得很難進到他的辦公室，有時候是各種名人，有時候是他代言的碧蘿精品茶（Bigelow Tea）贊助商，就算你只是想要進去打個招呼，你都會被這些人給擋在門外；很像是擔任道奇隊總教練多年的湯米・拉索達（Tommy Lasorda）生涯後期，連總教練自己都變成明星了，但要是安迪・派提特或是伯尼・威廉斯或是基特想要進去，那就是『嘿！進來進來！』」

隨著兩人漸行漸遠，可以預期的是托瑞認為凱許曼變得和以前不同了，而不是他自己變了；從總教練的眼中看來，凱許曼開始太過依賴新聘雇進來的、那些以數據資料為出發點的人員，他已經不像以前那樣信任托瑞了。

托瑞在二〇〇九年出版的《我在洋基的日子》中透過湯姆・弗杜齊以第三人稱的方式吐露了當時的心情：

「小凱，你變了，」托瑞說道。

「我沒有。」凱許曼答道。

幾個段落之後，托瑞提到了一個引人深思的細節，但是卻沒有詳細說明：

「春訓的時候我們吵了一架，」托瑞說，「幾天之後我先道了歉，因為我真的很喜歡小凱，我問了別人說，『是我的問題還是他真的變了？』球隊是他在管，我能理解他有他想要的方式，我只是希望他能夠信任我，我一直都對他很忠心的。」

多年以後凱許曼仍然不願意去談那次「吵架」的內容，但是洋基隊的消息來源說，托瑞在書中所暗示的事件其實也正是他和凱許曼關係破裂的起源。

二〇〇六年史坦布瑞納和托瑞決定要讓洋基隊傳奇投手羅恩．吉德里來擔任投手教練，接替即將退休的梅爾．史陶德邁爾，這對極力嘗試要將洋基隊帶進新時代的凱許曼來說，並不是個好決定。

棒球事務部都認同吉德里是一個好人，一位當時的高層也說「每個人都愛他」，他是一位知識淵博的投手，但是在運用科技上卻已經跟不上時代了。

「小凱完全不想碰吉德里，是因為吉德里沒有任何經驗，」托瑞在他的書中這樣寫道，「他喜歡有經驗的人，這我懂，但是我的處境很尷尬，因為我曾經無意之間在和喬治會面的時候提過吉德里這個人；我知道小凱去找過喬治說吉德里經驗不足，因為我知道比利．艾普勒也不喜歡吉德里，我想喬治會決定要用吉德里就是因為他聽我提過這個名字而已。」

艾普勒當時擔任球隊的職業球員球探長，是一位逐漸受到凱許曼重視的智囊，他並不討厭吉德里，但是春訓開始之後，球隊發現吉德里在投手練投的時候完全沒有注意投球的數量，這種老派做法讓球隊高層開始擔心投手會有受傷的風險。

「情況很糟，」一位球隊高層說，「一下子我們受傷的風險變得非常高。」

會造成這種壓力的另一個原因，就是托瑞多年來過度使用中繼投手的習慣，從拉米洛・門多薩（Ramiro Mendoza）到史考特・普洛克特（Scott Proctor）到坦尼恩・史都瑞茲，只要獲得托瑞的信任，就會被大量使用直到他們疲憊不堪，甚至受傷為止。

多年來凱許曼一直嘗試著要提出修正，但總是徒勞無功。

「他已經連續投了五場比賽了，」他會這樣提醒托瑞。

「他說他覺得很好，」托瑞總是這樣回答，「他說他覺得棒得不得了。」

「當然他會這樣說啊！」凱許曼說，「你是喬・托瑞，這孩子就那麼一點薪水，你覺得他會怎麼回答你？」

狀況最糟的是二〇〇七年當洋基隊將最佳潛力投手喬巴・張伯倫升上大聯盟時，球隊高層安排他擔任中繼投手，並且特別為他訂定了嚴格的使用規範，要求總教練托瑞要照規定使用；洋基隊對外宣稱這些是「喬巴規則」，但是事實上一位球隊高層就說，「應該要說這是喬・托瑞規則才對。」

也正是因為如此，在此時引進一位對春訓期間投手工作量看法較為老派的投手教練才會這麼讓人緊張。

二〇〇六年當他們初次開會的時候，球隊高層詢問吉德里每一位投手每次先發時的局數和投球數要如何安排，才能做好球季開打的準備，吉德里的回答卻是「看他們愛投多少都行」，這讓球隊非常擔心。

吉德里並不是故意在找麻煩，因為這就是他一九七〇到一九八〇年代擔任投手時所習慣的準備方式，他是一個出發點良善的人，卻很不幸的卡在了兩組理念完全不同的人馬中間。

「在我們那個年代，投手自己覺得怎麼好就怎麼做，」吉德里說，「我在牛棚練投的時候會投三十球，大概十五個快速直球和十五個滑球，就看我那天覺得怎麼樣，有時候我會投十個快速直球和十五個滑球，有時候是五個快速直球我就夠了，沒有在算時間也沒有在算投球數，完全就是看我們自己感覺如何；有時候我甚至在該練投的那天完全沒有投球，我就覺得我今天想休息，反正那時候都是我們投手自己決定，在牛棚裏想怎麼練就怎麼練。」

職業棒球到了二〇〇六年已經進步到球隊高層必須掌握更多與投球訓練有關的資訊，例如春訓期間先發投手會每個星期一、三、五都在牛棚練投嗎？中繼投手呢？他們的投球數量又要如何提升？

吉德里說他不會去計算投球數，他會依照實際投球的時間來衡量牛棚練投的進度，例如說星期一投十分鐘、星期三投十二分鐘、星期五投十五分鐘等等；這不免讓球隊內部擔心，節奏比較快的投手會不會一不小心就投球球數過量，而動作比較慢的投手反而會訓練份量不足。

緊繃的壓力和彼此的不信任感，終於在有一次中繼投手寇特・比恩（Colter Bean）因為膝傷開刀復健的牛棚練投之後爆發。

在春訓初期，每天球隊辦公室收到的投手紀錄表上登記的是每位投手都投了三十球；球隊內部人員對此感到懷疑，因為既然吉德里都說了他會依照實際投球時間來衡量練投進度，而不是依照投球數量，那怎麼可能每個人的投球數量都剛剛好是三十球呢？

那年春天凱許曼在春訓基地各處都安裝了攝影機，讓球隊可以觀察並記錄所有球員的訓練數量，並藉此評估各種訓練方式的成效，做為日後調整訓練內容的依據。

既然球隊內部對三十球的投球數量有疑慮，有人提議從牛棚練投的紀錄影片來實際計算投手的投球數。

影片的內容讓球團內部人員感到震驚，一個消息來源指出，受傷復健中的中繼投手比恩大約投了八十球，大幅超出了他應該有的投球量，如果以健康的先發投手來做對比，麥克・穆西納（Mike Mussina）才投了大約三十球。

十五分鐘的牛棚練投要投到八十球的投球量聽起來有點不可思議，這幾乎是每隔十一點二五秒就要投一球，當年的影片現在已經找不到了，無法確認真正的內容，但是不管實際上的練球時間是多久，或是比恩到底投了多少球，結論就是他的投球份量確實太高。

「老實說我真的不記得這件事，」吉德里說，「我不是說這件事沒發生，我不是說我不在場，我說的是我不記得；就算我在場，也許牛棚練投之後發生了什麼事是我不知道的，如果他們真的吵了一架，大概就是之後才發生的，我不記得在我面前有發生過什麼意見爭執，他們兩個人我都喜歡，我喜歡在喬的手下做事，他是個很好的朋友，凱許曼也一直都對我很好，他每年都邀請我去參加春訓。」

「說不定我還真的丟了八十球，」二〇二三年比恩在他位於阿拉巴馬州（Alabama）韋斯塔維亞山丘市（Vestavia Hills）一家商業保險公司的辦公室中接受電話訪問，他說，「我沒有去數，因為沒有人告訴我說今天要投二十五球、三十球、還是多少；我只是個努力想要留下來繼續職棒生涯的人，腎上腺素一定會比較高，投球的動作也肯定會比麥克．穆西納快，畢竟他只是來熱個身，練完了就可以回家去打高爾夫球。」

不光只是比恩一個人而已，整體來說，先發投手的訓練份量像是中繼投手，中繼投手的訓練份量像是先發，復健選手的投球份量又太重，而且完全沒有人在計算投球數；更糟糕的是那些記錄著每個人都投三十球的投手紀錄表擺明了就是在扯謊。

「我們的團隊薪資有一半都花在投手上，然後我們根本沒有一個投球的訓練計畫，」一位球隊主管說。

凱許曼向托瑞提出了質疑，結果兩個人就大吵了一架，戰功彪炳的總教練認為他的頂頭上司居然像個間諜般的在監視他，而總經理則懷疑他是否還能繼續信任托瑞對他所說的任何一句話。

就這樣，兩人之間曾經一起贏得四座世界冠軍的親密關係就因為寇特．比恩這一位大聯盟生涯只有六場比賽的受傷球員而決裂。

但是問題並不是比恩，也不在吉德里身上，吉德里至今仍深受洋基隊及凱許曼喜愛，並且直至二〇二〇年代都持續被邀請到春訓擔任客座教練；這只是凱許曼和托瑞之間一度成果非凡的情誼，在經歷了持續衰敗之後最終的一道裂口。

托瑞當然會對新攝影機和新規定覺得不滿，凱許曼對於錯誤陳述每位投手都投了三十球的紀錄表當然也有生氣的理由，這些都可以理解，但是結局就是這兩人基本上已經受夠了彼此，再也無法繼續下去。

「我知道凱許曼和托瑞他們對彼此都有意見，而且我大概猜到問題是從我身上開始，」比恩說，「〇七年球季開始前凱許曼有打電話給我，他說他把一堆數據資料都拿給了托瑞和吉德里看，我個人認為他是在幫我爭取機會，我對他說，『你是總經理啊！難道不是你做決定嗎？』他給我的回答是，『沒那麼簡單。』」

「在那一刻我就知道事情不是表面上看起來那樣，我知道有一些衝突，很明顯布萊恩對於球隊的運作有一些想法，而喬的想法卻不一樣，我認為在喬離隊之後，布萊恩證明了他的方法才是對的；有一件事我注意到的就是球隊內部的氣氛，當年我在那邊的時候，跟二〇〇九年他們找來尼克·史威瑟（Nick Swisher）然後贏得世界大賽的時候相比，真的是天差地遠。」

比恩在二〇〇九年拜訪了球隊，那是喬·吉拉帝擔任總教練的第二年，他發現二〇〇六年和二〇〇七年球季他所親身經歷到的那些緊繃情緒全都消散一空，二〇〇九年的洋基隊感覺很快樂，和幾年前比起來差別相當明顯。

「我還在那邊打球的時候，只要媒體一離開我們就會跟著解散，」比恩說，「大家都消失不見了，我們隊上有好多大明星，就像是好萊塢一樣；基特不太與人來往，在我們有過的幾次互動他都對我很好，他是所有超級大明星裏面的超級大明星，他對我很好，但是他和羅德里奎茲還有吉昂比之間的關係就很詭異，我覺得其實很糟；從球隊的角度來說，大家花那麼多時間在一起，氣氛總是該好一點，但是他們沒有任何互動，老實說那就是為什麼他們沒能贏球。」

托瑞的合約在二〇〇七年球季結束之後到期，洋基隊提供了一份以成績表現做為標準的新合約給他，托瑞覺得這是羞辱，他認為自己在十月份季後賽的表現不需要用獎金來激勵，於是他回絕了這份合約，也就此結束了這段搭檔關係；就和離婚一樣，冰凍三尺非一日之寒，分開只是最後的結局而已。

在兩人因為比恩而起了爭執之後，凱許曼和托瑞對於另外一件事也產生了不同的看法，事情發生在二〇〇六年季後賽結束之後；那年洋基隊再度登上美國聯盟東區王座，他們在五戰三勝的分區系列賽第一戰大勝底特律老虎隊，但是接下來的兩場都因為陷入低潮而敗戰。

艾力克斯・羅德里奎茲是打線低迷的主要原因，一整年他表現出色，但是仍然因為在重要關頭屢交白卷而備受打擊；主場球迷的噓聲猛烈，而凱許曼多次勸說基特為他說幾句話也徒勞無功。

羅德里奎茲在季後賽陷入了十一次打擊只有一支安打的低潮，而洋基隊也被逼到了淘汰邊緣；洋基隊的教練團自總教練托瑞以下全都是老派的退役球員，包括了李伊・馬齊里（Lee Mazzilli）、拉瑞・波瓦（Larry Bowa）、唐・麥汀利等人，還有特別顧問瑞吉・傑克森，他們在第四戰開打前的早上有了一個激進的想法。

「那天早上我們到球場的時候，喬正在和教練們說話，」馬齊里說，「他說，『我在考慮要做個改變，你們覺得怎麼樣？』」

這所謂的改變就是要把羅德里奎茲降到打線的第八棒，這位置通常都是球隊打擊最差的打者，於是馬齊里、波瓦、麥汀利還有傑克森幾個人就開始做出討論。

「喬想了很久，然後就貼出了他的先發名單，」馬齊里說，「要把艾力克斯下放到第八棒是很折磨人的決定，喬的出發點是好的，這完全不是什麼懲罰，而是要讓他能換換手氣；我們覺得讓他少點壓力，說不定從第八棒可以打出一支三分全壘打來延長打線。」

這一個決策程序完美呈現了職業棒球從二〇〇六年到二〇二〇年之間經歷了多大的改變；在現在的職棒環境裏，包括凱許曼的洋基隊在內，所有球隊高層都會對比賽的先發名單提出意見，特別是在季後賽的時候。

比賽備戰是一個團隊的合作，參考到的數據資料甚至細微到要分析特定打者的揮棒軌跡是否能應付對方投手的滑球路徑，總教練的直覺只是其中的一部分而已，而且沒有任何一位總教練會在完全不告知球隊高層的情況下就任意對明星球員做出重大調度。

但是這樣的事在當時偏偏就發生了，沒有人想過要通知凱許曼，直到一切都已經太遲。

他極力反對這個決定，羅德里奎茲也是，他告訴與他最親近的教練波瓦說他覺得受傷了。

「但是他沒有對任何其他人說過一個字，」波瓦說，「他內心大概深受煎熬，但是他只能堅持他的專業態度。」

那天洋基隊輸球，羅德里奎茲三次打擊都無功而返；一個成績優異但最後卻功虧一簣的球季就這樣以敗戰做為結束。

一位球隊主管記得曾經問過托瑞是否擔心將羅德里奎茲降到打線末段會讓他覺得難堪。

「管他去死，」這位球隊主管記得托瑞的回答（托瑞嚴正否認這樣說過），「第八棒是第四棒的兩倍啦！」

# 24 療傷、贏球、爭鬥

二〇〇八年新任總教練喬・吉拉帝所率領的洋基隊錯過了季後賽，布萊恩・凱許曼認為球隊內部四分五裂，而德瑞克・基特就是問題之一。

「以前我們的球員休息室裏很沉悶，基本上沒有什麼快樂打球，只有洋基之道，洋基隊就是這樣，」一位當時洋基隊的成員說，「我覺得基特他……好像贏球只有一種方法，你就是照著路線前進，要用讓人尊重的方式贏球，每個人都要盡到本分；但是後來很多事情都改變了，我們可以展現情緒了，可以碰拳頭，贏球了就算要想像是在敵人墳墓上跳舞都行。」

有些球隊人員甚至偷偷稱呼基特和他的親密戰友荷黑・波沙達是「易怒老人」，或是把他們比做是電視節目《大青蛙劇場》（The Muppet Show）中的兩個知名布偶劇角色史泰德勒和華爾道夫（Statler and Waldorf），兩個總是在包廂座位上批評抱怨的老頭。

洋基隊專業認真的態度在一九九〇年代功效卓著，但是對喬巴・張伯倫、菲爾・休斯、羅賓森．坎諾（Robinson Canó）以及梅基．卡布瑞拉（Melky Cabrera）這些年輕球員來說已經太過嚴苛。

球員休息室內部的氣氛和互動關係並不是那麼單純，即使是球隊成員也很難取得共識，在基特職業生涯的中期到後期，有些隊友覺得他是「我這輩子遇過最偉大的領導者，」有一位球員這樣說，是一個在內部會議時表達意見最完美，最能夠贏得隊友敬重的隊長。

但是很多新世代的年輕球員都比較能對羅德里奎茲產生共鳴，基特互動的對象通常僅限於他信任的一小圈子朋友和家人，於是這也讓羅德里奎茲逐漸成為了洋基隊新風貌的中心人物。

「我的第一套西裝是他買給我的，」二〇〇七年第一次登上大聯盟的張伯倫說，「我從來都沒有過自己的西裝，而且有時候在比賽中我會看向艾力克斯，有些狀況之下他會幫我配球，他會給我一個暗號然後我就會覺得，好，沒問題了。」

「當那些年輕球員開始到來的時候，艾力克斯就找到了自己的定位，」洋基隊二〇〇六年和二〇〇七年的三壘教練拉瑞．波瓦說。

「我看過他們剛好去了同一家餐廳，艾力克斯就會把帳單都付了，他會幫羅比（羅賓森．坎諾）和梅基買單；對這些年輕球員來說，有人幫忙買單，還從男士服裝店買了西裝，這會讓他們非常感動。」

即使已經是高薪的明星球員，羅德里奎茲仍然會每天早上八點半和波瓦一起到春訓基地的後球場去，一天又一天的幫著坎諾練習接滾地球、加強他的工作態度，也幫他打好在二壘的基本功。

老前輩們似乎就隔著鐵絲網看著這些新來的，從羅德里奎茲、到坎諾、到張伯倫，還有卡布雷拉，不管是誰，只要不是當年洋基王朝的一份子，那就是新來的；於是在二〇〇八年球季結束之後，凱許曼終於覺得他必須要出手來修補這些裂縫了。

他的第一步就是以自由球員合約簽下王牌投手CC沙巴西亞（CC Sabathia），除了出色的投球能力之外，沙巴西亞最為人樂道的就是他幾乎和任何人都能和睦相處；除此之外，凱許曼還簽下了天賦優異但情緒善變的先發投手A. J.柏奈特（A. J. Burnett）補強先發輪值。

接著他又以重金簽下自由球員一壘手馬克．特薛拉，特薛拉並不像沙巴西亞那樣具有改變球隊氣氛的能力，但他卻是比爾．利弗賽球員分類系統中最理想、最典型的一壘手，具有頂尖的守備能力，又同時具備安打和長打的攻擊火力。

凱許曼同時也透過交易換來了充滿活力又詼諧幽默的尼克．史威瑟，他的到來讓波沙達感到煩躁，但是立刻就讓球隊氣氛活絡了起來；二〇〇六年加入球隊的強尼．戴蒙（Johnny Damon）一向和善可親，只是因為尊重基特的存在才一直靜聲低調，在這些嘮叨碎嘴的新隊友加入之後，他的開關也被重新打開。

突然之間二〇〇九年的洋基隊開始在休息室播放音樂了，他們還會在逆轉獲勝之後往隊友的臉上砸奶油派；就算這些原本不是基特的風格，在球隊開始連勝之後他似乎也默許了這些改變。

即使是當羅德里奎茲長年使用禁藥的新聞初次被爆發出來，這個新團隊的韌性也已經足以挺過風暴而不受影響；時間是二〇〇九年二月，《運動畫刊》揭露了羅德里奎茲在二〇〇三年未能通過藥檢，這徹底粉碎了羅德里奎茲乾淨的運動員形象，也引發了紐約八卦媒體一連串的追逐報導。

羅德里奎茲在洋基隊春訓基地召開了記者會，坦承自己在為德州遊騎兵隊效力時曾經注射過能強化表現能力的禁藥。

「我在此表達我的歉意，」他說，「我想說的是在某些層面上我希望自己曾經去讀過大學，能夠正常成長，你知道的，人在年輕的時候總是傻，又年輕又笨，這兩件事就是我犯下的錯。」

隊友都被鼓勵參加這次的記者會，他們大多都站著，臉色嚴肅，搞不清楚到底為什麼要到場。

要是這樣的重大事件發生在前幾年，特別是主角又是羅德里奎茲，那整支球隊很可能就會因此而陷入低迷；這幾年來洋基隊靠著艱苦努力才勉強維持住優異的戰績，而多數時候拖住球隊腳步的都是基特和羅德里奎茲之間暗流洶湧的低調冷戰。

這一批新的洋基隊成員似乎輕鬆許多，他們擺脫了類固醇的新聞影響之後就繼續前進；然而球季一開始並不是那麼順利，因為資深的老前輩們和這些新來的仍在找尋共處之道。

四月十三日洋基隊以十五比五敗給了坦帕灣光芒隊，為了節省牛棚投手，總教練喬・吉拉帝在第八局換上史威瑟來投球，史威瑟不但沒有失分，還三振了蓋柏・凱普勒。

之後在近乎寂靜的純品康納球場（Tropicana Field）客隊休息室中，史威瑟興奮的談論著他意想不到的初次投球。

「我覺得很好玩啊！」他告訴聚集在身邊的記者們說，「我什麼時候還會有機會再投球？大概永遠不會……我們都知道這場比賽沒打好，但是最少現在我找到一件可以讓我覺得開心的事。」

波沙達就站在自己的置物櫃前怒瞪著史威瑟，眉頭緊皺；整整十年之後，波沙達在接受作者馬克・凡恩賽德（Mark Feinsand）及布萊恩・霍克（Bryan Hoch）為新書《第二十七號任務》（*Mission 27*，暫譯）所做的訪問時，再次強調了他對史威瑟在慘敗之後的嘻鬧感到不滿。

「在被痛揍了一頓之後是不能這樣子笑鬧的，」他說，「我知道他覺得站上投手丘投球很有趣，但是在那之後他居然還接受訪問有說有笑的，我沒有辦法接受輸球還這樣子笑嘻嘻的，這不是我們該有的態度。」

確實，這不是他的態度，也不是基特的、喬治・史坦布瑞納的，或是比爾・利弗賽的、巴克・休瓦特的，甚至不是布萊恩・凱許曼的，但是不管再怎麼緩慢，洋基隊都正在經歷改變，有些類似的陣痛一直持續到了夏天。

六月二十三日洋基隊以四比〇敗給了亞特蘭大勇士隊，這是他們在十三場比賽中輸掉的第九場，這支新組成的昂貴球隊目前為止戰績只有三十八勝三十二敗。

在家中看著球隊輸球的凱許曼覺得他必須要對球隊說說話了，他極少這樣做，但是持續低迷的進攻打線逼著他更改了原定的行程，他取消了原本要開車去賓夕法尼亞州（Pennsylvania）穆希克鎮（Moosic）看洋基隊三A比賽的計畫，改訂了機票飛往亞特蘭大。

第二天下午他走進了球員休息室，他用平穩但堅定的語氣告訴所有打者們說，洋基隊突然忘記了自己的實力有多強，也忘記了對手其實對他們有多恐懼，他們應該要放鬆心情，然後站上場去發揮自己該有的實力。

在那之後洋基隊就順利起飛，在剩下的球季裏拿下六十五勝二十七敗的戰績；球季結束時他們一共拿下一百〇三勝，以多年來最完整的戰力邁進了季後賽。

在第一輪等著他們的對手是明尼蘇達雙城隊，洋基隊通常佔有壓倒性的優勢，但是這一次的季後賽卻讓他們承受著明顯的壓力；凱許曼在球季前花了重金重組球隊，接下來例行賽的優異戰績更讓外界期待洋基隊能繼二〇〇〇年的地鐵大戰之後再次奪下冠軍獎盃。

第一戰的先發投手沙巴西亞一開始就落後，比賽到第四局下半打成二比二平手，史威瑟在兩人出局的情況下站進打擊區，一壘上則是跑者羅賓森．坎諾。

就在此時，一則來自吉恩．麥寇爾球探大軍的深入觀察幫洋基隊一舉奪走了系列賽的掌控權。

朗恩・布蘭德，就是一九五〇年代晚期和麥寇爾一起在匹茲堡海盜隊小聯盟打球、一九九七年發掘出史考特・布洛修斯潛力的那位朗恩・布蘭德；他在系列賽開打前一直在注意著雙城隊，而他所發現的一個細節在尼克・史威瑟將兩好兩壞之後的一球打向左外野邊線時，就成了洋基隊扭轉局勢的關鍵。

那一球沿著邊線彈向了界外區，在撞上了牆之後反彈向左外野手戴爾蒙・楊恩（Delmon Young）。

「戴爾蒙・楊恩在傳球的時候總是會把球丟到隊友的腳邊，」布蘭德說，「永遠不會是在胸口的高度，這讓隊友很難順暢的接球之後再轉傳出去，所以我們告訴三壘教練羅伯・湯姆森說，『只要有球打到左邊去就開綠燈，逼他傳球到本壘去。』

「第一場比賽當尼克・史威瑟把球打到左外野角落時，坎諾就回來得分了，坎諾的速度並不快，這應該是一個硬碰硬的場面，但是從外野回傳的球果然被傳到內野手腳邊，所以他就安全得分了，比賽就是這樣贏的。」

確實如此，楊恩撿起了球就往回傳，但球在到達游擊手奧蘭多・卡布雷拉（Orlando Cabrera）之前就落地反彈，湯姆森直送坎諾往本壘衝，而卡布雷拉的回傳球也傳歪了，洋基隊取得領先也掌握了系列賽的優勢，再也沒有鬆手。

在電視轉播上，分析師羅恩・達令（Ron Darling）對湯姆森積極搶攻的跑壘決策表示讚賞，也提及了球探報告的內容。

「戴爾蒙．楊恩攔截那一球處理得非常好，」達令說，「問題是他拿到球之後回傳給奧蘭多．卡布雷拉的時候傳了個反彈球，球的力道就弱了……我很欣賞羅伯．湯姆森的決定，三壘教練就是要這樣，在兩出局的時候拚一下。」

對辛勤工作為球隊獲勝做出貢獻的球探來說，這是他們最感到欣慰的一刻，而這次球探報告的建議經由湯姆森的執行來獲得成果，更是讓人憶起了洋基隊歷史上的重要時刻；因為在將近二十年前，當洋基隊開始在小聯盟裏推動那本《洋基之道》手冊時，湯姆森就是第一批負責執行的小聯盟教練之一。

洋基隊將雙城隊橫掃出局，接著在美國聯盟冠軍戰中要面對洛杉磯天使隊，沙巴西亞表現優異，以壓倒性的優勢贏下第一戰和第四戰，艾力克斯．羅德里奎茲這位超級巨星也終於開始在關鍵時刻立功，在系列賽交出四成二九的打擊率和三支全壘打；過去十年來天使隊曾經兩度在季後賽擊敗洋基隊讓他們打包回家，但是這一次沒能重演歷史，洋基隊在第六戰結束了系列賽，沙巴西亞被選為最有價值球員，接下來就是要在世界大賽面對尋求衛冕的費城費城人隊了。

美國聯盟和國家聯盟的兩支冠軍隊在洋基球場的前兩戰分別取得了一勝一敗，接著系列賽沿著九十五號州際公路往南，前往對紐約及紐約球隊有著無窮恨意的費城。

洋基隊的高層人員在費城的市民銀行球場（Citizens Bank Park）並沒有包廂座位，所以必須坐在一般看臺座位上看比賽，這樣的安排在季後賽並不少見；費城人隊高層特別警告他們別穿有洋基隊標示的服裝，以免刺激主場酒醉球迷的情緒，凱許曼、珍．艾芙特曼，還有其他幾位洋基隊高層都聽從了建議，直到吉恩．麥寇爾出現。

對已經七十多歲的麥寇爾來說，這或許會是他最後一次看洋基隊爭奪世界冠軍，他頭頂戴著洋基隊的球帽在座位區間移動，白髮隨風四散飛揚，身上的皮夾克背後貼著大大的洋基隊標示，手指上戴著幾枚洋基隊的冠軍戒指，還有好幾塊洋基隊的貼布掛在身上各處。

麥寇爾坐下來的時候，背後一位費城人隊球迷一如預期的開始挑釁，甚至以髒話辱罵。麥寇爾轉過身來，聲如洪鐘的大聲回覆，「你嘴巴放乾淨點！」然後繼續回頭看比賽，那位球迷就再也沒騷擾過他。

洋基隊贏了那場比賽，下一場也是，他們的戰力確實勝過對手；在輸掉第五戰之後賽事重返洋基球場，洋基隊有機會在這座全新開幕的球場贏下他們自二〇〇〇年以來的第一座世界冠軍。

馬里安諾．李維拉在第六戰的第九局登場投球，費城人隊的謝恩．維克托里諾（Shane Victorino）擊出二壘方向的滾地球，坎諾接起球後傳往一壘給特薛拉，他接到球後高舉拳頭，然後快速奔向在草地上跳成一團的隊友們。

基特和羅德里奎茲也在內野左側開心的慶祝著，他們終於聯手贏得了一座冠軍，這是五年前羅德里奎茲加入洋基隊的時候就應該發生的劇情。

邁向墳墓漫長的前行腳步總算停了，洋基隊終於重返榮耀。

三十五歲的基特今年表現出色，而且對於這次的世界冠軍功不可沒，二〇〇九年他交出三成三四的打擊率、四成〇六的上壘率、十八支全壘打，以及〇點八七一的整體攻擊指數，不管是任何年齡，這在游擊手當中都是名列前茅的好成績。

但是到了二〇一〇年球季，滿三十六歲的基特成績突然直線下滑，這是他合約的最後一年，而他的打擊率下降了六十四點來到兩成七〇，長打火力也大幅減弱，不管是洋基隊還是其他球隊的球探也都認為他的防守能力在持續衰退。

對於即將成為自由球員的基特來說，這絕對不是一個好的成績，但是他和經紀人克西・克羅斯都不覺得成績會是唯一的考慮因素，他們認為以基特出名的聲望以及他長久以來累積下來的表現，他的價值只會更高。

在談判初期，凱許曼認為三年四千五百萬美元的合約足以符合對方的要求，因為如果不是基特，以這樣的年齡和這樣的成績表現，他是不可能給到這樣的高薪的；一位球隊高層透露說，當時洋基隊也必須考慮基特陣營的一些特殊要求，例如說球隊經營權或是洋基有線電視頻道《洋基娛樂運動網》（Yes Network）的股份等等。

儘管如此，凱許曼還是認為雙方應該可以輕鬆達成共識，直到他讀到基特經紀人的發言回應，那些話語在他腦中激盪多年，至今仍然揮之不去。

那是一個星期天早上，準確一點的說是二〇一〇年十一月二十一日，凱許曼一早醒來就發現原來自己居然被推上了戰場，而敵人卻是他的球隊隊長。

那天《紐約日報》專欄作家麥克．路皮卡（Mike Lupica）為一向厭惡曝光的克羅斯刊登了一篇專訪。

「洋基隊曾經說過德瑞克．基特是他們這個世代的貝比．魯斯，那是理所當然的，」克羅斯說，「德瑞克對球隊的重要性遠遠超過那些數據，然而洋基隊與我們談合約的方式卻讓人難以理解，他們一直在媒體上放話，卻不願意正視德瑞克對球隊所做出的整體貢獻。」

讀著這些，凱許曼說，「我們當時都覺得措手不及，而且還覺得生氣。」

凱許曼在球季剛剛結束的時候和基特、克羅斯、海爾．史坦布瑞納，以及球隊總裁藍迪．拉文等人開會，在基特的要求之下，大家都同意不會對媒體透漏任何與議約有關的細節。

凱許曼堅持他有遵守協定，但是他也承認他無法確定球團之中是否有人走漏了風聲，然而最讓他不解的是，他不知道到底哪一篇報導激怒了克羅斯和基特。

當他同意接受邀請，為二〇二二年這部由克羅斯製作的紀錄影集《隊長》接受訪問時，凱許曼還特別要求洋基隊通訊與媒體關係部副總裁傑森．齊洛（Jason Zillo）去回顧當年所有的新聞影片，確認他沒有忘記自己是否曾經在任何聳動報導中被引用了什麼言論；也許真的是他的錯，只是他剛好忘記了？但是齊洛回報說他找不到任何跡象顯示凱許曼說過什麼足以激怒基特的話。

「我真的不知道是什麼，」凱許曼說，「我到現在還是不知道。」

事實上，消息來源指出並不是有哪一篇特定的報導激怒了基特和克羅斯，而是在路皮卡的訪問專欄之前，有多篇發自佛羅里達州奧蘭多市總經理會議現場的文章讓基特陣營逐漸感到了憤怒。

十一月十七日《紐約郵報》刊登了專欄作家喬・謝爾曼（Joel Sherman）的文章，標題是「洋基隊打算抵抗基特」。

「總經理布萊恩・凱許曼拒絕討論會議的內容細節，僅表示『為了尊重會議過程中的決定，我不會發表任何意見，』」謝爾曼這樣寫著，「但是凱許曼的親信人士認為他會堅持立場，不讓球隊因為過去的榮耀而破壞未來，因此基特不會得到一份超越他戰力極限的長約，或是一份會影響到球隊預算靈活度的高薪合約。」

同一天另一篇由ESPN紐約版（ESPNNewYork.com）作者華勒斯・馬修斯（Wallace Matthews）所撰寫的報導標題則是「洋基船長[62]前方海象不佳嗎？」

「如果紐約洋基隊能讓德瑞克・基特接受三年合約，每年薪水兩千一百萬美元，他們今天就會簽約，」文章開門見山就如此陳述，「但是他們沒能說服他，所以現在距離感恩節只剩下一個星期了，這個原本應該像灌籃一樣輕鬆的合約卻還在倒數計時。」

「這些消息來自一位熟知洋基隊與基特議約內情的消息人士，消息來源也指出洋基隊願意給基特超越他成績水準所應得的高薪，但年份長度無法達到基特的要求。」

「消息來源表示基特想要更多，最短四年，但五年或甚至六年更好，目前雙方已陷入僵局，像是在跳著舞，也像是在拚誰的膽子大，但是最後總有一方要先讓步的。」

「與球隊及選手雙方皆有聯繫的消息來源指出，洋基隊高層最少有一人督促球隊必須強硬對待基特，要像基特在球場上的態度一樣。」

「『告訴他合約就是三年每年一千五百萬美元，不要拉倒，』那位立場強硬的人士這麼說，『只要等得夠久他就會接受，不然他要去哪裏，辛辛那提嗎？』」

在十一月十八口的《紐約日報》上，作者安東尼·麥克倫（Anthony McCarron）引述了拉文的發言，「我們認為基特是一位偉大的洋基球員，我們認為他一直都是一位偉大的洋基球員，我們也一直對他很好，這裏就是最適合他的地方；但是既然他是一位自由球員，他當然可以測試一下市場，照他的心意去做。」

凱許曼始終堅持在路皮卡的專欄登出克羅斯的訪問之前，他和那些訪問或任何其他關於基特自由球員合約的報導都毫無相關；多年以後他可以理解「他要去哪裏，辛辛那提嗎？」這樣的用語聽起來確實會引人激憤，但他一再強調那絕對不是出自於他，他也不知道那會是誰說的。

---

62 船長與隊長的英文皆為Captain，此處為雙關用法。

在路皮卡刊載出克羅斯的言論之後，記者轉而向凱許曼尋求回應。

「我們當然要回應，」凱許曼回憶著說，「如果有人對我們開槍，我們一定會用雙倍火力還擊，我們確實遵守了他們說的，『嘿！大家嘴巴閉緊，』結果一早醒來我們看到克羅斯居然公開發聲了；我沒有直接公開發表回應，是直到所有的記者都跑來找我，問我對克西．克羅斯和路皮卡的文章有什麼意見，我才開口回應的。」

十一月二十三日凱許曼告訴ESPN紐約版的馬修斯說，「我們理解他對整個球團的貢獻，所以我們提出的合約條件[63]也反映了這些價值，我們支持他去測試一下自由球員市場，看看有沒有比這個更吸引他的條件，如果有的話也很好，自由球員制度就是這樣。」

對於克羅斯說到洋基隊的議約策略讓人「難以理解」，凱許曼告訴馬修斯說「這確實讓我覺得很驚訝，我們一直都是和克西及德瑞克當面對談，很誠實也很直接，他們清楚知道我們的立場是什麼。」

棒球界沒有任何人認為三十六歲的基特會離開洋基隊，這根本就讓人無法理解，但是現在聽起來總經理凱許曼卻在激他。

「我會開出『不喜歡就去別家』這一槍，就是對克西．克羅斯與基特陣營公開叫陣的回應，」凱許曼回憶著說。

從那時的緊繃起，雙方的議約就再也沒有動靜，到了十一月二十九日，馬修斯引用了消息來源指出基特和克羅斯應該要「喝杯接受現實的苦茶」了。

雙方的情緒都受到了影響，但還是在坦帕市進行了再一次的面對面會談，此時的凱許曼立場強硬，逐一列出了理由說明為何他認為基特不值得洋基隊再對合約金額加碼。

基特的反擊是詢問凱許曼他還能找誰來鎮守游擊大關，被逼著表態的凱許曼提到了兩位年輕的後起新星，一位是佛羅里達的亨利・拉米瑞茲（Hanley Ramírez），另一位則是科羅拉多的特洛伊・托洛維斯基（Troy Tulowitzki）；其實他並沒有那樣的想法，會脫口回答只是因為基特問了。

「我沒辦法再繼續坐在這裏聽這些屁話，」基特在他的紀錄影片中說那是他當時的回應。那就是最低點了，由於害怕談判會真的破裂，進而導致基特真的就穿上了另一支球隊的球衣，雙方同意暫時休兵。

十二月初他們對一份三年五千一百萬美元的合約取得共識，並且在洋基球場召開了一個低調的記者會。

「如果我說在這整個過程中我沒生過氣，那會是謊話，」基特在講臺上這樣說著，臉上表情帶著不悅。

---

63 當時是三年四千五百萬美元。

他在自己的紀錄影集中解釋得更清楚了些。

「這改變了我對球隊高層的看法，」他說，「現在我理解他們可以直接把我丟出去，可以不必用我職業生涯一直以來尊重他們的態度來尊重我，原來這不是互相的，這提醒了我，原來公事公辦就是這個意思。」

然後基特把目標轉向布萊恩．凱許曼，一直到二〇二〇年代的現在，凱許曼還是不能理解為什麼明明是克羅斯先對外放話的，但是他卻成為了基特眼中的問題來源。

「現在我不太想跟小凱說話了，」基特說，「我不想，我真的不想跟他說話，因為我已經對他失去信任，我不會說他的壞話，但是我不想再見到他。」

# 第五部

# 進入新世代

# 25 下一個前線

一九八八年春天，耶魯大學（Yale University）一如往常舉行了下一個學年度的宿舍抽籤，有一位來自康乃狄克州費爾菲爾德鎮（Fairfield）的新鮮人早已看上了一間他想要的套房，但是他也知道隨機抽籤的結果未必能如他所願。

於是這位新鮮人決定深入研究抽籤的規則，想看看能不能從中找出什麼方法讓隨機的抽籤不那麼隨機，甚至讓他能對宿舍分配的結果能有一點點影響力，結果他發現分配宿舍的順序是依照年級和房間種類來加權決定的。

他藉由這些資訊開始搜尋所有抽籤順位在他之前的人，並且成功說服了一位學長改變自己的選擇；由於這些事前的研究和努力，這位新鮮人順利被分配到他原本想要的房間，而且連室友人選也都符合他的心意。

六年之後這位新鮮人已經獲得了數學學位，在保險公司擔任精算師，而且還被公認是全國頂尖的夢幻棒球（Fantasy Baseball）[64]玩家，他帶著自己的履歷表和負責過的專案簡介來到加州的安納罕市，準備參加一年一度的美國職棒冬季會議。

他是一位死忠的紐約大都會隊球迷，總是夢想著能夠進入職棒領域工作，然而對於一位害羞內向、又從來沒有在任何專業領域打過棒球的的數學主修來說，這條路根本就不存在，連布萊恩．凱許曼最少都還曾經在大學打過球，是一位安打型的打者。

然而當麥可．路易斯的暢銷書《魔球》於二〇〇三年正式上市之後，這一切就不同了；這本書詳細記述了奧克蘭運動家隊總經理比利．比恩如何利用資訊分析來把這支低成本的球隊給送進季後賽，雇用聰明人突然變成了職棒界最流行的事，就算這些聰明人沒有棒球經歷也沒關係。

這位有著耶魯大學數學學位的精算師叫做麥可．費許曼（Michael Fishman），他在冬季會議得到了與比恩面試的機會，並且得以介紹他所負責過的專案，一個是比賽中調度對贏球機率的影響，另一個則是評鑑中繼投手價值的方式。

比恩對此留下了深刻印象，他的預算可以雇用一位新人，差一點點就選擇了費許曼；然而就在他定案之前，他遇上了另一位引人注意的年輕人，他擁有來自麻省理工學院（MIT）的數學學位，同時還是一位加州大學柏克萊分校的經濟學博士。

他選擇了第二位候選人法罕．薩伊帝（Farhan Zaidi），後來薩伊帝成為洛杉磯道奇隊的總經理，又被舊金山巨人隊聘任為棒球事務部總裁，普遍被外界評價為業界最精明的高階主管之一；

費許曼則在那次冬季會議之後空手而回，沒能實現他的美夢。

第二年是二〇〇五年，也就是凱許曼揚言要卸下洋基隊總經理的職位，卻被喬治・史坦布瑞納給慰留了的那一年；史坦布瑞納終於交出了大權，這讓凱許曼可以完全掌控整個棒球事務部，並且也獲得允許可以在資訊分析上投注資源，推動洋基隊邁入新世代。

「如果你在意歷史、在意傳統，那你就必須更注意未來，」珍・艾芙特曼說，「因為歷史和傳統總是在往前進，你必須跟著那河流一起往前，不能讓自己被包在琥珀裏，然後指望會有個像大衛・艾登堡（David Attenborough）[65]那樣的人來創造出侏儸紀公園，你要能與時俱進，像布萊恩他就什麼書都讀。」

當時許多比恩的競爭者都對他因為《魔球》所獲得的名聲相當敵視，儘管該書大受歡迎，但是卻有更多的棒球業界人士都對此嗤之以鼻，甚至譏嘲比恩一無所成，只是想要出名而已，凱許

---

64 夢幻棒球是一種由多人參與的經營管理型遊戲，由一定人數的玩家扮演球隊總經理選擇球員組隊，並依據美國職棒大聯盟球員每日比賽的真實成績數字來累積計分，計分項目由玩家們事先設定，玩家之間也可以如真實職棒一般對每日先發名單做出調度，或是透過交易球員來變更陣容；除了棒球之外，美國職業籃球ＮＢＡ或是職業美式足球ＮＦＬ也有性質相同的遊戲方式。

65 大衛・艾登堡爵士是著名的英國生物學家、自然歷史學家和作家，他與英國廣播公司合作撰寫並拍攝製作了自然歷史紀錄片《生命》（Life）系列，並因親自配音而廣受歡迎；他的兄長是著名演員、導演及製片人李察・艾登堡（Richard Attenborough），曾經在電影侏儸紀公園中扮演致力讓恐龍重生的富豪約翰・翰蒙（John Hammond）。

曼卻不這麼想。

「布萊恩最值得被人稱道的地方，就是他個性謙遜而且充滿好奇心，」比恩回憶著說，「在那個時候，跟著風向批評那本書是很正常的，但是布萊恩，就因為他是布萊恩，所以他反而更加好奇。」

「他跟我說，『我其實對這些東西有點興趣，你可以給我一點建議，告訴我該怎麼開始嗎？』」根據凱許曼和費許曼的回憶，凱許曼會注意到費許曼就是因為他在寄給洋基隊的求職信上列出了比恩做為推薦人；但是比恩回憶說，是因為凱許曼請他建議，所以他就推薦了費許曼。

費許曼的專案範例讓凱許曼印象深刻，但是在僱用他成為洋基隊的第一位資訊分析專家之前，凱許曼問了艾芙特曼的意見。

「布萊恩讓我看了他的履歷，他列了比利．比恩做他的推薦人，」艾芙特曼說，「於是我就說，『如果這個人真他媽的這麼棒，那為什麼比利．比恩沒有用他？』布萊恩說，『你知道嗎？我來問他。』」

凱許曼撥了電話給比恩。

「這傢伙超棒的，」比恩說，「我想用他啊！要是我預算夠的話我兩個都會用。」

對凱許曼和艾芙特曼來說，這就夠了，但是另外還有一件重要的事，費許曼在面試時也沒有對凱許曼隱瞞，那就是他從小就只為大都會隊加油。

如果晚個十年，球隊內部人員大多對於自己的專業能力與態度引以為傲，這樣的細節一點都不重要。

「但是在那個年代，這種屁事還真的可能會造成一點影響，」艾芙特曼說，「不管是球隊還是球團的行政團隊，不同球隊之間是沒有什麼情誼的，在那個時候一個大都會球迷跑去幫洋基隊工作，意義上大概就跟一個紅襪隊球迷加入了洋基隊一樣。」

正當凱許曼還在考慮的時候，艾芙特曼到曼哈頓市中心去看醫生，結果碰巧在路上看到費許曼穿著一件破舊但是肯定備受珍愛的大都會隊T恤，那件T恤看起來就像是被丟在洗衣機中拌洗了幾百次似的。

她一回到辦公室就告訴凱許曼說，「我看到麥可．費許曼！他穿著大都會隊的T恤！在市中心！」

這種事情當然不會讓喬治．史坦布瑞納知道，但是凱許曼知道整個棒球環境正在改變，他雇用了這位大都會球迷，也立刻就讓他變成了一位前大都會球迷。

接下來的幾年，費許曼協助引導洋基隊度過了職業棒球業界急速變革的一段時期，很快的連那些魔球理論都變得過時，球隊開始針對投球和擊球研發更精確的數據，甚至包括外野手衝刺的速度，以及邁步啟動的速度等等，越來越多。

「擊球初速」、「轉速」這些在本世紀初都還沒被發明出來的名詞，一下子就變成了選手們在休息室內的日常用語。

一九八〇年代凱許曼開始在洋基隊實習的時候，每天早上的工作就是接聽各個小聯盟總教練所留下、關於前一天晚上比賽結果以及所有內容細節的語音留言，然後把這些報告都寫出逐字稿；到了二〇一〇年代，每個球場都裝設了高科技攝影機來測量各種生物力學的數據資料，並收集球場上其他的進階資訊，幾乎每一場比賽中發生的每一件事都可以被記錄下來進行分析。

事實上，現代棒球所呈現出的一大問題和費許曼跟凱許曼在二〇〇五年剛剛開始合作時恰好完全相反；當年他們總是覺得資訊不足，但是現在的問題卻是資訊過剩，最大的課題已經變成是要如何將這些資訊以最佳的方式傳遞給那些真正在打球的人類。

比恩在奧克蘭的導師是他的前任總經理山迪．奧德森，雖然奧德森在《魔球》一書中所占的篇幅不多，但是事實上他才是第一位把當年還被稱為「賽博計量學」（Sabermetrics）的棒球數據統計給帶進了大聯盟的人，不是比恩。

奧德森於一九八〇年代初期接下運動家隊總經理職位之前是一位執業律師，也是一位退役的美國海軍陸戰隊隊員；他沒有任何棒球事務的經驗，因此決定利用棒球分析先驅比爾．詹姆士的資料來彌補自己的不足。

當他帶著滾筒油印的、由比爾．詹姆士自力出版的《棒球概述》（*Baseball Abstract*）走進球場時，其實正是不自覺地開出了革命的第一槍。

到了二〇二〇年代奧德森已經七十多歲，即將以大都會隊總裁的身分結束這個漫長的職棒生涯；我問他說，身為棒球球團資訊分析之父，而且和吉恩・麥寇爾一樣都是將上壘率做為指標數據的業界先鋒，這個領域的下一個前線會是什麼？下一個重大數據或指標又會是什麼？

「下一個前線不會是數據，」奧德森說，「而是同理共鳴，以及推動執行。」

換句話說，現代棒球界的資訊已經過量；做為一支引領著資訊分析潮流的球隊，二〇二〇年代的洋基隊已經建立起了三個各自以資訊為主的部門，並且在棒球事務部的每一個單位中都融入了資訊分析，而對於這類重視資訊分析的球隊們來說，最重要的課題就是如何將這些訊息以球員和教練所能夠接受並能夠理解的方式給傳遞出去。

費許曼和洋基隊自二〇〇五年起開始了他們的二十年計畫，不光只是嘗試創新，而是要打散球團內部因為創新改變而產生的孤立感、不安全感以及權力鬥爭；一路走來並不是那麼順暢，也並不容易，進入到二〇一〇和二〇二〇年代，有時候已經開始會有洋基隊球員對這些新資訊覺得感謝，但有時候他們也會抗拒，甚至怨怒。

但是如果說喬治・史坦布瑞納所造成的惡劣工作文化是球團內部在二十世紀末期最大的挑戰，那二十一世紀最大的課題就是要如何有效運用這些大量湧入的資訊。

事實上這早已是棒球運動在本世紀所面臨最重要的議題，大量前所未見的資訊如海嘯般湧來，大多數都有其價值，但是要理解並將其傳遞卻未必容易，真正的關鍵仍然是人性。

# 26 發明新數據

球場上投球的是A. J.柏奈特，捕手荷黑．波沙達接球時不由自主的晃動了一下，裁判也是，結果好球也被判成了壞球。

這是二〇〇九年球季初，麥可．費許曼和比利．艾普勒正坐在布萊恩．凱許曼在洋基球場的包廂裏，他們兩人現在都是球團內部逐漸受到重用的高階主管，而他們即將要發明出一個全新的數據指標。

費許曼在前一個休賽季建議凱許曼以交易換得芝加哥白襪隊的一壘手兼外野手尼克．史威瑟，並因此而贏得了更多信任；史威瑟二〇〇八年在芝加哥的成績並不好，但是費許曼注意到在一些進階數據——譬如說擊球的力道上，他的表現其實很好。

凱許曼當時對這個建議感到驚訝，但是決定照做，結果史威瑟在加入洋基隊之後表現出色，足以成為一位能做出穩定貢獻的好選手。

在凱許曼所預想的二十一世紀洋基隊當中，艾普勒的角色也一樣重要，但是他的個性和費許曼卻有著強烈的對比；費許曼只會在熟人面前嶄露他難得的幽默，但艾普勒卻是一位有著金融學位、善於交際的退役大學投手，他們在洋基球場的辦公室僅有一牆之隔，雖然表面上看起來個性天差地遠，但是由於同樣對創新想法充滿熱忱，他們很快就成為好友。

艾普勒進入棒球界的方式比較另類，他的父親和洋基隊業餘球員球探長戴蒙．奧本海默的父親都在聖地牙哥地區經營雪佛龍（Chevron）加油站。

二〇〇〇年時奧本海默將艾普勒介紹給科羅拉多洛磯隊擔任球探，艾普勒在科羅拉多時的上司比爾．施密特（Bill Schmidt）曾經是洋基隊的球探，他在洋基隊任職時，比爾．利弗賽仍是球團內天神一般的領導人物；在艾普勒學習成為球探的過程中，施密特介紹了他認識利弗賽，希望他能得到一位最佳的導師。

「比利第一次接觸到球員分類系統是因為科羅拉多的比爾．施密特和比爾．蓋維特，他們都是我們這裏出去的，」利弗賽說，「他們叫比利下來觀眾席上跟我一起看比賽，我們那麼久以前就已經認識了。」

二〇〇四年洋基隊雇用了艾普勒，讓他在奧本海默和馬克．紐曼底下擔任一個兼俱球探與球員培育的職務，他的工作地點就在坦帕市海姆斯北路的洋基隊小聯盟基地，剛好就在大聯盟球場和辦公室的隔壁轉角。

「只要比利有事過來，你就可以感覺到他有能力為我們做到更多，」艾芙特曼說。他的努力贏得了凱許曼的注意，也因此當喬治．史坦布瑞納在二〇〇五年球季結束、同意將權力下放給凱許曼之後，艾普勒就成為了洋基隊內部改革的重要人物。

在那之前，洋基隊的職業球員球探部一直以坦帕市為基地，而且還缺乏一個具有整體性的規劃，凱許曼接手之後將整個部門都搬到紐約，並且由三十歲的艾普勒擔任主管；艾普勒為了進一步提升自己評鑑球員的能力，開始像影子一般跟在吉恩．麥寇爾的身邊，同時為了突破自己的舒適圈，他也找機會和費許曼合作，努力學習更多與棒球數據相關的知識。

「會對資訊分析有興趣是因為我知道有盲點存在，」艾普勒說，「小費除了與數字有關的定量研究之外，對定性研究也很感興趣，因為他也知道有盲點的存在；當你願意承認自己不懂，而對方剛好在這個領域非常強大時，那你們就有機會一起做出成就，因為你會願意放下自尊，讓對方知道你的不足。」

二〇〇七年艾普勒所領導的職業球員球探部對洋基隊長久以來的最高機密、利弗賽的球員分類系統做出了更新，加入了更多技術細節，例如本壘板紀律、傳球準確度（不僅只是傳球力量），以及跑壘速度（不僅只是純速度）等等。

這並沒有背離了《洋基之道》，反而是嘗試著改良讓它更加現代化；而為了證明他對利弗賽以及這些理論的心悅誠服，艾普勒還在二〇〇八年將六十八歲的利弗賽聘請回洋基隊擔任球探。

回到二〇〇九年他們一起看到柏奈特投球給波沙達那一天，艾普勒和費許曼注意到一個讓他們感到困擾的問題，那就是柏奈特的快速直球確實進入了好球帶，卻被裁判判為壞球；但是在深入觀察研究了之後，他們發現這可能不完全是裁判的錯。

柏奈特最拿手的變化球是一個在聯盟頂尖的「十二到六」曲球，意思是說球路的變化軌跡就像是從時鐘上十二點鐘的位置掉到六點鐘的位置；他的快速直球球速很快，但是掌控能力卻不是很好，有時候甚至會失手直接投到本壘後方的防護網上。

艾普勒在和老棍麥寇爾一起看球時學會了要關注球場中的各種細節，這方面的鍛鍊在此時發揮了作用，他發現到當波沙達在接捕快速直球時，有時候頭部會隨之有輕微的晃動，像是在預判有可能會出現暴投似的；或許這只是一個直覺反應，但是因為裁判的頭就在波沙達後方，所以裁判也會跟著晃動，而只要裁判一動，通常他就會跟著做出壞球的判決，這只能說是人類天性。

「去他媽的！」艾普勒對著場上的一球誤判大喊，「那明明就他媽的是個好球！他媽的蠢裁判根本亂判！」

他轉頭看向費許曼。

「小費，我打賭他每場比賽最少有六、七球都是這樣被搞掉的，」艾普勒說，「然後只要A. J.一開始保送打者，情況就會越來越糟，你看他肩膀都垮下來了，開始一直搖頭。」

然後他問了一個關鍵問題，「我們有沒有辦法用球場安裝的那套新系統來檢討一下這個狀況？」

「可以，」費許曼說，「我覺得應該可以。」

艾普勒所謂的那套新系統，是一套大約在三年前上市的科技，一出現就開始低調的改變了部分球隊評鑑球員的方式。

二〇〇六年在加州山景市（Mountain View）有一家叫做運動願景（Sportvision）的公司，他們以即時在電視轉播畫面上投射出美式足球比賽「第一檔」（First down）[66]的黃色標線聞名；美國職棒大聯盟向他們購買了叫做PITCHf/x投球追蹤儀的相機系統，用來追蹤紀錄每一球的球速、變化方向，以及進壘位置等資訊，球迷可以在大聯盟的比賽日（Gameday）軟體上即時看到這些，球隊也可以深入研究更多其他資料。

第一場使用PITCHf/x投球追蹤儀的大聯盟比賽是二〇〇六年十月四日，由奧克蘭運動家隊出戰明尼雙城隊的美國聯盟季後賽分區系列賽，這一天在職棒歷史上的重要性無庸置疑。

魔球世代注重的是找出那些尚未被其他球隊所重視的基本統計數字，例如上壘率，但是投球追蹤儀所提供的資料卻將奧克蘭運動家隊開闢出來的基礎推向了新的前線，這些全新的統計數字揭露出了一個前所未見、隱匿在球賽表面之下的賽局。

「一切都是從球的追蹤開始，」艾普勒說，「從投手開始，第一步是擷取到正確的球速，然後是球速和球的位置；接下來是被打擊出去的球，像是這一球被打得多用力？打中球的角度是什麼？然後就能開始分析被擊出安打和全壘打的機率。」

一般人比較容易理解的說法，就是我們從「他把球打爆了」進步到「這一球的擊球初速是一百〇七點七英哩，打擊仰角是十二點四度，擊中甜蜜點的機率是百分之三十一點六。」以二〇〇八年白襪隊的尼克．史威瑟來說，這樣的進階數據就可以讓球隊內部判斷出儘管他的傳統數據看起來不夠好，但是實際上他仍然維持了他的球技表現，只是剛好運氣不佳而已。

從二〇〇七年開始，PITCHf/x 投球追蹤儀開始被安裝在部分大聯盟球場裏，一年之後幾乎每座球場都安裝了PITCHf/x；洋基隊是最積極運用這些資訊的幾支球隊之一，努力想要從這些新資訊中為球隊獲得更多優勢。

「我們立刻就跳下去研究那些數據資料，」費許曼說，「傳統的棒球數據有時候會誤導，整個棒球界的樣本數其實還不夠大到可以分析出球員真正的能力值，所以這些新科技讓我們藉由這顆球來看到更深入的資料，我們開始從球來評鑑球員，而不是光看他們的成績。」

「這是一個非常非常巨大的改變，這些新資料完全改變了我們的世界。」

不到十年之內，這些追蹤棒球的數據都已經被每一支球隊廣泛運用，一般大眾也可以透過大聯盟負責營運的棒球學者網站（baseballsavant.com）來看到這些資料；只要想要，人人都可以看

---

66 美式足球比賽的基本規則為進攻方在四次攻擊機會中必須要前進十碼，每一次的進攻機會就被稱為一檔（Down）。

到任何一位選手那些表面成績之下的進階數據，但是在當年一開始的時候，這些數據都還隱藏在陰影裏，需要像費許曼這樣充滿好奇心的人去把它們開發出來。

在艾普勒問了費許曼是否可以透過PITCHf/x系統來確認柏奈特投出的好球有沒有被誤判之後，費許曼立刻離開了凱許曼的包廂，前往他位在洋基球場辦公室區的定量分析部門；那是凱許曼在爭取到經費之後所設立的，而且還為費許曼爭取了更多人力。

他找到了當時洋基隊的分析師艾力克斯・魯賓（Alex Rubin），兩人討論了捕手接球的概念，以及那些動作是否會影響好球或是壞球的判決；會不會有些捕手的接球方式比其他捕手更容易讓壞球被判成好球？反過來呢？

費許曼第二天就找到了艾普勒回報。

「我們研究了，」他說，「結果沒有你想像中嚴重，但是確實，A. J.大概每場比賽會有幾個好球被搞掉，我們大概知道好球的重要性了。」

他們嘗試著梳理出這個結論到底有什麼實質意義，艾普勒和費許曼第一個想到的是不同裁判對判決結果的影響有多大，於是艾普勒撥了電話給他手下的職業球員球探喬許・保羅（Josh Paul），因為他剛好也是一位退役的前大聯盟捕手。

「喬許，你在大聯盟當捕手的時候，一整個球季會碰到幾次是相同的主審裁判站你背後？」艾普勒問道。

「那個，我不是每天上場接捕，」保羅說，畢竟他一直都是個二線捕手，「但是就算是天天接捕，我覺得最多就是四次。」

這讓艾普勒明白裁判的因素可以被排除，因為輪值的變動實在太大了，問題的關鍵肯定是在投手和捕手的搭配上。

最後他們發現，捕手可以用接球，或是說「框」（Frame）球的方式來影響裁判對好壞球的判斷。

「所以，」費許曼在深入研究過那些數據資料之後說，「我有個好消息。」

「是什麼？」艾普勒說。

「整個職棒圈最會框球的就在我們球隊裏，」費許曼說，「是荷西．莫里納（José Molina）。」莫里納是一位三十四歲的資深捕手，二〇〇九年在洋基隊陣中擔任波沙達的替補。

「你他媽的是開玩笑的吧！」艾普勒說道。

費許曼向他保證絕對是真的。

「這樣啊，靠，」艾普勒，「我們去告訴小凱。」

於是兩人踏進了凱許曼的辦公室，詳細說明了他們的新發現，他們展示了相關證據，然後請求凱許曼准許他們可以下樓到球員休息室去找總教練喬．吉拉帝，問他是否願意考慮用莫里納來搭配柏奈特。

吉拉帝是一位出身洋基隊的捕手，他得以接任喬·托瑞總教練之位的原因之一，就是因為他願意以開放態度接受來自數據資料的建議；他低頭研究了眼前的數據，然後抬頭看向了艾普勒和費許曼。

「這蠻有道理的，」他說道。

柏奈特和莫里納的搭配一直沿用進了季後賽，這其實並不尋常；通常當球隊進入季後賽之後，不管在球季例行賽時有些什麼特別安排，主力捕手從十月開始就會場場出賽，波沙達對外表現出了專業的態度，但是朋友們說他其實對這樣的改變並不開心。

洋基隊在世界大賽陷入了〇比一的落後，柏奈特在關鍵的第二戰和莫里納搭配投了精采的七局；要是洋基隊那天晚上輸了，他們就必須在以〇比二落後的情況下前往費城，要贏得世界大賽的機率就微乎其微了，但是他們贏了第二戰，而且很快就掌控了整個局面。

波沙達和柏奈特之間的狀況通常都會被外界解讀為是兩人之間的默契問題，但那並不是整件事情的全貌，會拆散這個搭配真正的原因，幾乎可以說完全是因為捕手「框」球這個全新的概念。

接下來的十年之內這個指標會被廣為流傳，成為各隊在評鑑捕手時最重視的指標，艾普勒和費許曼無法確定他們是不是第一個發現這件事的人；當時有幾支其他球隊的分析師也同樣在鑽研PITCHf/x的進階資料，但是最少他們同樣在不知情的情況下和對手一起發明了這個數據。

「你永遠不會知道其他球隊分別都在做些什麼，」費許曼說，「也許當時有其他球隊也發現了這件事，但是最少在這項指標被公諸於世之前，我們自己就已經用了好多年了；當然這不表示沒有其他球隊也在做同樣的事，棒球人、球探們，我們一直都知道有一些因素影響到捕手，有些捕手的好球率就是比其他的高，很明顯的投手們也知道，所以才會有投手自己指定要跟特定捕手搭配。」

「沒有人真正知道這些影響有多大，就是說捕手接球方式所造成的影響會到底是什麼；透過真實的數據，我們才得以用好壞球的判決結果來量化捕手在這個區塊的實際價值。」

越來越多這樣的建議在球場上為球隊帶來了好成績，這也讓凱許曼更加信任他的數據團隊。

# 27 遺留至今的老毛病：他媽的閉嘴

艾力克斯．羅德里奎茲又陷入風暴當中了，而且風暴這兩個字甚至根本不足以形容這一次事件的嚴重性。

事情並不僅止於提升表現能力的禁藥而已，多年來這在棒球界早已屢見不鮮，而且大家早已知道羅德里奎茲曾經使用過；真正的問題是整起事件所引起風暴，又再一次吞沒了整個洋基隊。

在他二〇〇九年禁藥醜聞事件之後沒有多久，羅德里奎茲開始和佛羅里達州科爾蓋伯斯市一位叫做東尼．波許創業人士合作，由波許以藥丸、軟糖，以及其他方式提供大聯盟所禁止的藥物，例如睪酮、人類生長激素（Human Growth Hormone）等等。

棒球界所謂的類固醇世代是指一九九〇年代晚期至二〇〇〇年代初，當時貝瑞．邦茲（Barry Bonds）、馬克．馬奎爾等強打者粉碎了各項全壘打紀錄，連中線內野手都長出了如大力水手卜派一般的前臂；在充足的證據之下，馬奎爾已經承認使用類固醇，但是邦茲卻始終堅決否認，而且儘管如此，選手們對於想要取得競爭優勢的需求依然有增無減。

作弊所能獲得的利益回報實在太大了，青少年藉此讓自己脫離貧困的出身，小聯盟球員藉此讓自己登上大聯盟，大聯盟球員藉此成為高薪球星，而高薪球星則藉由禁藥維持他們的優異成績，並在漫長的球季及球員生涯中保持健康。

資深大聯盟總教練巴克．休瓦特說，「我去過多明尼加，做工收成甘蔗的薪水是每小時二十五美分，我也可以冒險去美國試試，你會怎麼做？如果是我，我肯定會問『他媽的針頭在哪裏？』這不是什麼黑白分明的對錯問題。」

像波許這樣的人早已洞悉了這個現象並且打算從中牟利，在二〇一四年接受電視節目《六十分鐘》（60 Minutes）訪問時，記者史考特．佩里（Scott Pelley）怒目瞪視著他，嚴肅的問道，「你有考慮過這會影響到棒球的公正性嗎？」

波許幾乎忍不住笑，「我很愛棒球啊！」他對佩里說，而佩里卻對他的回應有點不知所措。

「一個愛棒球的人怎麼能做出這樣的事？」佩里問道。

「因為很不幸的是，這就已經是棒球的一部分了，」波許這樣回答，「當你們要求這些球員要打一百多場比賽，連續出賽，然後要上飛機、下飛機，到處飛來飛去，他們的身體是會壞掉的。」

「說到最後，」多年之後波許對我說，「我不是黑，我也不是白，我就是那塊灰色的地帶。」

波許十分精明，他將自己包裝成了專家，掌握了這些能增進表現能力的藥物科技。

一九九〇年代晚期至二〇〇〇年代初，球員們通常以注射的方式施用如康力龍（Winstrol）這種傳統高強度的類固醇，美國職棒大聯盟自二〇〇四年起開始隨機對選手進行檢測，之後不久也在眾議院的壓力之下加強了懲處，並聘雇了前參議員喬治·米契爾（George Mitchell）進行深入調查，就棒球界的藥物使用做出報告；在接下來的數年內，大聯盟會長巴德·席利格（Bud Selig）對於禁藥使用者也逐步採取了更嚴苛的檢測與懲處手段。

這些檢測方式反而為新一波的藥物提供者創造了新的商機，波許是這樣解釋這個轉變的：「使用藥物是有正確方法的，當然也有錯的方法，在這之前一切都是隨心所欲，像荷西·坎塞柯（José Canseco）[67]那樣，然後一下子在二〇〇四年就突然被禁止了，我的天啊！現在要換別的方法了；以前如果是用康力龍的話，隨便找輛車就可以找到藥頭，車裏就有藥可以給你，我反對那種方式，別那麼做，白癡才那樣做，完全的業餘手法，而且還一天到晚被抓，就像曼尼·拉米瑞茲被抓了好幾次，那跟我一點關係都沒有。」

波許用的是睪酮和人類生長激素這些早已存在的備品，但是他也使用了胜肽（Peptide）這種胺基酸（Amino acids）來規避大聯盟的藥檢測試。

「胜肽是由胺基酸連結而成，藉由特定方式連接而成的短鏈會對身體發出訊號，」波許解釋著說，「身體會自然產生或合成出胜肽，所以我們的做法就是去操控身體，也可以說是駭進你的身體，他們都說我就是個生物駭客。」

「你想要跳高一點嗎？我有胜肽可以給你，還是你想要『幹』勁過人？我也有胜肽可以幫你，你想要工作時專心一點？我有胜肽可以刺激你的神經傳導物質，激發出更多的血清素（**Serotonin**）讓你能更專注，你想要不那麼緊繃，減輕糖尿病的症狀嗎？我也有胜肽可以克服，至於肢體上的體能表現，跑快一點、揮棒快一點、臀部扭轉快一點、轉身快一點，我當然也有胜肽可以幫你做到。」

拉米瑞茲和羅賓森·坎諾等人，還有更多其他球員選擇繼續使用傳統的高強度藥品，但是波許所提供的、例如睪酮軟糖和胜肽等新選項，卻更加吸引人；最後他的棒球員客戶們也並非是因為沒通過藥檢而被揭露，反而是因為有一位不滿的客戶偷取了生源論抗老化中心的內部文件並洩漏給記者，才讓事跡敗露。

二〇一三年初《邁阿密新時報》（*Miami New Times*）率先揭露了生源論中心的相關報導，一共牽涉到羅德里奎茲以及其他十三位球員；這十三位球員都接受了大聯盟的禁賽處罰，但是羅德

---

67 坎塞柯是一位古巴裔美籍職棒選手，在十七年職棒生涯中以強打著稱，曾經獲得一九八六年美國聯盟新人王，以及一九八八年美國聯盟最有價值球員，並六度入選明星隊；二〇〇五年他在自傳中坦承曾經使用禁藥，並指出許多大聯盟球員都利用類固醇來加強在球場的表現。

里奎茲卻選擇了完全不同的對策，他持續進行越來越公開、也越來越充滿戲劇性的反擊。

過去基特和羅德里奎茲之間的緊繃張力，在此時對管理階層的凱許曼來說已是小菜一碟；他們兩人已經一起贏過一座世界冠軍，也已經高齡三十好幾，早已不是職棒界的頂級球員，也不再是這個世界所關注的焦點。

凱許曼的二十一世紀智囊團現在包括了珍．艾芙特曼、比利．艾普勒、麥可．費許曼，以及評鑑球員眼光精準、現在已是洋基隊日漸重要球探的前紅襪隊內野手提姆．納林，他們現在的主要工作都專注在要讓洋基隊持續現代化上；吉恩．麥寇爾仍然是球隊顧問，他對PITCHf/x投球追蹤儀的資料深感興趣，也注意到這些資料在一定程度上驗證了他多年以來的觀察成果與直覺。

洋基隊早已向著未來前進，然而在生源論中心的新聞爆發之後，那些過去的亂象又回來了。

二〇一三年冬天有兩起事件正在同時發生：大聯盟正在深入調查羅德里奎茲和生源論中心，但是羅德里奎茲也因為接受了臀部手術而正在復健，接下來的球季會有一大段時間無法出賽；在球季開打之後，沒有人知道羅德里奎茲會先因為復健順利而重返球場，還是大聯盟會先完成調查而宣布對他的禁賽懲處。

基特在二〇一二年季後賽左腳腳踝骨折受傷，手術後復健又在二〇一三年初出現問題；此時的洋基隊少了明星球員的戰力，一整個夏天都在季後賽資格的邊緣徘徊。

球場上的他們是一支沉悶的爛隊，完全比不上羅德里奎茲在球場外所引發的新聞以及他可能重返球場的話題性；洋基隊在他完成復健之後會歡迎他回歸嗎？大聯盟會對他施以終身禁賽的責罰嗎？

六月二十五日羅德里奎茲在這些場外鬧劇上加了新柴，他在推特上發了一則沒有與洋基隊醫療人員及球隊高層討論過的推文。

「凱利醫生這個周末檢查過了，他給了我最棒的好消息，我可以恢復上場比賽了！」推文這樣說。

這則推文引發了好幾個問題，首先傷病狀況的新聞一般都是由球隊來公布；第二，這位名為布萊恩·凱利（Bryan Kelly）的醫生並不是洋基隊的隊醫；第三，洋基隊的醫療人員完全還沒有決定羅德里奎茲是否已經可以上場比賽。

當這則非官方的消息開始流傳時，凱許曼正坐在他洋基球場的辦公室裏，眼睛盯著牆上的平面電視打算好好欣賞一場精采的投手對決，他完全不知道有這樣的一則推文。

然後他的手機響起，電話來自ESPN紐約版的洋基隊記者安德魯·馬尚德（Andrew Marchand）。

「我記得我們是和德州遊騎兵隊比賽，先發的是達比修有和黑田博樹兩位日本投手，」凱許曼說，「然後安德魯·馬尚德打電話來跟我說，『艾力克斯說他被准了，』這根本不是事實，而且那根本不是我們的醫生。」

「大概是他問問題的方式、問題的主題，還有我就是不想理馬尚德，因為他打電話來影響我看比賽，所以我直接回答說，『艾力克斯最好他媽的閉嘴，』然後我就把電話給掛了。」

實際上的回答很快就被馬尚德在推特上一字不漏的發了出去，並且立刻在運動圈子裏引起了震盪：「你知道嗎？如果洋基隊想要宣布什麼事情的話，我們自己會宣布，艾力克斯最好他媽的閉嘴，就這樣，我現在就打電話給他。」

年紀夠大的洋基隊球迷肯定會想起喬治・史坦布瑞納在他戰力最強的年代和大衛・溫菲爾德之間的戰爭，以及他和備受歡迎的洋基隊長唐・麥汀利在媒體上的對抗；老球迷們可能會認為這不過就是洋基隊長久以來的傳統，但是職業運動早已揚棄了這樣的對話語氣，而球隊總經理在媒體記錄下直接以髒話修理明星球員，這在任何時代都會是新聞。

凱許曼的「他媽的閉嘴」在這個社群媒體年代快速流傳，比賽還沒開打就像野火一樣燒了起來。

許多對手球隊大概都想對自己的球員這樣說，「棒球界有很多人打電話給我，就好像在說『幹得好，』」凱許曼說道。

有一位球界友人送給凱許曼一個煤炭色的圓形炸彈擺飾品，上面刻示著一個英文字母的F字；凱許曼多年來都將它展示在洋基球場辦公桌前方，後來才移回家中的辦公室，依然放在辦公桌上的顯眼位置。

儘管多年來在與基特的冷戰期間他都站在羅德里奎茲這邊，凱許曼並未直接對羅德里奎茲道歉，但是他花了時間解釋他為何生氣，並且也為自己的情緒失控而深感自責。

「通常我對媒體挺好的，」凱許曼說，「但這一次就是我最沒有隱藏的一面，我覺得我面對的是像馬戲團一般的場外鬧劇，還要正常管理球隊，又是馬戲團又是球隊的。」

隨著二〇一三年球季持續進行，洋基隊給人的感覺變得越來越像凱許曼自己說的，是個馬戲團，而且比史坦布瑞納和溫菲爾德對決時更像。

大聯盟仍然在積極調查羅德里奎茲，禁賽的決定似乎也遲早會被宣布，羅德里奎茲和他的法務團隊這時又發起了另一波帶有攻擊性的公關操作。

八月二日羅德里奎茲在紐澤西州翠登市（Trenton）的洋基隊小聯盟二A球隊進行復健賽，賽後他在接受記者訪問時提出了一個說法，強烈暗示大聯盟和洋基隊正共謀著想要終結他的職棒生涯。

「我這樣說吧！如果我從此不再回到球場的話，獲得利益的不僅只是單方面的事而已，」羅德里奎茲當天說，「獲利的不會是我的隊友，也不會是洋基隊的球迷，剩下的就顯而易見了，簡直就像是房間裏一隻粉紅色的大象；大家都知道我們想要解決禁藥的問題，這是必須的，我想我們所有的選手都這麼認為，但是隱藏在這些事情背後的是，有人想要用這個機會，用一些有創意的手段來取消你的合約，這會讓我擔心，我覺得不只是為了現在的選手們，我們也應該要為未來的選手們擔心。」

於此同時，整起事件的複雜程度又再度往上提升，當時擔任大聯盟事務長的羅伯．曼弗瑞德（Rob Manfred）接受了電視節目《六十分鐘》的訪問，並指控一位或多位隸屬於羅德里奎茲團隊的人士與東尼．波許所收到的死亡威脅有關，而當時波許正在聯盟的調查案中擔任支薪證人。

「你是說，艾力克斯．羅德里奎茲或是他的相關人士，與威脅要殺害東尼．波許有關？」節目主持人佩里直接問曼弗瑞德。

「我不知道羅德里奎茲先生知道些什麼，」曼弗瑞德並沒有提供更多細節，「但是我知道有一位最具威脅性的人士，他結識羅德里奎茲先生已經有一段時間了。」

那是一段充滿懷疑與偏執的時期，人人都擔心一些看似隨機的事件是否都另有牽連；二〇一三年夏天的一個午後，凱許曼提早回到康乃狄克州家中，卻覺得家裏有點不對勁。

「肯定發生了什麼事，但是沒有證據能證明是哪裏來的，」凱許曼說，「有一天我回家，如果你抓準了我平常的作息，那個時間我其實不應該在家的，但是那天下午我就是回到家了；我提早下班了，然後我到家的時候發現門是開的，我就覺得奇怪，我從來不會不關門，可是那天門沒鎖，開的大大的，後來我在樓上房間就聽到了兩聲嗶嗶聲。」

「我家裏有裝警報系統，剛剛我進門時門是開著的，我馬上想到，天啊！剛剛家裏有別人在！原來我回到家的時候，有外人正在我屋子裏，而且是因為我關了門上樓，所以後來才會聽到開關門的警報嗶聲，於是我立刻就跑下樓去。」

「一下子我的天線全都打開了，其他人也一樣遇上一些怪事，差不多都是在同一段時間，所以我相信這些並不是巧合。」

凱許曼並沒有報警，所以這次入侵也沒有留下紀錄，羅德里奎茲或是曼弗瑞德所謂的「相關人士」也未被證實與這起事件相關，所以這只能成為辦公室裏的猜測，也有可能什麼事都沒有。

但是光這些猜測和耳語，就足以說明當時的氣氛；一位即將就任的聯盟會長居然公開指控一位明星球員可能涉及兇殺威脅，這一點都不正常，當然也引起了更多懷疑與緊張的情緒。

就在這樣越來越惡劣與詭譎的環境之下，羅德里奎茲於八月五日正式重返球隊，並在客場出戰芝加哥白襪隊；而就在同一天，大聯盟也宣布了對他的禁賽懲處，處罰他即日起至整個二〇一四年球季都不得出賽，但是在他提出抗告期間會暫緩執行禁令。

雖然基特因為仍在傷兵名單上而沒有隨隊，羅德里奎茲的歸隊卻還是讓球隊裏產生分裂；在滿是棒球記者、新聞記者，甚至明星八卦媒體的球員休息室裏，沙巴西亞發聲力挺羅德里奎茲，說自己非常高興有一位這麼優秀的選手可以回到球隊。

但是就在休息室的另一頭、距離羅德里奎茲的置物櫃沒有多遠處，一壘手萊奧・歐佛貝（Lyle Overbay）卻在和兩位記者談話時搖頭反對。

「他有必要這樣做嗎？」歐佛貝說，「要是我吃了藥，我根本就沒辦法面對我自己。」

羅德里奎茲告訴記者說，他有向隊友們為自己所帶來的各種場外事件道歉，但是隊友們似乎並不買單。

「他可能有一對一跟幾個人說過些什麼，但那又不是說他有對我們全隊講話，」歐佛貝說，「哪裏有什麼道歉。」

在等待抗告程序的結果期間，羅德里奎茲持續出賽直到球季結束，到了冬天大聯盟在公園大道的大聯盟總部舉行聽證會，現場當然又像馬戲團一般混亂；這是一場羅德里奎茲和會長席利格之間的戰爭，即將卸任的席利格想要展現出自己嚴厲打擊類固醇的一面，也希望藉此鞏固自己進入棒球名人堂的機會。

大聯盟辦公室樓下的街上，不約而同臨時聚集著的球迷們拿著支持羅德里奎茲的標語，其中一個上面甚至直說洋基隊的總裁藍迪．拉文是魔鬼。

凱許曼早已不再和羅德里奎茲說話，原因倒不是出於生氣，而是因為任何事情都可能造成訴訟；果不其然，羅德里奎茲最後還是對洋基隊隊醫、大聯盟，以及球員工會都提出了告訴。聽證會當天的仲裁人最後裁決減輕羅德里奎茲的禁賽處分，只要禁賽二〇一四年球季即可。

時間快轉到一年之後，在二〇一五年球季他準備要回歸之際，羅德里奎茲找上了凱許曼想要修補雙方二〇一三年到二〇一四年初期那段混亂的關係，他也找過了已接任會長的曼弗瑞德以及其他幾位人士；這樣的懺悔與彌補終於讓他可以順利以洋基隊球員的身份重回球場、以洋基隊球員的身份退休，並且在福斯（Fox）及ESPN頻道上以評論員身份展開新的職業生涯，他還短暫當過海爾·史坦布瑞納的顧問。

「他在那之後的表現讓我覺得他的道歉是有誠意的，」凱許曼說，「我很感謝他願意表達他的歉意，而我也必須決定自己是否要接受他的道歉；我和他都還會在球隊裏共事，我難道要一直記仇嗎？我知道自己沒做錯什麼，所以我可以接受這樣的決定。」

「路是他自己要走下去，道歉也是他的必經之路，在他經過我的這個小世界時，我該讓他繼續前進嗎？我沒有必要浪費精力和時間去因為他而產生什麼負面能量，我寧可讓過去的事情留在過去，前面總有美好的一天；我該感謝他花了時間說他很抱歉嗎？我還蠻感謝的，這讓我們都可以繼續前進。」

繼續往前的兩個人不會再有基特同行，他在二〇一四年球季結束之後就退休了；由於基特二〇一二年至二〇一三年的腳踝傷勢，以及羅德里奎茲二〇一四年一整年的禁賽，洋基隊這兩位自貝比·魯斯和盧·蓋瑞格之後最亦友亦敵的一對，他們的最後一次並肩作戰老早就已經成為過去。

而對凱許曼以及這兩位名人堂等級的選手來說，這屬於他們的、漫長的時代也終於結束了。

# 28 取代一個偶像

一九八九年七月一場小聯盟一A比賽開打前幾個小時，二十二歲的紅襪隊內野手提姆．納林正在維吉尼亞州（Virginia）林奇堡市（Lynchburg）的球場上進行賽前防守練習，一顆被擊中的球向著他直飛而來，打在了他的臉頰上。

還穿著球衣的納林立刻就被送往醫院，在拍攝完X光之後就回到球場，而且還來得及上場代打；三天之後他隨著球隊前往馬里蘭州菲德里克市（Frederick）比賽，並在當地接受了口腔手術，他的前排牙齒被內推，牙床全是瘀青，口腔的上半部則被用支架給固定著。

當天下午紅襪隊就將納林直接升上了三A，並且要他立刻報到參加當天出戰洋基隊的雙重賽；於是納林搭機飛回林奇堡市，然後自己開了六百多英里的車趕往羅德島州（Rhode Island）的波塔基特市（Pawtucket），結果他在雙重賽的第一戰打完前就抵達了球場。

總教練艾德．諾托（Ed Nottle）看到他時說的第一句話就是，「你的臉發生了什麼事？」

諾托告訴納林要他在因雨延賽的第二戰擔任指定打擊，納林坐在自己的置物櫃前等待比賽時，環顧整個球員休息室發現自己幾乎一個人都不認識；一位叫做瑞克．蘭斯洛提（Rick Lancellotti）的老將上下打量了他幾眼，當然也注意到了他臉上的瘀青。

「挺住，」蘭斯洛提說，「第二戰你要對上羅恩．吉德里。」

要命，吉德里是當代最偉大的左投手之一，雖然已經三十八歲接近退休，而且正在小聯盟投復健賽，但是他還是一個不能被忽視的強投。

第一次面對路易斯安那閃電（吉德里的外號）時，納林就遭到了三振，但是第二個打席就是一次精彩的對決；納林接連破壞了好幾顆滑球，那是吉德里最具威力的武器，雖然現在已經難有他全盛時期的銳利角度，最後納林將一顆滑球打向左外野邊線成為了一支二壘安打。

納林上到二壘時吉德里轉身向他微微點了下頭，彷彿是在向他說，「還不錯嘛，小鬼，算你厲害。」

往後快轉二十年，吉德里和古斯．高薩吉（Goose Gossage）[68]正在洋基隊春訓基地的教練餐廳用餐，已經身為洋基隊高階球探的納林也在場。

---

68 高薩吉是美國棒球名人堂成員，也是職棒史上最早被指派為專任終結者的投手之一，他在二十二年的職棒生涯中曾經為九支球隊效力，三度在美國聯盟獲得最多救援成功，並且九度入選明星隊。

「鱸魚老大（也是吉德里的外號），我在三A的第一次打擊就是對到你，」納林說。

「對，我記得那天晚上，」吉德里濃重的卡津（Cajun）[69]口音很讓人舒適，「羅德島的波塔基特，雨天延賽。」

「就這樣一場比賽你也記得？」納林問道。

吉德里說，「因為那是我最後一次投球啊！」

對納林來說，那是個很有意思的巧合；他從未在洋基隊打過球，但是卻經歷了洋基隊傳奇球員吉德里的最後一場比賽，而且日後還成為了球團成員，幫忙打造這支球隊。

在吉恩．麥寇爾的全盛時期之後，隨著布萊恩．塞比恩的主動求去以及比爾．利弗賽的被動離隊，洋基隊具備傳統教練或是球探背景的人才當中，納林已經是最重要的一人；而當洋基隊必須要為即將退休的隊長德瑞克．基特找到替代人選時，也沒有人比納林更適合這項任務。

布萊恩．凱許曼把納林當成是當代棒球界最理想化、最接近完美的思想家，對傳統思維和創新理念都同樣熟稔，也對各種觀點都同樣重視；凱許曼常常說，「他就是我的吉恩．麥寇爾，」意思就是納林對他的重要性，就如同當年麥寇爾對喬治．史坦布瑞納的重要性一樣。

在加入洋基隊球團之前，納林是一九九〇年代波士頓紅襪隊極受歡迎的一位球員；他出身於俄亥俄州，個性純樸踏實，而隨著年齡增長、頭髮逐漸染白，更是容易讓人聯想起電影《大聯盟》（Major League）中湯姆．貝林傑（Tom Berenger）所扮演的、堅韌強悍但充滿智慧的克里夫蘭印地安人隊資深捕手傑克・泰勒（Jake Taylor）。

納林的球員生涯在一九九七年因為肩膀受傷而提前結束，才三十歲的他加入了家鄉的辛辛那提紅人隊協助培育球員；進入二〇〇〇年代時，他就已經以銳利的球探眼光以及和善可親的態度而在業界聞名。

當時洋基隊的職業球員球探長比利・艾普勒剛剛被凱許曼授權要重新建構起洋基隊的球探事務，他首先注意到納林；他們兩人常常在業界活動中偶遇，有時候會在晚宴之後深談棒球事務，甚至也曾經把酒言歡直到拂曉。

美國職棒對於不同球隊之間的員工有極為嚴格的規定，不得私下進行招募，因此艾普勒必須非常謹慎；但是他對納林在紅人隊工作狀態的關切，還是流露出了他內心真實的想法。

二〇〇七年納林因為紅人隊球團內部重整而失業，他考慮過要退出棒球界並留在辛辛那提市經商，但是決定先聽聽洋基隊怎麼說；他喜歡艾普勒這個人，也對洋基隊的近況充滿好奇。

艾普勒幾乎是立刻就與納林聯絡，「我看到辛辛那提球隊有些變化，」艾普勒說，「你有沒有興趣來紐約洋基隊當職業球員球探？」

---

69 卡津人主要居住在美國路易斯安那州，由十八世紀法國印地安人戰爭中被流放的阿卡迪亞人所組成，他們發展出帶有獨特風情的文化，並以音樂與美食著稱。

還說什麼留在辛辛那提經商呢？棒球對納林的吸引力實在太大了。

對艾普勒和凱許曼來說，納林就是一個完美的人選，他們一直想要找的就是一個有傳統球探的眼光、更要能接受資訊分析的退役球員；在魔球理論盛行之後，各球團內常見的是退役球員與數據專家各立山頭互不相讓，而洋基隊積極物色能兼容並蓄的人才，就是為了想要打散這樣的分立。

「我們的基礎是一群經驗豐富的球探，」艾普勒說，「有些在業餘棒球界有數十年的經驗，也有一些看職業球員看了幾十年，我們希望能夠再多元化一點，所以邀請了退役捕手喬許．保羅、資深教練皮特．麥坎能（Pete Mackanin）、退役外野手凱文．瑞斯（Kevin Reese）等等。」

洋基隊高層立刻就發現了納林獨特的整合能力，他能以傳統球探的眼光來評鑑球員、理解分析師對他的評鑑可能有不同看法，然後整理出一個公平的綜合結論；這個特質也立刻讓洋基隊開始指派他評鑑自家系統內的球員，藉此建立起一整套對於洋基隊潛力新秀更完整的球探報告。

「凱許曼可以在任何時候打電話給我，我會給他一份蠻充實的報告，讓他知道我們球隊目前的狀況怎麼樣，」納林說，「我給他的都是我自己的看法，但是會加上一些資訊分析的東西，我可以跟他說，『你看，目前的挑戰是這個，然後關於這個傢伙，分析師會告訴你這些東西，那是球探看不到的，』我可以在他做決定的時候幫忙看得更準確一點，在他要對選手做出決定的時候把整個情況描述得越詳盡越好。」

艾普勒說，「他打球的經歷豐富，又很細心，他不會因為第一印象、第一個想法，或是第一次的評鑑就做出衝動的決定，他會從他的角度詳細思考、問自己那些關鍵的問題，然後才把意見或是評鑑報告送上來；這種細心的程度真的與眾不同，把這個加上他球員生涯累積下來的經驗，他就成為了多功能的專業人士，他提供給我們一種多元化的觀點，也成為球團裏一個具備全方位能力的角色。」

自從他加入了洋基隊之後，納林就發現自己與凱許曼互動頻繁，一開始他的球探職務包含了整個國家聯盟以及洋基隊系統內的球員。

當要討論可能進行的交易時，納林常常被安排在坦帕基地或是洋基球場的會議室前排座位向凱許曼、艾普勒、費許曼報告，並要就球隊考慮爭取的球員接受詢問。

「他們很快就能感覺到你是個怎樣的人，特別是你評鑑球員的能力、你開會時做陳述的能力、你寫報告的能力，」納林說，「他們一下子就會知道你能有多少貢獻。」

雖然他從二〇〇七年就加入了洋基隊，但是他最重要的一次任務發生在二〇一四年；那年二月基特宣布了自己將要在球季結束之後退休。

洋基隊只剩下不到一年的時間，就要想辦法填補上這位傳奇球員留下的空缺，他們不只要找到一位球技出眾的游擊手，還要確保在取代這位球隊歷史上最受愛戴的球員之後，這位新來的游擊手能夠扛得住隨之而來的龐大壓力。

整個球探部都投入了這項任務，而巧合的是，麥寇爾和形式意義上承接了他職務的納林兩人都是這個過程中的重要人物。

「提姆幫了我很多，」當時已經是副總經理的艾普勒說，「提姆的資料很多，都是非常詳盡而且技術性的資訊。」

當時已經七十六歲的麥寇爾早已不像從前那樣頻繁到外地出差，但是他會在到紐約時檢視那些候選球員的影片；同樣重要的是，他會在賽前練習時偷偷觀察那些可能有機會取代基特的球員，去看看當他們完全不需要處理球的時候有些什麼反應。

「我會提早請老棍到洋基球場去，通常是賽前打擊練習的時候，」艾普勒說，「我們會看球員接滾地球，看一點他們的比賽，然後我會把老棍看到的東西串成他的球探報告。」

一開始在討論基特繼位人選的會議中，洋基高層曾經考慮暫緩一兩年，找一位資深球員來暫時補上這個位子。

「我們坐下來討論說，要是有人說要取代基特的話，我們應該怎麼做，而事實就是基特是無法被取代的，」納林說，「我們完全理解取代基特是多麼困難的一件事。」

「我記得小時候在辛辛那提看到紅人隊的大紅機器（Big Red Machine）[70]，心裏想著說他們有多少人都是名人堂等級的選手，我想到有人會討論說，『你要怎麼取代彼得．羅斯（Pete Rose）或是強尼．班奇（Johnny Bench）？』這些傳奇人物是無法被取代的，他們的接班人都要面對這個巨大的考驗。」

「我記得我曾經和老棍在戰情室簡單討論過，『去找一個暫時補上空位的傢伙會不會是最好的做法？我們可以找到一個能承擔壓力的老將嗎？我們該不該找一個人來銜接一下，用一兩年的時間讓一個年輕的、天花板更高的優秀選手循序漸進，讓那位老將來分擔取代基特的壓力？』當時有太多的想法跟概念在交流，大家都在討論我們應該怎麼去做。」

二〇一四年球季一開打，洋基隊逐漸將注意力集中在幾位資歷不一的游擊手身上，其中包括德州遊騎兵隊的艾爾維斯・安德魯斯（Elvis Andrus）、奧克蘭運動家隊的傑德・羅銳（Jed Lowrie）、巴爾的摩金鶯隊的J. J.哈迪（J. J. Hardy）、亞特蘭大勇士隊的安德瑞爾頓・西蒙斯（Andrelton Simmons），還有亞利桑那響尾蛇隊的狄迪・葛雷格里斯（Didi Gregorius）。

外野手退役的職業球員球探長凱文・瑞斯和納林一樣，都符合凱許曼和艾普勒所想要的參謀類型，既有球員經驗又對數據資料有求知慾；洋基隊後續的兩位職業球員球探長分別是丹・蓋斯（Dan Giese）和麥特・戴利（Matt Daley）兩位退役的大聯盟投手，他們也都是一樣的類型，而瑞斯則開始在洋基隊內部被謠傳會是凱許曼的接班人。

---

70 美國職棒大聯盟辛辛那提紅人隊於一九七〇年代四度進軍世界大賽並兩度獲得冠軍，他們以強大的攻擊火力被認為是美國大聯盟史上最強的隊伍之一，因此獲得這個暱稱。

瑞斯派出了多名球探去看這些選手，納林銳利的眼光、特別是他像老棍一樣注意到球員不需要處理球時的反應，引起了瑞斯的注意；納林甚至還因為球與球之間細微的肢體反應而建議排除其中一位球員。

通常當一壘有跑者的時候，其中一位中線內野手會用暗號決定誰會在防守時負責補位二壘，通常暗號會是張口或閉口；納林想看到的就是一位游擊手能像基特一樣主動接下這個任務，直接給出暗號。

「我認為如果你是游擊手，你就必須具備領導者的氣勢，要掌控整個局面，」納林說，「這對整個球隊都有幫助，游擊手可以調整隊友的位置，要幫忙確定大家都移到了正確的防守位置上，你當然需要一位領導者，對吧？要是你沒有和球員一起待在休息區，你要怎麼找出領導者是誰？從觀眾席上要怎麼去看？」

「拿中外野手來說吧！如果你去看二〇二三年洋基隊的中外野手哈瑞森・貝德或是亞倫・賈吉，你會看到他們主動去調整隊友的位置，『嘿，我要往我左邊移五步，我要確定另一邊的隊友知道我往哪裏移動了，』持續溝通；所以我在看游擊手的時候也要看到他和其他的內野手們溝通，我要確認他們都知道在防守佈陣的時候，誰會去還有誰不必去二壘補位，還有誰會去告訴投手這件事，確定大家都知道該怎麼做。」

「對我來說最值得注意的就是一壘上有人的時候，一般來說都會有暗號決定如果跑者盜壘時誰會去二壘準備接球，就是開口或閉口；有一天我看到一位資深的游擊手沒有給暗號，反而是搭配的新人二壘手在給暗號，當然也有可能是老將剛好在教新人，我不確定，但是我看到了當時的狀況，我就記下來了。」

隨著二〇一四年上半球季持續進行，納林對葛雷格里斯展開了長期的深入觀察；葛雷格里斯出生於荷蘭（Netherlands）並在古拉索島（Curaçao）長大，當時才二十四歲。

巧合的是洋基隊早已經在注意響尾蛇隊的投手布蘭登．麥卡錫（Brandon McCarthy），他在亞利桑那的成績並不符合預期，二〇一三年只有四點五三的投手防禦率，而二〇一四年前幾個月的防禦率更是暴漲到五點〇一。

「我常常去看亞利桑那的比賽，因為我已經花了超級久的時間在布蘭登．麥卡錫身上，」納林回憶著說，「從我球探的角度來看，我總覺得『為什麼這傢伙的成績沒辦法更好？』我記得那應該就是球探的評鑑眼光第一次和大衛．葛蘭賓納（David Grabiner）的部門開始了合作，葛蘭賓納在費許曼升職了之後接任成為洋基隊的定性分析部門主管。」

「他們注意到了投球品質方面的數據、球路走向、球種使用等等，然後發現一些他們立刻就可以做出的簡單改變；球探們看到麥卡錫都會覺得，『哇！這些很有道理，他應該會比現在有更好的表現，』這大概是第一次兩個部門都對一筆交易覺得滿意。」

洋基隊球探在麥卡錫身上看到優秀的能力，也覺得有機會能讓他的表現更好，而球隊資訊分析的部門則發現了改進他的方法；他們認為關鍵在於卡特球，麥卡錫的卡特球潛力十足，但響尾蛇隊卻叫他儘量少投。

洋基隊在二〇一四年七月六日透過交易獲得麥卡錫，這項交易因為成功結合了球探部門的評鑑和分析部門的研究，而在球團裏成為了一個重大時刻；在加入洋基隊並且開始重用卡特球之後，麥卡錫在洋基隊把自己的投手防禦率壓低到了二點八九。

在長期觀察麥卡錫的時候，納林也對葛雷格里斯做出了深入觀察，葛雷格里斯在十幾歲時就與紅人隊簽約，然後在二〇一二年被交易到亞利桑那；聯盟裏大部分的球探都認為他的運動能力和左打優勢深具潛力，但是響尾蛇隊的中線內野手人才濟濟，葛雷格里斯並沒能獲得足夠的上場時間來持續進步。

「在觀察麥卡錫還有長時間看響尾蛇隊比賽的時候，我看過狄迪守游擊，也看過狄迪守二壘，我非常喜歡他的打擊潛力，」納林說，「我認為他有足夠的拉打力道，這樣的能力在洋基球場會有優勢，我喜歡他打擊時的一些表現，我也認為面對右投手他的潛力無限。」

球探就像記者一樣，要利用他們在聯盟裏的關係去發掘那些在比賽中看不到的細節；納林在紅人隊的老同事就為他提供了資訊，告訴他葛雷格里斯球員之外的一面。

「我在紅人球團還有以前的朋友，他們簽下狄迪的時候就喜歡他的性格、他的個性，還有他的棒球智商，」納林說。

納林把他觀察到的全部都告訴艾普勒，艾普勒則和他最新的退役球員／球探／分析師綜合參謀艾瑞克．夏維茲一一核對；夏維茲在大聯盟有十七年的球員資歷，他於二〇一一年和二〇一二年在洋基隊效力，並在二〇一三年加入亞利桑那響尾蛇隊。

「我在洋基隊打球的時候，比利對我說，『等到有一天你不打球了，我會打電話給你，然後你要來我們這裏工作。』」夏維茲說。

夏維茲在二〇一四年球季間決定退休，沒有幾個月就加入了洋基隊的棒球事務團隊，剛好可以為尋找基特的接班人做出貢獻。

「他跟狄迪在亞利桑那是隊友，」艾普勒說，「提姆累積了很多資料，夏維茲剛好可以提供隊友角度的觀察。」

夏維茲說，「我說的是，『兄弟，狄迪是我看過防守最好的游擊手之一，』還有『亞利桑那高估了部分的內野手，狄迪才真的是不可思議，你不可能取代基特這個球員、這個偶像一樣的存在，但是你可以取代他一部分的能力，狄迪的防守穩定，而且左打者在洋基球場會有優勢，』我覺得他就是最適合的人選。」

二〇一四年九月二十五日，球探們都還在蒐集各方意見，而洋基隊未來游擊手的人選還未被決定，基特就以最符合他的戲劇化方式為他的洋基隊生涯畫下了句點。

在球季最後一次主場比賽的第九局，洋基隊以五比二領先巴爾的摩金鶯隊，基特鎮守著游擊大關，接受全場喊著他名字的呼聲；他不停深呼吸，而且好幾次眨眼擠掉淚水，很難得的在公眾之前顯露出了他的情緒。

他的職業生涯馬上就要落幕了，但是四十四次登場救援獲得三十九次成功的終結者大衛・羅伯森（David Robertson）卻在此時被艾頓・瓊斯（Adam Jones）擊出了一支兩分全壘打，這讓比數成為了五比四，但羅伯森仍然掌握了領先的局面。

兩人出局，基特仍在強忍住淚水，金鶯隊的史提夫・皮爾斯（Steve Pearce）一棒揮出一記左外野方向深遠的高飛球。

幾乎球場裏的每一個人都盯著球的去向，這是大家看比賽時習以為常的反應，但是在游擊區那個完全不需要處理球的地方，全世界都忽略了一件從未發生過的事；基特把雙手放到了膝蓋上，低下了頭，然後對現場的狀況罵出了髒話，這個最順其自然、最能控制自己情緒的斯多葛主義（Stoicism）[71]大師似乎差一點就要控制不住自己的情緒了。

在客隊休息區裏，巴爾的摩金鶯隊總教練卻覺得基特不會有什麼大問題；當時金鶯隊的總教練剛好就是巴克・休瓦特，一九九五年基特首度登上大聯盟時的洋基隊總教練。

休瓦特貢獻心力協助編寫的《洋基之道》讓基特得以成就個人榮耀，而當他在德州遊騎兵隊時則是艾力克斯・羅德里奎茲的總教練；之後休瓦特在棒球界邊緣打滾了近二十年，才得到機會和比利・艾普勒一起將吉恩・麥寇爾和比爾・利弗賽的概念都帶到了紐約大都會隊去，棒球有時候就是這樣前後對稱得這麼完美。

在這一天晚上，休瓦特注意到基特將會是九局下半的第三位打者，他對當時狀況有足夠的理解，清楚知道神奇的一刻很有可能會發生。

荷西．皮瑞拉（José Pirela）一上場就擊出一壘安打，洋基隊總教練喬．吉拉帝立刻更換安東．理查森（Antoan Richardson）上場代跑；接著布瑞特．賈德納（Brett Gardner）以犧牲打將理查森送上二壘，基特就在一人出局、得分位置上有跑者的情況下登場打擊，有機會擊出帶來勝利的再見安打。

休瓦特或許應該故意保送基特來製造雙殺的機會，但是基特在踏出打擊準備圈的時候向金鶯隊的休息區看了一眼，正好在那一瞬間短暫迎上了休瓦特的目光，於是休瓦特決定讓投手和基特正面對決。

神奇的一刻幾乎是立刻就降臨了，基特將金鶯隊終結者伊凡．米克（Evan Meek）投出的第一球打向右外野，理查森快步奔回本壘得分拿下勝利，即將退休的洋基隊長兩手高舉躍向空中，

---

71 斯多葛主義是一個創於西元前3世紀早期的希臘化哲學流派，崇尚個人幸福與德性倫理，並重視遵循自然；現代英語多用斯多葛stoic一字形容對情緒與情感的壓抑，接近中文「喜怒不形於色」之意，在日常使用時亦有「平心忍耐」、「保持耐心」之意。

隊友們則從休息區衝上球場，在一壘後方的紅土區撲向他祝賀。

在樓上的媒體工作室裏，記者是從不會允許自己因為球場上的任何狀況而表現出驚愕或讚嘆情緒的，這次卻在一段短暫的寂靜之後隱約傳出了幾句類似「這也太不可思議了」的聲音；我們其實都應該在截稿時限前快速打字更新我們對這場比賽的報導，但是大家都停了下來盯著場上的一切，有幾個人笑了，心裏想的大概是「我的老天，這種事居然真的發生了。」

洋基隊高層立刻就對休瓦特的戰術感到好奇，不明白為什麼金鶯隊的內野手在明知道基特擅長對反方向擊球的情況之下，似乎還移往了內野左側佈陣。

「幾乎像是休瓦特故意要讓他打出那支安打，」一位洋基隊的高層人員說道，他也注意到金鶯隊已經拿到了季後賽的門票，而洋基隊則早已出局；「沒有人會這樣子對付基特的，他是專門往反方向攻擊的，那就像是在向基特致敬，他們防守的方式很不尋常，更何況在那個情況下他們是可以保送他的，」但是休瓦特在被問到的時候當然對此完全否認。

基特的職業生涯結束了，球季結束前最後一個週末在波士頓的系列賽他參與的程度也有限，現在洋基隊必須和這個不可能的任務正面對決，要全力找到他的接班人了。

凱許曼的結論是他無法簽下 J. J. 哈迪，對方最後也迅速的與金鶯隊續約，艾普勒則負責與德州遊騎兵隊討論關於安德魯斯的交易，因為對方的副總經理撒德．拉文（Thad Levine）剛好也是他的伴郎團成員；然而曾經一度是明日之星的安德魯斯卻似乎在球技表現上開始衰退，而且他的合約中還有一個球員選擇權，讓他有機會可以從二〇一九年起以四千三百萬美元的薪水總額延長合約三年。

遊騎兵隊想要換取新秀捕手蓋瑞．桑契斯（Gary Sánchez），洋基隊則希望對方能負擔安德魯斯延長合約的部分薪資，協商過程太過複雜，於是洋基隊決定放棄。

雖然凱許曼和他的參謀們都喜歡葛雷格里斯，但是西蒙斯巫師一般的防守技巧也深深吸引著他們，於是他們也開始和亞特蘭大勇士隊協商交易。

如果要交易西蒙斯和外野手傑森．海沃德（Jason Heyward），勇士隊想要換取包括亞倫．賈吉、路易斯．賽維里諾（Luis Severino），以及桑契斯在內的數位潛力新人（想像一下賈吉終身穿著勇士隊的球衣）；他們還想要洋基隊承接資深老將B. J.厄普頓（B. J. Upton）和克里斯．強森（Chris Johnson）沉重的合約，並且對另兩位新人伊恩．克拉克金（Ian Clarkin）及曼尼．班紐埃洛斯（Manny Bañuelos）也有興趣，他們的要求太高，所以雙方就沒有再繼續下去。

於是凱許曼把注意力完全轉向了葛雷格里斯，他和艾普勒最重視的就是納林的認證。

「提姆發表了很多關於狄迪的意見，他認為狄迪是可以在我們球隊天天先發的游擊手，」艾普勒說，「他直接對小凱說，『我們真的應該全力鎖定這傢伙。』」

「我早就已經覺得納林是個年輕版的吉恩．麥寇爾，」凱許曼說，「他就是一個實實在在的棒球人，於是我們開始和響尾蛇隊協商，但是雙方一直都談不攏；我大概試過了十幾種不同的交易提案要跟響尾蛇隊換狄迪，但是每一次都無法直接和對方敲定交易，我真的很驚訝，因為我們提出來的這些真的都是很棒的球員。」

由於無法直接和亞利桑那的棒球事務長東尼・拉魯薩以及總經理大衛・史都華（Dave Stewart）對上話，凱許曼只好發揮他的創意；他想起底特律老虎隊總經理大衛・唐布勞斯基（Dave Dombrowski）和總教練吉姆・李蘭德（Jim Leyland）都喜歡二〇一四年在洋基隊交出優異成績的年輕新人右打者席恩・格林（Shane Greene）。

「我在底特律和唐布勞斯基聊天的時候，他們就非常想要席恩・格林，」凱許曼說，「我也不想放走格林，但是我們極度需要一個頂級的游擊手，甚至是任何游擊手都好；當時其實我也不知道狄迪到底有沒有那麼棒，但是亞利桑那就像是一個游擊手工廠似的，有好幾個優秀的年輕游擊手。」

「唐布勞斯基和李蘭德熱愛格林，唐布勞斯基說，『你們想要什麼？』我說，『我有話直說，如果你能從亞利桑那把狄迪・葛雷格里斯給弄過來，我就把席恩・格林給你，』我其實不想那樣做，但是我也必須去認證提姆・納林對狄迪的評鑑，確定他真的有那麼好；大衛回答說好，而且不到四十八小時就來跟我說，『我到手了，』我的第一個反應就是這是搞什麼鬼？我花了這麼久的時間都沒辦法把這小鬼弄過來，結果你一兩通電話就搞定了？不過最後也就是如此，這是一筆三方交易。」

在確認交易之前，凱許曼打了電話給人在辛辛那提家中的納林。

「你真的那麼喜歡這傢伙？」他問道。

「對，我是，」納林回答道。

「我想我們應該可以找到方法，」凱許曼說，「我等等打回來給你，我們可能可以用三方交易的方式完成這件事。」

納林立刻走上樓去找到他的妻子克莉絲（Kris）。

「我跟妳說，這會是我們在洋基隊的關鍵時刻，如果交易順利幫到球隊，我們就會順利繼續留在洋基隊，不然的話……」

一開始的一切都非常不順利，葛雷格里斯在二〇一五年三月和四月的打擊率只有兩成〇六，五月則是兩成三二；洋基球場的球迷們開始噓他，伴隨著接替基特而來的沉重壓力對葛雷格里斯來說似乎是太過沉重了。

如果選手會對此覺得不安，那推薦這位選手的人當然更加坐立難安。

「打擊上的不如預期當然很讓人焦慮，」納林說，「球探們總是會說，『球員加入球隊之後就沒有我們的事，該去找下一位球員了，』這當然沒錯，但是我想告訴你的是，當你的名字和球員連接在一起之後，你一定會繼續去支持他的；你每天晚上都看比賽，你希望你帶進來的球員能為球隊做出貢獻，幫大家的手上戴上戒指，所以真的，那一開始的幾個月真的很難熬。」

納林根據自己過去的經驗，知道洋基隊的打擊教練傑夫．潘德蘭（**Jeff Pentland**）正在調整葛雷格里斯的打擊動作，只是尚未出現成效而已；果然葛雷格里斯在穿上直條紋球衣的第一年最後交出了稱職的兩成六五打擊率，在防守上的表現也勝過基特，而他充滿自信的風格以及對細節的注重也令人滿意。

之後他就開始起飛成長，在五年之內葛雷格里斯不只是貢獻良多，也深受球迷及隊友的喜愛，他看上去就是個洋基人。

「他完全就是物超所值，」凱許曼說，「他超棒的，完全不輸任何人，而且他的個性也好，球迷們都喜歡他，他的表現也很好，真的很棒。」

葛雷格里斯也在季後賽的關鍵時刻做出了貢獻，在二〇一九年球季後成為自由球員離隊之前，他盡到了一位洋基球員所應該盡到的所有責任，足以成為洋基隊歷史上的重要人物，但是他唯一無法獨力做到的，就是將洋基隊帶進世界大賽。

不管洋基隊在戰績上的表現有多優秀，甚至可以說是輾壓對手，但是自二〇〇九年之後他們就一直無法達成球隊的終極目標；到了二〇一〇年代中期，基特、羅德里奎茲這個世代的老將們大多已經或即將離隊，凱許曼和他的團隊必須再建立起一個新的球隊核心。

這段過程再度提醒了他們一九九〇年代的那一群球員有多難能可貴，這些他們都心知肚明，但是這樣的審視也幫他們找出了球隊下一個世代的超級巨星，一個真正的基特接班人，而且完全沒有任何球隊內鬥的包袱。

回到基特面對巴爾的摩金鶯隊神秘的佈陣敲出再見安打的那一刻，當時亞倫・賈吉早已經在低階小聯盟轟出一支又一支的全壘打。

然而在他駕臨紐約之前，洋基隊還有更多的肥皂劇要上演，更多的改變要面對。

# 29 新核心、新文化、全新的挑戰

二〇一六年球季打到一半，布萊恩·凱許曼就知道這隻洋基隊完全沒有打贏世界大賽的可能，最好的方式就是把資深老將都交易出去，換一些潛力新秀回來。

局部換血補強，甚至說是要砍掉重練，這在洋基帝國來說都是無法被理解的禁忌，最少從一九八九年開始就是這樣；那年洋基隊在季中戰績勝率不到五成，於是就把瑞奇·韓德森（Rickey Henderson）[72]交易去了奧克蘭運動家隊，成為了交易市場上的賣家。

然而每一支球隊的農場系統都會有要面臨整頓的一天，特別是像洋基隊這樣一支長年靠著消耗農場新秀換取高價明星球員來維持住王朝優勢的球隊，凱許曼不得不向海爾·史坦布瑞納提出了他的建議。

反對的意見則來自洋基球團的商業事務部門，他們認為放棄球季的做法與洋基隊強調勝利的精神不符，完全違背了長期以來的品牌形象。

史坦布瑞納衡量了雙方的意見，「球團裏確實有人認為這樣就完全放棄了我們在當年贏球的機會，我的一些家人也這樣想，」他回憶著說。

凱許曼還是成功說服了史坦布瑞納接受他的做法，認同這樣才能讓未來的洋基隊有長期贏球的可能；為了安撫球團的商業事務部門，他透過交易換回了資深牛棚投手泰勒．克里帕德（Tyler Clippard），同時也將一些球迷們期待已久的潛力新秀給升上了大聯盟，讓這一切看起來不像是對剩餘的球季舉起白旗。

在比利．艾普勒離隊去擔任洛杉磯天使隊的總經理之後，現在的提姆．納林已經是凱許曼麾下的頭號參謀，他和洋基隊的球探們花了幾個星期的時間，在全美國各地去評鑑可能的交易目標；而老師傅吉恩．麥寇爾也一如往常的繼續透過影片來研究每一個潛力新秀，只是當時沒有人知道這將會是他人生倒數的第二個交易大限。

洋基隊在七月二十五日開始了大甩賣，凱許曼的第一筆交易就是把終結者阿洛迪斯．查普曼（Aroldis Chapman）和另外三位球員交易到了芝加哥小熊隊去，換回了內野手新秀葛萊伯．托瑞茲。

---

72 韓德森是美國棒球名人堂成員，以優異的盜壘能力著稱，是大聯盟單季一百三十次盜壘成功以及職業生涯一千四百〇六次盜壘成功的紀錄保持人，曾經十二度獲得美國聯盟盜壘王，並在一九九〇年球季獲選為美國聯盟的最有價值球員。

六天之後他把王牌中繼投手安德魯・米勒（Andrew Miller）送到了克里夫蘭去，換回了外野手新秀克林特・佛雷澤（Clint Frazier）、投手新秀賈斯特斯・謝菲爾德（Justus Sheffield）以及另外兩位球員；八月一日的大限當天，他又將資深打者卡洛斯・貝爾川（Carlos Beltrán）送到了德州去，換回投手新秀迪倫・泰德（Dillon Tate）、艾瑞克・史溫森（Erik Swanson），以及尼克・格林（Nick Green）。

「說到交易貝爾川，我記得我們的打線火力真的不行，」史坦布瑞納說，「而且我也不認為他們會一下子突然就像變魔術似的開始變強；至於送走查普曼和米勒，我想那是因為該是時候讓我們的年輕球員們上來了，像是蓋瑞・桑契斯、亞倫・賈吉、一壘手泰勒・奧斯汀（Tyler Austin）等等，這些都是其他球隊問了三四年的選手，每一年的交易大限，每一年的球季後他們都在問，但我就是不肯把他們交易出去。」

「對，確實有人反對這樣子換血，但是我認為我們當時就是沒有贏球的實力，就這麼簡單，所以不如把那些年輕的都升上來，滿足一下球迷們的期待，看看這些球員能不能有所表現；每一支球隊都覺得他們一定可以，不然這些球隊不會在每次談交易的時候都想要換走他們，現在（二〇二三年）回頭看看成果，光是賈吉一個人就可以證明我們當時的決定是對的。」

雖然並不是每一筆交易都有好的回報，但是和芝加哥的那筆卻非常成功；不只是托雷茲在紐約成為了明星球員，凱許曼還在二〇一六年球季結束之後就將查普曼給重新簽了回來。

然而佛雷澤的發展就不如預期，凱許曼的遲疑讓他的交易價值被消耗殆盡，洋基隊最後不得不在二〇二一年球季結束之後將他釋出，這是他們球探在評鑑和預估上的失誤。

有些交易而來的球員則是以另一種方式貢獻了他們的價值，凱許曼後來將謝菲爾德和史溫森送到西雅圖水手隊去換回先發投手詹姆斯．派克斯頓（James Paxton），雖然派克斯頓在兩年的洋基隊生涯中傷病不斷，但是他在包括二〇一九年季後賽在內的關鍵時刻都挺身而出表現優異；二〇一八年凱許曼也用泰德去向巴爾的摩金鶯隊換回了牛棚投手查克．布里頓（Zack Britton），布里頓一連好幾年都在洋基隊擔任布局投手，不僅在球場上貢獻卓著，在球員休息室裏也是個重要的領袖。

八月十三日，就在貝爾川被交易走的十二天之後，賈吉第一次站上了大聯盟的舞臺，也為他史無前例的二〇一七年球季揭開了序幕。

交易走了資深老將，伴隨著年輕新人而來的則是充滿了新希望的嶄新局面，然而接下來的二〇一七年球季對洋基隊來說，卻在不同層面上都是沉重的打擊；九月七日傳來了麥寇爾因為心臟病發突然離世的消息，令許多友人都深感悲痛，從他在一九六八年來到紐約並在深夜牌桌上痛宰米奇．曼托開始，幾乎洋基球團的每一個重要事件都有麥寇爾的參與，他比喬治．史坦布瑞納更早加入洋基隊，也比他留得更久，他是建構以及維護最後一個洋基王朝最重要的功臣之一，因為他親手培養出了布萊恩．凱許曼。

沒有幾個人比巴克·休瓦特更接近麥寇爾，麥寇爾逝世的當晚，休瓦特和巴爾的摩金鶯隊剛好輪到和洋基隊比賽，他聽到消息時立刻就想起了接近二十五年前在他家廚房的一幕。

「他會從紐澤西州開車往佛羅里達州的春訓基地去，大概早上七點就會先出現在我家，」休瓦特說，「他會進來吃早餐，喝點咖啡，然後跳上車又繼續開，他開車很猛，但是我清楚記得他的那些聲音，宛如昨日。」

盤子在水槽裏碰撞、咖啡沖泡的聲音，老棍麥寇爾和他那全盛時期未經修飾的男中音，在廚房裏滔滔不絕的講著棒球。

「老天爺，我真想他，」休瓦特說。

洋基隊高層必須暫時放下這些傷痛，提起精神為提早了一兩年到來的季後賽做準備；二〇一六年當凱許曼利用交易空出位置讓年輕球員們上來時，他以為還需要再經過一段時間才能讓洋基隊再度成為季後賽榮耀的競爭者。

但是其中幾位年輕球員在二〇一七年就快速地展現實力，像是投手路易斯·賽維里諾，特別是還有賈吉，他以五十二支全壘打創下新人紀錄，並在美國聯盟最有價值球員票選中排名第二，僅次於休士頓太空人隊的二壘手荷西·奧圖維（Jose Altuve）。

洋基隊在球季例行賽贏了九十一場比賽，並在季後外卡賽擊敗明尼蘇達雙城隊、在分區冠軍系列賽擊敗克里夫蘭守護者隊，最後在美國聯盟冠軍系列賽中遇上了整體實力同樣在進步中的太空人隊。

在過去的幾個球季之內，太空人隊的總經理傑夫・盧諾（Jeff Luhnow）以數據資料和執行效率重新整頓了整個球團；他出身於道德上頗具爭議的麥肯錫公司（McKinsey & Company），在進入棒球界之前是一位商業諮詢顧問，他加強推動使用科技、開除了許多高薪的球探，並且讓球團內的下屬都感受到必須要積極創新的強大壓力。

這樣的環境最後逼出了棒球歷史上最嚴重的作弊醜聞。

在接下來的三年之內，太空人隊從球隊高層到教練和選手居然集體合作，利用攝影器材和演算法等科技竊取了對手球隊的捕手暗號。

整體來說，利用電子器材來竊取暗號的做法從二〇一四年就已經開始，當時大聯盟擴大使用了即時重播輔助判決，並在球員休息區附近設置了重播室，球隊工作人員會在重播室內經由不同的攝影角度來檢視球賽狀況，並藉此建議總教練是否該對裁判的某個判決提出挑戰。

由於大量的畫面都是特寫鏡頭，於是球員們開始晃進重播室來看捕手的手部暗號，從而得知對方的下一個配球；洋基隊當然加入了這股潮流，波士頓紅襪隊、洛杉磯道奇隊、密爾瓦基釀酒人隊，還有許多其他球隊也不例外。

這些球隊將看到的捕手暗號從球員休息區傳遞給壘上的跑者，而跑者則用各種複雜的肢體動作（例如手摸帽沿、手劃過胸前等等）來將訊息再轉告給打者。

在道德上來說這屬於一個灰色地帶，畢竟球隊之間在比賽時竊取暗號的歷史已經超過了一個世紀之久，而由於各種手勢和肢體動作的設計和變化，你甚至可以說這已經是一種藝術。

然而太空人隊則將竊取暗號這件灰色地帶的事又往前推進了一大步，最關鍵的就是他們決定在壘上沒有跑者的時候也要讓打者知道對手的配球，於是他們採用了各種聲音來傳遞訊息，例如電話鈴聲、球棒的敲擊聲、垃圾桶的撞擊聲等等，把偷來的暗號轉告給打者知道；這比起其他球隊要明目張膽了許多，也完全抹滅了竊取暗號的美學，選手不需要設計複雜的肢體動作傳遞訊息，也不需要動腦去思考那些動作，在對手的眼中看來，這就是粗暴的、擺明的在作弊，沒有任何其他球隊是像太空人隊這樣子做的，一直要到二〇一九年球季結束之後，太空人隊的做法才被完整揭露，而這股以電子設備竊取暗號的浪潮才就此停歇。

洋基隊和許多其他球隊從二〇一七年季後賽就開始懷疑太空人隊，但是當時他們還不知道問題的嚴重性。

一位參與作弊的太空人隊成員說，球隊在美國聯盟冠軍系列賽和後來擊敗道奇隊的世界大賽中是這樣操作的：在主場美粒果球場（Minute Maid Park）的比賽開打前，球隊人員會在球員休息區後方安裝上一個電視螢幕，鏡頭畫面則是捕手胯下的即時影像；球季例行賽期間電視螢幕會長期被懸掛在牆上，但是由於在季後賽期間聯盟會分別在比賽開打前和結束後檢視球員休息區及休息室，因此太空人隊必須要更加隱匿這些行為，只要比賽一結束，立刻就會有球隊人員過來把電視螢幕拆走，以免被聯盟發現。

太空人隊用了七場比賽擊敗洋基隊，雖然他們在自家主場的打擊表現並不出色，但是由於比數非常接近，沒有人知道雙方要是公平競爭的話，系列賽的結果會不會有所不同。

在某些層面上，洋基隊球團至今仍對此憤怒不已。

「那本來該是我們的一年，」一位洋基隊高層人員說。

「那不是你們靠實力贏來的，」亞倫．賈吉在二〇二〇年被問到太空人隊二〇一七年的世界冠軍時則是這樣說。

「他們要靠著這麼違法、這麼糟糕的方式才能擊敗我們，」凱許曼在二〇二二年接受網路運動媒體《運動員》（The Athletic）的訪問時說。

太空人隊在二〇一九年季後賽時仍然持續以各種不同方式作弊，在那年美國聯盟冠軍系列賽的第六戰，洋基隊注意到外野有一連串帶著特定規律的閃燈，點亮和熄滅的方式就和投手投出的快速直球或變化球相互對應。

「看著閃燈我們就知道什麼球會過來，所以他們肯定知道，」一位洋基隊高層人員說。

「那是狗屎般的鬼扯，」一位太空人隊當時的成員卻這樣回覆我。

第六戰太空人隊靠著奧圖維在第九局的全壘打獲勝，也拿下了系列賽的勝利，接下來的傳聞是奧圖維當時在球衣底下配戴著一個蜂鳴震動器，並藉此得知即將被投出的球路；我自己在深入的調查報導中並沒有發現任何與震動器有關的證據，奧圖維也堅決否認這些指控，但是許多洋基隊球員及球隊高層就算到死都堅信那就是原因。

在二〇一七年美國聯盟冠軍系列賽敗戰之後，凱許曼和史坦布瑞納做出了重大的決定，不再和總教練喬·吉拉帝續約；其實凱許曼在球季期間就已經決定如此，而要是洋基隊當時打進了世界大賽，很可能就會影響到他的計畫，從某個層面來說，休士頓太空人隊的作弊反而對洋基隊產生了另一個完全不同的重大影響。

當凱許曼在二〇〇七年雇用吉拉帝來取代喬·托瑞時，他認為吉拉帝是一位完美的搭檔，可以和他一起帶領球隊進入資訊與科技的新世界。

他們兩人攜手贏得了二〇〇九年的世界冠軍，之後球隊也在吉拉帝的領導之下安然度過了那段球團高層和逐漸衰退的德瑞克·基特以及艾力克斯·羅德里奎茲之間的鬥爭時期。

到了二〇一七年，一批新世代的年輕球員逐漸開始接班，凱許曼開始收到消息，聽說吉拉帝公事公辦的專業性格已經逐漸不被這群年輕人接受；外界的看法大多猜測凱許曼是因為吉拉帝無法與年輕球員產生連結，所以才不得不結束雙方的合作關係，但事實上並非如此。

凱許曼並不認為他的總教練必須要能和那些從小聯盟上來的、二十幾歲的年輕人都成為好朋友，但是他需要他的總教練在管理哲學和性格個性上都要能和他理念相通。

凱許曼說，他和吉拉帝從二〇一七年球季開始時就已經不再那樣合拍。

「我一直最支持他，他能夠在球隊待那麼久就是因為我認為他符合了許多我們的要求，也為我們立下了許多功勞，」凱許曼說，「但是當選手沒辦法團結一致的時候，我很難去分辨到底是因為他太嚴苛、太刁難球員，還是因為他和球員之間的溝通出了問題，從我的位置來看，我真的很難去分辨出真正的原因。」

「只要我們一直贏球，只要他一直把他份內的工作都做好，沒有人會去在意那些事，只有理念上的共同一致才是最重要的；有一段時期我們之間斷線了，這其實可以被修補，但是他選擇不去修復這段關係，所以我也必須繼續前進。」

凱許曼不願意再多透露其中的細節，但是其他的消息來源說這和雙方之間的溝通以及誠信有關，只是程度大概不及於當年凱許曼和托瑞因為羅恩・吉德里和受傷牛棚投手寇特・比恩而交惡的程度；到了第二年，當其他球隊開始尋求新的總教練人選時，凱許曼也會透過他在業界及媒體間的人脈來推薦吉拉帝，他依然對吉拉帝抱持著發自內心的好感。

「我熱愛喬・吉拉帝，」凱許曼說，「我認為他是一位在洋基隊歷史上留下影響的球員，也是一位貢獻卓著的教練，更是一位世界冠軍；我們以他的成就為傲，但是就像任何人一樣，家人之間也會有意見不同的時候，甚至可能會因此而漸行漸遠，我和他之間也是一樣，但我依然覺得他棒得不得了。」

凱許曼和他的親信參謀們開始面試可能的繼位人選，但是沒有任何人能符合他的要求，凱許曼開始擔心自己是不是太過衝動，可能根本就找不到足以和吉拉帝相提並論的新任總教練。

然後艾倫．布恩就出現了，凱許曼對布恩僅有的兩個印象來自於多年以前：第十一局促成洋基隊贏得二〇〇三年世界冠軍的全壘打，還有後來他誠實招認自己受傷的原因（違背合約規定打籃球而撕裂膝蓋韌帶），並因此而結束了他在洋基隊的球員生涯；凱許曼對布恩的品格印象深刻，與其像許多其他球員那樣編造出一個謊言，布恩和他的經紀人卻選擇對洋基隊知無不言，雖然最後球隊不得不將他釋出，但是雙方確實是和睦的結束了合作關係。

二〇一七年底，已經在ESPN電視頻道擔任轉播員八年的布恩正在尋求能回到球場的機會，他們一家三代都是大聯盟球員，祖父雷．布恩（Ray Boone）於一九四八年首度登上大聯盟，父親鮑伯．布恩（Bob Boone）則是在一九七二年登場，還有一位哥哥布列德．布恩（Bret Boon）和他同在一九九〇年代到二〇〇〇年代初期在球場上奮戰；棒球界都認為布恩是一位聰明並和藹可親的人，但是他從未在任何層級擔任過總教練或是教練。

洋基隊給了他一個面試的機會，在這段接近九小時的艱難過程中，布恩對於許多比賽中的戰術問題都能快速作答，對於數據派的觀點都能掌握關鍵，也能夠務實的考慮到傳統派的觀察角度；在他結束面試離開之後，凱許曼和在場的幾位人士看著彼此忍不住問到，「他是從哪裏冒出來的？」

「那天他符合了我們全部的要求，」凱許曼回憶著說，「面試的內容非常詳盡，而且許多部門都有參加。」

凱許曼當天就做出了決定，他認為聰明、堅強、又和善的布恩絕對有機會成為一個優秀的總教練。

布恩接手總教練之後，很快的就成為了歷史上第一位在職業生涯前兩個球季都贏下超過一百場比賽的總教練，他對於球賽戰術的運用還需要改進，但是從第一年到第二年就展現出了長足的進步；他具備了兩個凱許曼最重視的個人特質，一是他能和這些在球團高層眼中比前人更敏感、更需要被呵護的球員們產生共鳴，二是他非常願意和越來越被受到重視的數據派人員合作。

「他是一位與眾不同的總教練，」凱許曼說，「他值得我們冒這個險，我真心希望我們的球迷遲早也能夠理解這一點，我希望他能贏得冠軍，因為那是他應得的。」

「他很關心每一個人，」二〇一八年透過凱許曼的交易而來，並成為球隊領導者的資深中繼投手查克．布里頓說，「他讓球隊內部團結一致，即使是在戰績表現不好的時候，他也仍然充滿了正面能量，我知道我們的球迷有時候可能會覺得說，『救命啊！他可不可以生個氣罵罵人！』但是他就不是那樣的人，布恩絕對不會在記者會上出賣誰。」

「但是他超級充滿熱情的，他會在球隊內部會議裏暴走，就像是他在球場上抓狂被裁判趕出場的時候一樣，那就是他內心中的熱火，關起門來他在我們面前就是那樣，但是他絕對不會在團隊面前針對誰，我們開會時他掌握的是大方向，是全隊的事，然後有需要的話他才會另外再分別叫人進去他的辦公室。」

凱許曼和大部分的球員都同意布恩是最適合這支球隊的總教練，但是這並不能完全化解掉推動資訊分析在球隊內部所造成的緊綳氣氛，畢竟這仍然是現代棒球最引人爭議的一個區塊。

要更深入去理解這些關鍵的事件，我訪問了布里頓以及另一位和他一樣思慮周密的投手，洋基隊的先發王牌格瑞特・寇爾。

# 30 格瑞特·寇爾和查克·布里頓：解析洋基隊的資訊分析

時間是二〇二二年九月一個下著雨的星期天晚上，洋基球場的狀況無法進行賽前打擊練習；這一晚的比賽將在ESPN頻道進行全國轉播，亞倫·賈吉的全壘打紀錄穩坐在六十。五點鐘剛過沒多久，格瑞特·寇爾正在牛棚裏練投，而查克·布里頓則和我一起坐在球員休息區裏看著場上的雨絲，思考著資訊分析對洋基隊以及整個棒球運動所帶來的改變。

寇爾是這個世代最優秀的先發投手之一，而布里頓則是最優秀的牛棚投手之一，他們兩個也是洋基隊最愛動腦的球員；他們曾經在二〇二一年季末至二〇二二年季初的停工期間領導大聯盟球員工會與球團老闆們進行協商，而且長久以來一直都善用資料訊息來加強自己的能力。

洋基隊內部現在對資訊分析的重視，已經從二〇〇五年麥可·費許曼的單打獨鬥進化到三個完整的部門：定性分析、效能科學以及棒球系統；球團也在棒球事務部的每一個單位裏都安插了分析師，從球探部、球員培育部，甚至到大聯盟教練團中都有。

如果像資訊分析的先鋒山迪．奧德森所說，棒球界資訊革命的最後一個領域是人性中的同理心和執行力，那布里頓和寇爾就會是最適合對此進行討論的兩個人。

布里頓在二〇一一年登上大聯盟，寇爾則是在二〇一三年，都是在大聯盟全力推動Statcast[73]系統之前就已經在聯盟出賽；寇爾在二〇一八年到二〇一九年同時也是休士頓太空人隊的成員，親身經歷了該隊極端運用數據資訊的最後一段時期。

二〇一八年七月，洋基隊透過交易從巴爾的摩金鶯隊換回了布里頓，他在二〇二一年接受了手肘手術，二〇二二年幾乎一整年都在洋基隊的坦帕基地進行復健；在那裏他親眼見證了從他還是新人時期至今、整個棒球界球員培育部門翻天覆地的改變。

「我在坦帕幾乎待了一整年，那裏才是這一切的樞紐，」布里頓說，「從生物力學到資訊分析等等，年輕球員們在那樣的環境裏幾乎是立即就可以得到回饋意見，立刻就能理解。」

對布里頓來說，對比起四年前洋基隊球團只能針對他的球路給予簡單資訊，例如變化球的軌跡、轉動、產生的結果等等，卻無法提供更深入的資料與解說，這一切確實是極大的進步。

「一開始我在巴爾的摩是一無所有的，但是現在在這裏，我的置物櫃裏就放著一個iPad，裏面有著所有我需要和想要的一切資料，」布里頓說。

「我覺得當我剛被交易過來的時候，在溝通上曾經出過一點問題，因為我來自一支什麼都沒有的球隊，而現在這一切有一點太過量了，我不太確定該怎麼去翻譯或是去使用這些資訊；有時候我看了這些資料會發現說，『哇，我以為我在某方面還蠻厲害的，結果數據資料上好像並不這麼認為，』但是分析師會解釋給我聽，告訴我說，『不是的，其實你是真的很不錯，』翻譯這些資訊確實是有點難度。」

布里頓是洋基隊球員的工會代表，所以比起大部分球員他更常和球隊高層互動溝通，特別是在球隊必須因為新冠疫情的巔峰時期而做出各種後勤調整的二〇二〇年球季。

布萊恩・凱許曼和珍・艾芙特曼都相當欣賞布里頓成熟並樂於合作的個性，時常向他徵詢關於球團推動資訊分析的回饋意見。

「我和凱許曼還有珍・艾芙特曼聊過好多次關於資訊分析和溝通的事，」布里頓說，「我在這裏的每一年，球季結束時我都會和他們坐下來聊，他們會問說，『這些資訊我們傳遞得怎麼樣？』他們很主動，而我總是很誠實的告訴他們，有時候對年輕球員來說，這些訊息量很可能會超載，他們很可能無法理解要怎麼去翻譯這些資訊。」

「多年下來已經大有進步，球隊現在對於負責將訊息傳遞給球員的人選非常重視，不像是我

73 美國職業棒球大聯盟自二〇一五年開始在所有球場啟用 Statcast 系統，利用高速攝影機及雷達系統來測量並分析球員的動作表現，並提供更多更詳盡的數據資料以供球隊使用。

剛來的那時候有四、五個人，有時候是球隊辦公室派來的，有時候可能是教練團派來的，而且每個人傳遞的內容還不太一樣。」

凱許曼是在二〇一九年球季結束後開始精簡化這個流程，他開除了資深投手教練拉瑞・羅斯柴爾德（Larry Rothschild），然後雇用了三十四歲的克里夫蘭守護者隊投手總監麥特・布雷克（Matt Blake）；布雷克在業界並不知名，但是他在面試時對尖端科技的理解，以及以淺白詞句解釋的能力讓凱許曼留下了深刻印象。

促成這個改變的原因，是因為凱許曼親眼見證了休士頓太空人隊及坦帕灣光芒隊等其他球隊如何利用投球資訊分析優缺點，幫助原本已經很優秀的投手蛻變成為明星強投。

太空人隊在二〇一七年透過交易換來了底特律老虎隊衰退中的王牌投手賈斯汀・韋蘭德（Justin Verlander），他們利用高速攝影機和進階數據指標成功的讓他再登巔峰；次年他們從匹茲堡海盜隊換來了寇爾，並以各種資料說服他放棄使用伸卡球，轉而以四縫線快速直球進攻好球帶上緣，寇爾立刻就從一名原本已經很不錯的投手變成了一位頂尖投手。

洋基隊當時並沒有爭奪韋蘭德，但是卻曾經向海盜隊洽詢過交易寇爾的可能性，然而洋基隊高層也知道，就算他們有爭取到這兩人其中之一，他們也無法像太空人隊那樣透過資訊分析而讓這兩位投手蛻變成頂級明星。

「客觀上公平的說，韋蘭德從底特律去了休士頓，而不是來到洋基隊，」一位洋基隊的主管說，「雖然當時太空人隊用了一些太空科技等級的止滑劑來提升投球轉速，但是他們同時也具備了所有的科技器材和資料來幫助球員大幅進步。」

「韋蘭德和寇爾在休士頓期間的進化是不可能在我們這邊發生的，當時不可能，但是現在有了布雷克之後應該就可以；當時寇爾在匹茲堡最多就是個輪值中段的先發投手，韋蘭德看起來也像是差不多該要退休了，但是在轉隊到休士頓之後，他們就像是突然又往上升了一級，因為他們的投手教練布蘭特．史卓姆（Brent Strom）和總經理傑夫．盧諾比任何人都知道要怎麼讓投手的實力更上一層樓。」

這是一段毫不留情的自我檢討，而這樣的差距很可能也是洋基隊在二〇一七年及二〇一八年未能競逐世界大賽的原因之一；另一個例子則是二〇一五年及二〇一六年在洋基隊累積防禦率四點四五的年輕強力投手內森．伊瓦迪（Nathan Eovaldi），他後來在坦帕灣光芒隊大幅進步，並在加入波士頓紅襪隊之後表現優異，洋基隊高層無法理解為何他們不能解鎖出這個最好版本的伊瓦迪，反而是其他球隊卻可以成功做到。

為了解決這些問題，也為了要在新舊兩個學派之間取得平衡，洋基隊在二〇一九年底雇用了布雷克，但是也留下了曾經是大聯盟投手的資深牛棚教練麥克．哈奇（Mike Harkey）。

「現在一切都規定好，指派誰來負責傳遞資訊，」布里頓說，「麥特．布雷克來了以後，他可以提供各種各樣的資料，不管你想要什麼，麥特都可以解釋給你聽，然後哈奇教練就比較可以提供一些傳統棒球的想法，而且他也懂資訊分析。」

「所以如果我現在想嘗試什麼是和心態跟感覺有關的，我就可以去找哈奇，但是麥特又可以帶我看到數據的內容；像是我的滑球好了，它現在已經進步成我的一個武器，但是如果沒有資訊分析的角度來讓我理解，我可能還是會一直伸卡、伸卡、伸卡那樣投。」

「資訊的傳遞確實進步了，但是還能不能變得更好？我覺得可以，我們可以把訊息再簡化一點，特別是在和年輕球員溝通的時候；對老球員來說，我們已經知道自己是什麼類型的選手，但是這些年輕的球員，我們能給他們的資訊應該要越精簡越好，我覺得凱許曼懂，海爾．史坦布瑞納也懂，我跟海爾有聊過這方面的事，我也跟珍．艾芙特曼聊過，我想每個人都知道資訊的傳遞可以再進步。」

說到這裏，寇爾已經結束了他的牛棚練投，他沿著右外野邊線在細雨中向著休息區走過來；布里頓正坐在長條板凳上講話，寇爾則靠著上方的欄杆邊聽邊點著頭，然後他走下來坐在我們旁邊。

這很符合寇爾過動、高度好奇，也熱愛參與的個人特質，自從他在二〇二〇年以自由球員身份簽下九年三億兩千四百萬美元的合約來到紐約之後，寇爾不光只是成為了球隊的王牌先發投手，他同時也自詡為球隊的助理投手教練。

他會在球員休息室裏討論戰術，也會觀察隊友牛棚練投的狀況，隨時注意即時的資訊分析並提供意見，當洋基隊新成員卡洛斯・羅登（Carlos Rodón）在二〇二三年春訓第一次站上投手丘投球時，寇爾就雙手抱胸站在內野的草皮上，一旁還有總教練布恩、投手教練布雷克，以及其他的資訊分析師；而在不上場投球的時候，他會坐在自己的置物櫃前和記者們閒聊，落落長的分享他對投球藝術的深入意見。

當布里頓開始講到如何運用資訊來分辨各種球路的威力，以及這種做法的優缺點時，寇爾似乎已經準備好要加入這個話題了。

布里頓在巴爾的摩金鶯隊的時候，就因為具備了全聯盟最具威力的伸卡球之一而被選為明星球員，但是當他來到洋基隊時，分析師告訴他說資料顯示他的滑球威力很可能超乎他自己的想像，他們鼓勵他要多投滑球。

「我是一八年來到這裏的，」布里頓說，「我一直都是百分之八十到百分之九十的伸卡球，效果非常好，但是到了這邊他們卻說，『我們希望你把伸卡球的使用降低到百分之七十，然後多使用滑球，百分之十甚至百分之二十都行，因為它真的很有威力。』」

話雖如此，布里頓仍然懷疑地認為這些數字在技術上雖然正確，但是並沒有考慮到他使用滑球時的比賽狀況。

「我的直覺反應就是，滑球當然效果很好，但那是因為大家都在等著打我的伸卡球，」布里頓說，「有時候資訊分析是無法解析情境的，他們只能看到變化球讓人揮棒落空的比例很高，但那是因為我的伸卡球所造成，這兩者之間是有關連的，而資訊分析看不到這些關連，不能……」

寇爾忍不住開口插嘴。

「你說對了！」他說，「假設有一位打者面對變速球時預期的OPS整體攻擊指數是〇點八五〇好了，大家就再也不會投變速球給他了，對吧？結果今年一整年他只碰到七次變速球，偏偏這七次他都揮棒落空。」

布里頓點著頭轉向我，「你懂這個道理嗎？」他問道。

大概吧？這裏面有一些專業術語，但是我大致懂他們的意思，就是不能只相信數字；「這聽起來，」我說，「這聽起來像是一個不是投手的人，或是一個不是運動員的人在提供資訊，因為……」布里頓馬上又插話進來。

「嗯，我不會這樣子說他們，」他說得比較委婉一點，「應該說是人有沒有在球場上的差別，電腦沒辦法判斷出我投滑球效果很好是因為對方的球探報告只寫著『伸卡、伸卡、伸卡』，所以我突然投一個滑球可能有的人就會被嚇到，要是我滑球投得像伸卡球一樣多，那效果可能就不會那麼好了。」

「電腦沒辦法分析出這個道理，它只會根據這些數字做出結論，『這個球路有百分之五十的機率造成揮棒落空，所以他應該要多投一點，』但真實的情況是，這和別的東西是有關聯性的。」

「這就是我說的，我們還挖得不夠深，我們只是看到數字就很直覺的說，『就多投一點，應該會繼續保持百分之五十的揮棒落空，』但是我認為如果我投了更多的滑球，揮棒落空的機率就不會是百分之五十了，因為其實是我的伸卡球才讓滑球變得更有威力。」

「所以在這種情況下，球團裏面就需要有人能懂得這種關聯和道理，」我說道。

「正確，」布里頓說，「不過現在我們已經進步很多了，因為他們進入這個領域也夠久，我又是一個很愛聊天的人，我常常去找他們，跟他們聊這方面的事情，我不知道有沒有影響到他們。」

「我不覺得有對他們造成什麼改變，」寇爾說道。

「你還是對他們的接受新知的程度有疑慮？」我問道

「不不，」寇爾說，「只是他們畢竟就是分析師，就是一大堆的一和〇而已。」

「就是很多的原始資料，」布里頓說，「我不覺得他們處理資料的方式有什麼改變。」

「他們的工作就是收集資料、分析資料、過濾資料、找到趨勢，然後報告出來，」寇爾說，「但是去理解選手要怎麼使用這些報告，還有透過談話來更理解這些狀況，那就不是他們的工作了。」

我提到能夠和他們兩個人討論這些東西是蠻有趣的一件事，因為他們在來到洋基隊之前對資訊分析的背景是截然不同的；布里頓的金鶯隊連資訊分析部門都沒有，但是寇爾的太空人隊則是走在所有球隊的最前端。

金鶯隊是有一個資訊處理器，那就是巴克・休瓦特的大腦，在這本書裏以各種角色出現過的休瓦特是金鶯隊自二〇一〇年至二〇一八年的總教練，他會用自己多年累積下來的資訊來調整野手的守備位置，或是做出其他的調度安排。

「休瓦特有一本小黑書，」布里頓說，「他會把好球、保送、出局都記錄下來，假設我投球的時候，對手打擊一直都很軟弱的往三壘方向過去，那他就會開始調整我們的守備位置，光是靠著自己的觀察和記錄，他在資訊分析還沒開始流行的時候就已經有自己的一套了。」

「他根本不需要電腦，他都是憑感覺，但是突然一下子我就會注意到，『哇，三壘手曼尼·馬查多（Manny Machado）現在站到草地上去了，然後那些三壘方向的球就全都變成出局了。』」

和那時候的洋基隊不同，金鶯隊並沒有專職的數據人員，所以當布里頓需要數據資料的時候，他必須找他的經紀人史考特·波拉斯去要。

「波拉斯有專人負責那些事，」布里頓說，「他會送打擊落點圖來給我，所以我從一開始真的是什麼都沒有，一直到現在可以得到這麼多資訊，我覺得我和洋基隊的溝通還不錯，至於要說有沒有對他們帶來什麼改變，我就不確定了……」

「我想有吧！」寇爾說。

「我確實有感覺到，他們會特別問說這些資訊傳達的方式有沒有用，或是他們可以做些什麼改進，」布里頓說。

「我覺得這就是一個進化的過程，」寇爾說，「光譜的兩端要能夠達到平衡，合適而足夠的資訊分析會根據選手或是教練的型態而有所調整，正確的方式不是只有一種，最好的方法大概就是每年都和球員們聊聊，看看可以怎麼去改進。」

「太空人隊在這方面做得怎麼樣？」我問道。

「他們的系統對使用者非常友善，」寇爾說，「是我見過對使用者來說最友善的東西，他們的文化就是每個球員在一定程度上來說就是自己的分析師；球隊有一個巨大的電腦室，教練和球員幾乎每個人都可以在裏面聚會討論，一共大概有十臺電腦，春訓基地就有一個大電腦室，休士頓球場裏的還更大。」

「如果要跟洋基隊做對比的話，當我們不在洋基隊球員休息室裏，還有球員休息室開放讓媒體進來的時候，我們可能就會在餐廳或是在醫療室，但是在太空人隊時，如果你不在球員休息室，那你就是在餐廳或是看比賽影片的地方，大家都聚在那裏。」

「所以那邊的風氣就是，學習跟分析都是每天生活的一部分？」我問道。

「百分之百，」寇爾說，接著他一連說出了好幾個促成太空人隊戰績優異的球員名字：一壘手尤里．戈瑞奧（Yuli Gurriel）、二壘手荷西．奧圖維，還有三壘手艾力克斯．布瑞格曼（Alex Bregman）。

「尤里看他想看的，」寇爾說，「荷西會看他想看的，布瑞格曼會看他的影片，但是沒有多久這些資訊全都會變成大家對話的內容，不管是在打擊練習區還是在電腦室裏，這感覺非常棒。」

布里頓把話題又拉回到洋基隊上。

「他們很強烈的想要知道自己有沒有把份內的工作做好，」布里頓說，「春訓的時候我們辦了一個活動，把球團辦公室的成員全都請到了球場上來，分析師也是，因為自從我來到洋基隊之後，我一直有一個感受就是球員和辦公室裏的分析師們之間是沒有連結的。」

「有點像是什麼事情全都在暗地裏偷偷摸摸的，我們選手收到資訊以後會想說，『這些是誰說的？我又不認識他，』所以今年春訓我就問總教練是不是可以把大家都聚在一起，因為其實我已經受夠了聽到……應該說很多人都受夠聽到這些資訊，但是又不知道是誰說的，於是我們就辦了那個活動，我覺得很不錯。」

「我覺得辦得很好，」寇爾說道。

「我覺得會有幫助的，」布里頓說，「因為立刻所有的分析師——他們很棒，他們就都覺得這樣做太好了，因為他們的感覺和我們一樣，他們很怕，覺得球員看到他們的時候，表情就像是在說，『你要是敢走進休息室來，我就會揍扁你，』但事實上並不是如此，所以我們兩邊都放鬆了一些。」

「你們讓彼此更人性化了，」我說道。

「現在我在餐廳裏遇到他們的時候，我們就可以聊天了，」布里頓說，「不像以前，可能就心裏想著說，這就是那個說我哪種球路很爛的傢伙。」

寇爾站了起來。

「我要去做重量了，」他說，但是離開的時候邊走邊說我們下次還可以繼續聊這個話題。

（後來我又找了寇爾，於是這段九月的對話在第二年的四月有了後續，當時他的戰績是四勝○敗，防禦率只有○點九五，在當年年底還得到了職業生涯的第一座賽揚獎；四月的一個下午我在洋基球場問他球隊資訊傳遞的流程，從常駐在休息室裏的分析師查克・費爾洛〔Zac Fieroh〕到投手教練布雷克，再到寇爾和他的捕手搭檔、以頂尖防守能力著稱的荷西・崔維諾〔Jose Trevino〕。

「今年球季我們的對戰策略都非常明確，」寇爾說，「從春訓期間我們就在找我的優勢，布雷克也一直都在進步，他學到了掌握更多比賽進行時的狀況，像是特定的一球，或是特定的一連串球路搭配，這些都是要隨著經驗的持續累積，才會逐漸培養出更好的直覺，讓他更能掌控當下的局面，不是說要他來配球，而是說他在查克和我們之間就是一個很好的連結。）

寇爾離開之後，我對布里頓提到洋基隊會延攬崔維諾這位捕手，或許是顯示了球隊有稍微修正路線，不再純粹專注在資訊分析上，而是要往傳統球探評鑑和直覺上靠攏一些。

「這很有道理，」布里頓說，「我覺得這是一個持續在演進的東西。」

洋基隊當時遭受批評，被認為球隊變得太過依賴資訊分析，可以預期的是凱許曼和麥可・費許曼肯定都不能接受這樣的評論，但是值得注意的是，就連提姆・納林這位球員出身、照理來說在一個只注重資訊分析的球隊會被禁聲的傳統派，也反對外界這樣的批評，而且措辭強烈。

「我堅決反對洋基隊太過依賴資訊分析這種說法，」納林在另一個訪談中說到，「我可以理解有的人只是想要這樣子丟出一句話來，在我們業界現在很多人都這樣，但是我親身經歷過這整個過程，我讓球探繼續做球探該做的事，我讓他們從球探的視角告訴我他們看到了些什麼，然後我們讓分析師來說說他們看到了些什麼，再讓辦公室裏的人把這兩種結論合在一起，最後得到的才是真正有價值的東西，凱許曼從一開始，還有比利．艾普勒，他們從一開始就知道這樣持續教育學習的過程是最重要的。」

「我們的球探對所有的數據都能理解，我們坐在看臺上就和平常一樣，透過數據資料來評鑑球員，看看他們是怎麼達到那些成績的；他們怎麼做到的，或是他們為什麼做不到，我們可以把『怎麼做』跟『做到了什麼』給串連起來。」

「我們的職業球探部門仍然是業界最大的之一，不管是年齡還是各種背景都搭配得很好，從一開始的概念就是要搭配融合。」

嘗試融合的做法並不是每一次都會成功，個人特質和概念想法有時候會造成衝突，例如有些分析師在走進球員休息室的時候可能會得意忘形，或是對自己的看法太過自信。

二〇一九年球季就發生過一次這樣的紛爭，當時洋基隊的球員在安打上壘之後都會轉向休息區比出四隻手指擺動，而休息區裏的隊友們也同樣會以四隻手指擺動回應。

媒體和球迷大多不知道這有什麼特殊涵義，但是球員們都知道這是在針對一位沒有打過球、而且在球員休息室裏有一點過得太爽的球團工作人員；這位球團人員在球員餐廳用餐時會對著廚師比出四隻手指，意思是他想要四顆雞蛋，但是球員們都認為他的態度十分輕蔑，非常無禮。

有一次凱許曼和那位工作人員一起看比賽，同座的還有在二〇一九年擔任洋基隊特別助理的前大聯盟選手卡洛斯·貝爾川，剛好球場上的洋基隊球員們又互相做出了擺動四隻手指的手勢回應著。

「他們在說你欸！」貝爾川大笑著說。

另一次資訊分析所造成的緊張氣氛影響就比較重大了，二〇二〇年季後賽洋基隊在分區冠軍系列賽的對手是坦帕灣光芒隊，他們普遍被認為是這個領域裏最精明、走在最前端的球隊，而且不像太空人隊有著道德上的瑕疵紀錄。

洋基隊在系列賽中取得了一比〇的領先，並且決定在下一場的比賽中啟用開局投手，這是一種由光芒隊所率先採用的投手調度方式。

開局投手指的是由一位平常負責中繼後援的投手來擔任先發，並在完成任務之後由「主要投手」來接替，這位主要投手通常會是一位慣用手與開局投手相反的先發投手；這樣的調度方式會讓對手在先發打線上必須做出更多考量、動用實力較差的板凳選手擔任先發，甚至迫使對手在主要投手接手投球時更換代打。

這是一支小市場球隊在薪資有限的情況下所研擬出來的聰明調度，但是當洋基隊高層決定嘗試這樣做的時候，卻輕忽了它在球員休息室中所造成的反彈情緒有多大。

總教練布恩指定了二十一歲的右投手戴維伊．賈西亞（Deivi García）來擔任第二戰的開局投手，並且計畫由三十七歲的左投手 J. A. 哈普（J. A. Happ）接替擔任主要投手；哈普對於自己執行了一輩子的準備流程被打斷感到非常不滿，隊友們也覺得球隊高層這種做法是毫無必要的取巧，或許這個戰術在邏輯上有其意義，但是在推動上卻是一廂情願，完全沒有先尋求選手們的認同。

賈西亞在第一局就被擊出了一支全壘打，哈普在第二局登場後表現也不佳，光芒隊贏了比賽也掌握了系列賽的優勢，很快就把洋基隊的球季畫上了句點。

「那一次確實讓很多人不爽，」布里頓說，「那是一個好例子，J. A. 是有資歷、有年紀的投手，結果球隊說要戴維伊先發，球隊裏大家都一頭霧水，『我們明明就比光芒隊有優勢，為什麼會想要用騙的？』而且對方根本就沒有上當，所以我們白忙一場，卻完全沒有影響到他們對右打者和左打者的調度安排。」

「我們都覺得 J. A. 一直表現得很穩定，他有點年紀了，也很習慣他自己的準備程序，應該要讓他照常先發，然後讓戴維伊接在他之後中繼；我覺得那次調度對他造成了影響，因為每個人都有自己的準備程序，那次調度完全沒有發揮效果，反而還輸掉了整個系列賽。」

「確實很讓人生氣，我沒說什麼，但是很多人都說，『我們是他媽的洋基隊啊！幹嘛要靠資訊分析來跟光芒隊比拚？我們明明就可以靠實力輾壓。』」

「那真的對我影響很大，因為我腦子裏想的就是，『一點都沒錯啊！我們是紐約洋基隊，洋基隊總是找得到最好的球員，資訊分析對我們來說只是錦上添花而已，我們光靠實力就可以打贏任何人，我們只要發揮實力就好，資訊分析只是額外的。』」布里頓換了一口氣，他強調自己絕對不是在抱怨，只是根據我的問題來提供未經修飾的球員想法。

「小凱一直都很棒，」他說，「對於和他的溝通我沒有任何要批評的，我從一來到球隊就和他溝通順暢，只有中間因為資訊分析而有過一段不順；分析師們跟著我們到處跑，對我來說他們就像戰友一樣，沒有人幫他們歡呼，也沒有球迷誇獎他們，但是他們和我們一起熬著。」

五天之後布里頓因為手臂痠痛而被替換下場，提前結束了他的球季，隨之結束的還有他出類拔萃的職業球員生涯；雖然他直到二〇二三年才正式宣布退休，但是在那天退場之後他一直沒能再回到大聯盟的球場上投球，他在洋基隊效力的時間不到五年，但是那一段時期球團內部在整體運作上卻經歷了一長串劇烈的改變。

改變和調整總是要經歷一些陣痛，要克服一些缺憾，但是那天下午當我們結束訪談時，他站起來轉身做出了最後的結論。

「我不曉得，」他說，「我無法想像有任何一個地方比現在這裏更好。」

# 31 新領袖

二〇一三年春季的某一天，洋基隊業餘球員球探部副總裁戴蒙．奧本海默撥了電話給查德．波林（Chad Bohling），交付給他一項緊急任務。

「嘿，」奧本海默說，「有一個傢伙，我需要你馬上飛過去。」

波林是球隊心理機能部門的主管，對於這種電話指令並不陌生，但是對於洋基隊的未來，從來沒有一位球員比奧本海默現在要他去看的這位更重要。

波林搭上從紐約飛往加州佛列斯諾市（Fresno）的班機，降落之後租了輛車，一路開到一家連鎖的瑪麗．卡倫德（Marie Callender）餐廳，他和一位名叫亞倫．賈吉的加州大學佛列斯諾分校（California State University, Fresno）三年級生見面會談，然後跳上班機又飛回了紐約。

光是這樣簡短的會面時間就足夠讓波林向奧本海默推薦賈吉：這個年輕人在心理素質和情緒管理上都已經做好準備可以加入洋基隊，他懇切的態度比起六呎七吋的體格更讓人印象深刻，而他側頭露出門牙縫的笑容像是帶著一點小聰明，也讓人感受到他不會是一個枯燥乏味的普通人。

「他完全符合我的標準，」通常都隱蔽在洋基球團幕後的波林在一次難得的訪談中說道。「從球場上到球場外，從個性到性格，不管是身為一個球員還是做為一個隊友，從他面對事情的態度還有對教練指令的應對，我的結論就是，『不管場內場外，我百分之百同意我們要簽這位球員，』我知道我的意見只是戴蒙要考慮的一小部分，還有很多很多其他的地方要被確認，但是他完全符合我的標準。」

波林在洋基隊選秀評估中所佔據的重要性，不但展現出洋基球團整體經營的走向，也反映了凱許曼自二〇〇五年重整球團之後所做的努力；在凱許曼對球隊邁入二十一世紀之後的願景中，波林是洋基隊中最不為人知、卻也是最重要的角色。

當凱許曼在二〇〇五年獲得喬治·史坦布瑞納的承諾，再也不會經由位在坦帕市的山寨辦公室隨意調度球員名單之後，他同時也獲得許可，可以擴張或是成立三個全新的球團部門，分別是職業球員球探部、資訊分析部以及心理技能部。

他提拔了比利·艾普勒掌管職業球員球探部，並雇用了麥可·費許曼來成立資訊分析部，第三個部門心理技能部是最神秘的，而且接近二十年來一直都是如此。

波林的正式職稱是團隊績效資深主任，他描述心理技能就是「確認自己心理正常，並且有足夠的心靈空間讓自己每天往正確的方向前進。」

實際上他的工作內容包括與單一選手以及全隊進行溝通，讓他們能帶著正面心態上場比賽，不管是從聆聽到交談，從播放範例影片到設立情境來模擬比賽中可能發生的狀況，都是他的工作範圍。

二○○五年時棒球界大概只有四或五位心理技能方面的專業人士，但是既然獲得了機會可以建構起一支全新的洋基隊，凱許曼認為這是幫助選手全面發揮潛能最好的方式。

當時德瑞克．基特和艾力克斯．羅德里奎茲的私下較勁已經逐漸侵蝕了洋基隊的團隊精神，這個理由加上其他的種種因素，讓凱許曼希望能透過更創新的方式來改善這支球隊內部的化學效應，因為他知道雖然化學效應聽起來很抽象，但是對於一支球隊的成功卻重要無比。

他的好友，克里夫蘭印地安人隊的總經理馬克．夏培洛是當時少數幾位重用了心理技能專業人士的棒球界主管之一，夏培洛的合作對象是運動心理學家查爾斯．馬赫（Charles Maher），馬赫則曾經聽說過正在ＩＭＧ學院擔任心理機能主任的波林；ＩＭＧ學院是一所位在佛羅里達州的綜合運動訓練中心，於是凱許曼徵求了夏培洛的許可，讓他可以向馬赫諮詢合適的推薦人選。

馬赫給了凱許曼一份推薦名單，其中也包括了波林，波林曾經與傳奇網球教練尼克．波列堤耶利（Nick Bollettieri）合作，也曾經在湯姆．考夫林（Tom Coughlin）擔任職業美式足球ＮＦＬ傑克森維爾金錢豹隊（Jacksonville Jaguars）總教練時提供協助；就那麼湊巧，凱許曼和考夫林的兒子提姆兩人在二十多歲時曾經同住在紐約的一戶公寓裏，於是一切就都連結上了。

波林加入洋基隊的第一天是二〇〇五年四月一日，當洋基隊聘雇他為最佳效能主管的新聞傳出時，不僅僅是媒體做出了帶著嘲諷意味的報導（《紐約時報》當日的標題是「史坦布瑞納雇用了勵志演說家（別笑）」），連部分球員也對此嗤之以鼻。

在《紐約時報》的那篇報導中，蓋瑞．謝菲爾德就說道，「我才不相信那種事，那是心智力量薄弱的人才需要的，我覺得或許有些人需要被鼓勵，但是我不需要。」

正式上工之後波林就面臨了許多挑戰，他必須和這支球隊建立起連結，但是球隊陣中除了像是謝菲爾德這樣的懷疑論者之外，根本就可以說像是個棒球界的披頭四合唱團，基特、羅德里奎茲、藍迪．強森、傑森．吉昂比、松井秀喜等人，如同搖滾樂團一般到處巡迴演出，而波林必須要讓選手能接受他，相信他並不是一個被球團高層派下來打探消息的間諜。

「我在和凱許曼面試的時候就討論過這件事，」波林說，「我說，如果你想要找那樣的人，那就別用我，那不是我，而他也很直接的說，『不不不，那不是我要的，我要你能爭取到這些選手們的尊重。』」

面對總教練喬．托瑞麾下這支歷練豐富的球隊，波林以循序漸進的方式踏出了第一步。

「花了一點時間，」波林說，「有點像是，『我不是來這裏改變什麼的，這些人都已經是頂尖選手了，我只是來當個聽筒，如果有人需要的話，我可以提供一些不同的看法，』我們沒有要強推什麼。」

波林和安迪．派提特、羅德里奎茲、羅賓森．坎諾等人都建立起了親近的關係，他還在派提特擔任美國隊投手教練時陪同參加了二〇二三年的世界棒球經典賽。

「坎諾幾乎天天都會進來，」波林說，「艾力克斯也是，還有幾位投手，只要是輪到他們先發的時候，他們就會來找我；安迪．派提特來的時候就是講一些心裏的話，他覺得這樣能夠讓他上場投球時感覺好一點。」

到了二〇〇九年，也就是凱許曼為了修復球隊而把ＣＣ沙巴西亞找進球隊的那一年，他同時也要求波林離開坦帕基地，更進一步融入成為在紐約的大聯盟球隊一份子；自此之後，不管是在主場或是客場比賽，波林都會固定在球場和賈吉等球員會談，有時也會主持球隊或是行政人員會議，並和球隊高層還有後勤員工共同討論各種能確保團隊狀態穩定的應對策略，他的身影時常都會出現在球員休息區裏。

波林的部門逐漸擴張到已經聘雇了六位全職的專業人士，分別配合球團大小聯盟各層級的成員，也在奧本海默的要求之下，從二〇〇六年開始對球隊選秀進行協助。

「我認為這都是凱許曼的功勞，他理解到這不僅只是對單一個人能有所幫助，而是可以幫到球隊的各個部門，」波林說，「它可以幫到整個球團，戴蒙的部門就是個例子，這些年來他充分利用了我的部門，我們是最早將這一部分投入協助選秀的球隊之一。」

波林和賈吉的合作關係從二〇一三年那間加州的瑪麗．卡倫德餐廳開始，一直延續到賈吉在洋基隊小聯盟層級中奮鬥的時期；他們始終保持聯繫，並且在賈吉升上大聯盟之後迎來了收成的果實，讓賈吉在二〇二二年創下了歷史性的紀錄，以單一球季六十二支全壘打超越了羅傑・馬里斯在一九六一年所立下的美國聯盟紀錄。

每場比賽之前賈吉都會走進波林的辦公室，剛好就在洋基球場總教練辦公室隔壁，他們會一起看賈吉精彩表現和擊出全壘打的影片，並在其中穿插著傳奇球員的片段，這讓賈吉得以保持在一個專注、充滿自信的心靈狀態來面對比賽。

波林說，「我的工作不光只是幫助表現不佳的選手，而是連二〇二二年的賈吉這種頂級球員，也會每天進來找我，他從新人時期就是這樣。」

「有很多的正面力量，」賈吉說，「我們不像職業美式足球ＮＦＬ，他們只要準備星期天的比賽，一星期一場就好，也不是籃球，他們打個幾場比賽，然後可以休息個幾天，放鬆一下再重新專注在下一場比賽上；我們每天都要比賽，所以要特別努力讓自己保持專注、鎖定目標，有時候我們橫跨美國，飛過去打幾場比賽之後，體能狀態可能已經不是在最佳狀態，然後下一場比賽要去奧克蘭，那裏觀眾比較少，比賽現場的氣氛和能量都比較差，我們就要多花點努力才能打起精神。」

「有一個這樣的人可以給你正面鼓勵，給你看一些精彩影片，就能夠把狀態都調整回來，讓你恢復專注在比賽上。」

波林幾乎一開始就注意到，賈吉有潛力可以在球隊裏成為一位特殊人物，而一如他所料，沒有多久賈吉就成為了凱許曼在洋基隊生涯中最成功、也最能激勵大家團結一致的球隊領袖。

在賈吉一鳴驚人以五十二支全壘打創下洋基隊新人紀錄的二〇一七年球季之後，洋基隊有機會爭取邁阿密馬林魚隊（Miami Marlins）的國家聯盟最有價值球員吉恩卡洛・史丹頓加盟。

這又是一個「棒球這個圈子怎麼這麼小」的範例，因為馬林魚隊的執行長剛好就是……你猜猜看……德瑞克・基特；當時基特剛剛和創業資本家布魯斯・謝爾曼（Bruce Sherman）合作接手了馬林魚隊，他的計劃是要先降低薪資成本，然後再重建球隊。

意思就是說，他想要甩掉史丹頓十三年三億兩千五百萬的合約；在二〇一七年球季結束之後，基特和馬林魚隊棒球事務部總裁麥可・希爾（Michael Hill）找上了史丹頓面談，而他們所傳遞的訊息讓這位強打者非常不滿，因為他們要求史丹頓「接受被交易，或是和這支輸球的球隊綁死在一起。」

「那就是球隊的策略，」史丹頓回憶著說，即使是在六年之後，他還是忍不住搖頭不解；這個身高六呎六吋、體重兩百四十五磅（大約一百九十八公分、一百一十一公斤）的巨人言簡意賅，但是偶爾揚起的眉角似乎總能為他的發言多增添一層深意。

「那些話是會議中的另一個人說的，但是基特所表現出來的意思就是那樣。」

邁阿密馬林魚隊嘗試著將史丹頓交易到聖路易紅雀隊或是舊金山巨人隊（San Francisco

Giants）去，但是史丹頓的合約中有拒絕交易條款，他不想到那些球隊去。

當時的洋基隊正嘗試想要簽下來自日本的二刀流選手大谷翔平，由於並不確定大谷是否願意在美國東岸打球，他們也考慮要向馬林魚隊洽詢交易史丹頓的可能性。

史丹頓對於打進季後賽有著強烈的渴望，也非常想要加入一支有機會爭奪冠軍的球隊，但是他並不想像基特手中的棋子一樣，只能被動接受對方的安排；一位洋基隊的高層人員說，當基特企圖強迫史丹頓選擇要被交易到紅雀隊或是巨人隊，還是要留在一支所有戰力都被清除殆盡的馬林魚隊時，史丹頓的答案竟然是，「沒問題，我選擇留在這裏。」

就當史丹頓和基特兩人僵持不下的時候，大聯盟試圖介入幫忙；一個聯盟的消息來源說，大聯盟會長羅伯．曼弗瑞德的法務長、也就是後來接任副會長的丹．哈倫（Dan Halem）告訴基特說他應該撥個電話給凱許曼。

同樣的消息來源也說，基特的回答是他現在的身分是球隊老闆，應該要由凱許曼和希爾來溝通才比較合適。

「有一刻丹．哈倫說得很直接，你跟凱許曼應該要在電話上講清楚，但是基特就是不願意，」消息來源說。

在哈倫的推動之下，兩支球隊終於談出了一個史丹頓可以接受的交易條件，但是接下來的下一步就是凱許曼在二〇〇四年同樣做過的事，他必須通知目前球隊的看板明星，說球隊即將迎來另一位明星球員，也理解一下他有些什麼感受。

這段對話和當年他通知基特，說羅德里奎茲即將到來時所得到的反應卻大為不同（當然平心而論，史丹頓並沒有在《君子》雜誌上像羅德里奎茲批評基特那樣批評賈吉）；賈吉還沒有贏過世界冠軍，在洋基隊的地位也尚不及當年的基特，但是他剛剛獲選為美國聯盟的新人王，而且還是洋基隊的中心領袖，也是各種行銷活動的看板人物。

凱許曼連絡上了正在加州史塔克頓市（Stockton）的賈吉，當時賈吉正在參加服飾及紀念商品公司粉絲狂（Fanatics）的活動。

「我非常興奮，」賈吉說，「我那時正在粉絲狂的活動，然後就接到了凱許曼的電話，我心裏還想說，『這不是好就是壞，真不知道會發生什麼事，』結果他只是要打來通知我說，『嘿，我們可能有機會做一筆大交易，把史丹頓換過來，你覺得怎麼樣？』」

「他說，『我知道他是右外野手，而且剛剛才被選為最有價值球員，你覺得呢？』我說，『我們只差一勝就可以打進世界大賽，然後你現在要多加一個最有價值球員進來？我太贊成了，要我做什麼我都可以配合，要我換到左外野、中外野，只要他能來，不管要我做什麼都可以。』」

史丹頓和賈吉在前一年夏天明星大賽活動中的全壘打大賽見過面，史丹頓是主辦城市邁阿密的當家球星，賈吉則是最後贏下全壘打王的後起之秀；他們兩個人都高大英挺，也都是深具市場魅力的有色族裔明星，因此常常被歸類在一起，或是如他們兩人所認為的，是被拿來互相做比較。

但是一開始他們卻是因為不約而同想要保持低調而成為夥伴。

「因為全壘打大賽的關係，媒體想要在我們之間製造出緊繃關係，」賈吉說，「我們聊到那些，就一起決定說，『我們玩開心一點就好，那些什麼有沒有競爭之類的問題，管他們去死，』重點真的就是我們自己只想要好好打球，對我們來說一切都是從邁阿密開始，我們從那時就開始認識彼此。」

「後來春訓他來報到之後，我們就變成，『走啊！一起去吃晚飯，走啊！找個地方一起去混一下。』」

史丹頓也說，「我想一開始我們的態度就是，『我們要很清楚的告訴大家這不是什麼競爭，今晚的比賽你出力有好表現，我也要有好表現幫球隊贏球，這才是最重要的，』我覺得這才是最好的合作方式，這樣才有意義。」

這裏曾經有過魯斯和蓋瑞格的對決，有過瑞吉和蒙森的對決，那當然還有基特和羅德里奎茲的對決，但是絕對不會有賈吉和史丹頓的對決；他們成為了好友，成為了感情和睦的洋基隊明星球員，就像是他們之前的米奇·曼托和羅傑·馬里斯一樣。

「我們的個性讓彼此可以和睦相處，不像之前的某些互動關係那樣，」史丹頓說。

幾年過去之後，賈吉已經從一位年輕的球員蛻變成一位成熟的明星選手，他充滿包容性的領導方式也讓凱許曼放心許多，畢竟他曾經多次聽過洋基隊老將們私底下告訴他，說基特並不是一位心胸寬大的隊長，對於那些在一九九〇年代洋基王朝之後才加入的選手來說，感受更是鮮明。

在這個由賈吉當家做主的世代，根本沒有人會質疑說這是誰的球隊，賈吉很明顯的就是球隊的領袖，但是他的態度和做法完全不會引人嫉妒，因為他從未將球隊當成是一個他佔據下來的地盤。

「我們運氣很好，曾經擁有過許多偉大的明星球員，他們加入這個球隊，在走進大門時就放下了傲氣，」賈吉說，「他們知道這裏看重的是大局，棒球季很艱苦，棒球這項運動很難，如果我們想要贏很多比賽，我們每個人都必須往同一個方向拉。」

「如果球隊可以找來一位最有價值球員，然後又找來像三壘手喬許・唐諾森（Josh Donaldson）那樣，同樣又是一位最有價值球員，那對球隊上的人來說，最重要的就是『怎麼樣可以讓你舒服點？』如果你在這裏覺得舒服了，你就會表現出自己最好的一面。」

「做為一個領導者，那就是我的職責，我在球隊上的角色要隨時調整，有時候要在大家面前站出來講話，但是有的時候就是要坐下來順其自然，『這個讓史丹頓來處理就好，今天讓他來帶頭領導大家，』有時候是寇爾，我要讓他知道『今天你就是世界的主宰，我們都挺你，』我的工作就是要理解，然後根據球隊的需要調整我自己。」

在凱許曼掌管洋基隊的這段期間，唯一一個領導風格和賈吉相似的明星球員就是CC沙巴西亞，但是身為一位先發投手，他有一套自己必須依循的個人課表，而賈吉這樣的野手就比較能融入整支球隊的日常運作之中。

凱許曼和賈吉之間也不是全都風平浪靜，就像當年的基特一樣，有時候凱許曼還是必須向賈吉提起一些嚴肅的話題。

在登上大聯盟幾年之後，有一次賈吉阻擋了洋基隊自家的洋基娛樂運動網在球員休息區拍攝陷入低潮的捕手蓋瑞．桑契斯，有時候他也會在攝影師拍攝其他隊友時故意進行阻擋。

「他會用葵瓜子丟向鏡頭，然後狠狠瞪著攝影師，」一位球隊主管說，「後來我們就接到了投訴。」

凱許曼要求賈吉停止這麼做，賈吉也同意了，但是沒有多久他又故態復萌。

「大哥，你停手啦！」凱許曼會說，「這是洋基隊自己的電視頻道，你不能這樣擋人家。」

「我是在保護我的隊友，」賈吉回答道。

這樣的答案確實是發自內心，賈吉想要幫桑契斯避開那些檢視，凱許曼也理解這些行為確實是因為身為領導者，賈吉的直覺就是要挺他的隊友。

二〇二三年一個賽後的晚上，賈吉和我站在他洋基球場的置物櫃一旁，我問他是不是真的對攝影師做過那些事。

「那當然，」賈吉說，「我才不在乎那些媒體，對於那些不在這球隊裏的人，我一點也不在乎；我看得出誰正在低潮，誰的肩膀上有千斤重擔，我認為他們最不需要的，就是在被打出再見全壘打的時候、在球隊輸球的時候、在一場比賽被三振四次的時候，還要多幾百萬人來盯著他們看，我們也不需要那種眼光。」

「我很樂意站在前面幫他們擋住那些東西，球隊他們叫我停，但是我的反應就是，你叫你的，我反正才不會停，我很樂意當壞人。」

說到這個，我對賈吉說，聽起來蠻像是某個我們都認識的總經理，他回了一個微笑給我。

在賈吉成為自由球員前的二〇二二年球季，他一直沒有向洋基隊高層透露出他的意向；春訓期間凱許曼接受了運動媒體《運動員》記者安迪．麥考洛（Andy McCullough）的訪問，對休士頓太空人隊從二〇一七年到二〇一九年非法竊取暗號的做法提出了批評。

「聽到有人說我們從〇九年開始就沒有打進世界大賽，這種說法會讓我很不高興，」凱許曼在訪談中說，「對我來說，我們是走著正道，用正確的方式來經營球隊，我們拆散了一切，重新補強了這支球隊，好好選秀，好好交易，好好培養我們的年輕球員，好好簽合適的自由球員，唯一的阻礙就是有人作弊這件事，他們打亂了我們的進度。」

賈吉在春訓某個星期天早上一場位於佛羅里達州達尼登市（Dunedin）的比賽前被幾位記者問到他的看法，他似乎對凱許曼的說法不盡同意。

「我們就是沒贏，你知道的，」賈吉說，「我的看法是，因為我們沒贏，所以不管說什麼都不算，沒贏就是沒贏，我不覺得我們成就了什麼。」

洋基隊高層幾乎可以發誓說他們曾經在私底下聽賈吉說過和凱許曼相似的意見，他們不得不懷疑賈吉是不是在隊友和球隊人員之前展現出一種態度，但是在媒體之前卻又換了一個樣貌；他的回答是被斷章取義了嗎？洋基隊真的搞不清楚他真正的想法是什麼。

在春訓開始之前，洋基隊和賈吉就決定要開始協議出一份長約，避免賈吉在年底成為自由球員，也可以讓他終身都是洋基人。

對球隊來說，要正確評估出賈吉的身價並不是一件容易的事，他確實是一位天才般的強力打者、一位具備頂尖防守能力的外野手，而且毫無疑問是洋基隊最具有市場魅力的明星球員；但是在另一方面，他的職棒生涯受到傷勢影響，出賽超過一百五十場比賽的球季至今只有一次，歷史紀錄顯示，像賈吉一樣身高六呎七吋的的選手在進入三十歲之後都很難繼續維持健康。

但是他是亞倫．賈吉，洋基隊未來的代表人物，球隊又該如何面對呢？

從協議一開始，賈吉就定下了期限，要在球季開打前達成協議，如果他和洋基隊無法在球季開打前簽下新合約，那他就會結束所有協商，整個夏天都不再談合約，然後在球季結束之後成為自由球員。

就像許多他的直覺反應一樣，這個決定也是因為他發自內心的體貼，不希望隊友們在為了爭奪冠軍而努力的時候，卻因為他個人的合約狀態而受到干擾。

球季開始前五天，雙方理解到彼此之間對於合約金額的差距實在太大，已經不是短期之內可以克服；洋基隊最後提出的條件是七年兩億一千三百五十萬美元，賈吉拒絕了這個合約，也不再提出新的要求。

四月八日是球季開幕戰，早上十一點半球團在洋基球場召開了記者會，凱許曼走進房間坐在桌子前，語氣是他公開發言時一貫的平順單調。

「我們無法就一份複數年合約達成協議，」凱許曼說，「很明顯的，我們都希望亞倫．賈吉接下來能繼續留在紐約洋基隊，我知道他也有同樣的想法，這是一件好事；我們會在今年球季結束之後、自由球員期間開始的時候，再重新進入下一回合的努力，目前我們無法對延長合約達成共識，也許到時候我們會知道真正的市場價值是什麼。」

接下來凱許曼一一解說了洋基隊所提出的合約細節。

比賽結束之後，賈吉坐在同一張椅子上進行了他的記者會，當記者問到他對凱許曼的看法時，他搖了搖頭。

「我覺得他說的那些是屬於我個人團隊和洋基隊之間的隱私，」賈吉說。

兩位洋基隊的高層人員表示，凱許曼在春訓尾聲時曾經告訴賈吉的經紀人佩吉．歐戴爾（Page Odle），說自己計畫要向媒體說明洋基隊所開出的條件，因為他知道這些細節遲早都會被洩漏出去；這個決定是他和老闆海爾．史坦布瑞納、球團總裁藍迪．拉文、媒體關係部副總裁傑森．齊洛，以及其他球團高層人員所商談出來的結果。

球團的理由很簡單，雖然雙方議約的結果未必令人滿意，但是公開宣布這些細節卻是一個最誠實而且直接的策略，這些細節終究是會被洩漏出去的，而洋基隊最不想要的就是任何和賈吉有關的重大消息突然透過了不明的訊息管道被傳遞出去；球團認為沒有什麼好隱瞞的，洋基隊每年的球員薪資總額一直都是那麼高，史坦布瑞納也對這位洋基隊的看板球星開出了一個非常合理的薪資條件，為什麼不乾脆就直接公布呢？

洋基隊的高層人員表示，賈吉的團隊沒有任何人向凱許曼提出要求，說不要宣布這些合約細節。

賈吉這一方對於事件的先後順序則有著完全不一樣的理解，一位消息來源指出，凱許曼是在四月八日球季開幕戰當天的早上九點鐘或十點鐘才通知他們說洋基隊將會宣布這些細節；這位消息人士說，當時因為已經進入賽前的準備時間，賈吉早已將手機給關機，要到比賽結束之後才知道發生了什麼事，但是洋基隊堅持他們的版本才是正確的。

一年多之後我問賈吉他是否提前就知道洋基隊會公布當時所提出的合約內容。

「你知道嗎？」賈吉說，「我完全一無所知，但是我和我的團隊知道，他們想要透過這樣的做法來對我施加壓力，讓球迷們來質疑我，讓媒體來質疑我。我被通知……我想一下……我知道在春訓結束前我有和凱許曼聊過，我們簡單討論了一下他們開的條件，我說了我的意見，他也說了他的意見。」

「我們一直都在討論，『這個我們不用告訴媒體，所以你也想快點談出結果吧？那這些我們不用說，』所以後來發生的記者會對我來說，真的是嚇了一大跳，很多人都嚇了一大跳。」

「我們其實很生氣，他居然在我一無所知的情況下就這樣開了記者會，我們明明都還在討論說，『如果你們想要我留在這裏，想要把合約談出來，那就我們雙方講清楚就好，不需要把媒體或是任何其他人給牽扯進來，』我們最氣的就是他不管怎麼樣就是宣布了，雖然說身為總經理，他本來就可以為所欲為。」

拒絕洋基隊所提出的條件，對賈吉來說是一個很大的賭注，但是隨著球季開始進行，他的成績表現遠遠超出他職業生涯的平均值，他不但天天上場比賽，也逐漸追上羅傑·馬里斯六十一支全壘打的美國聯盟單一球季紀錄；他和他的經紀人也信守承諾，在球季競賽期間完全沒有和洋基隊進行任何與合約有關的協商。

到了七月，華盛頓國民隊開始兜售頂級明星右外野手璜恩·索托（Juan Soto），而洋基隊也向其洽詢。

「未來的十年當然要選索托勝過賈吉，這根本想都不用想，」一位洋基隊的高層人員在當時告訴我說，因為雖然兩人都是當代難見的超級巨星，但是索托二十三歲的年紀當然比賈吉的三十歲佔優勢；為什麼不把賈吉換出去，換一個新版本回來，就算防守明顯比較差也沒關係？（請記得這段發言發生在賈吉打破全壘打紀錄並獲選為最有價值球員之前。）

最後是由聖地牙哥教士隊贏得了索托這個大獎，暫時把這位最有可能取代賈吉的替代品給帶了回去（後來洋基隊還是在二〇二三年十二月從聖地牙哥手中獲得了索托），現在洋基隊沒有能取代賈吉的替代方案了，而且他們還是不知道賈吉的心裏到底怎麼想。

到了九月，賈吉越來越接近馬里斯的紀錄，《運動畫刊》記者湯姆·弗杜齊在訪問他時問到他心目中真正的單一球季全壘打紀錄是哪一個，是馬里斯的六十一支，還是疑似使用類固醇禁藥的貝瑞·邦茲（Barry Bonds）在二〇〇一年所創下的七十三支？

「在我心目中的紀錄就是七十三支，」賈吉說，「不管人們如何評論那個年代的棒球，對我來說他們就是在球場上擊出了七十三支全壘打，還有馬克·馬奎爾在一九九八年的七十支，我認為那就是紀錄，美國聯盟的紀錄則是六十一支，這是一個我覺得可以追上的紀錄。」

讀著這些發言，洋基隊高層分辨不出賈吉到底是誠實說出心中的答案，還是已經把舊金山當成了他的下一站，在對他未來的地主隊球迷們釋出善意？

賈吉在加州一個叫做林登（Linden）的小地方長大，從小就替巨人隊加油，而巨人隊也被普遍認為會在他成為自由球員之後全力招募他；洋基隊的高層人士懷疑，如果賈吉想要長久留在洋基隊的話，為什麼不乾脆就說是馬里斯呢？也許這全都不代表什麼，但是也很可能另有深意，誰又真的知道呢？

賈吉在十月四日、球季的倒數第二場比賽超越了馬里斯的紀錄，他在球季開打前拒絕了超過兩億美元的合約，但是卻創下了職棒歷史上個人成績最佳的一個球季，他所展現出來的強大自信心讓隊友、對手、專家，還有球迷們都讚嘆不已。

凱許曼和他的球團同事們沒有閒情逸致停下來讚嘆賈吉的表現，在這個精采的球季之後，洋基一定要想盡各種方法來把他留下。

# 32 亞倫·賈吉極度不尋常、極度讓人焦慮的自由球員之路

洋基隊的二〇二二年球季在被太空人隊於美國聯盟冠軍系列賽橫掃之後黯然結束，不到一個小時之後，亞倫·賈吉站在球場的球員休息室中間，記者們有的高舉著iPhone錄音，有的則努力將麥克風伸往他的嘴邊；攝影師們全都站在小梯子上，他們彼此推擠著往前，努力想要聽到這位即將成為自由球員的選手怎麼說。

他在洋基隊的日子結束了嗎？

「這真是一段很特別的時光，」賈吉這麼描述著他在紐約的職業生涯，等等，為什麼賈吉說到他的洋基人生已經像是過去式了？

「我只是很遺憾沒能幫他們把冠軍帶回來。」他們？

但是他接著又說，「當我們終於達成目標的時候，這些艱難的過程會讓最後的成果更甜美，那是肯定的。」

所以……

大陣仗的媒體群解散之後，賈吉又和一些在他職業生涯中持續報導他的隨隊記者們閒聊了十分鐘，在他離開球場的時候，他和球隊人員說的幾句話讓他們都覺得他不會再回來了，「謝謝你為我做的一切，」他說，「希望以後還會有機會再見，」還有一些其他的客套話。

不光只是媒體記者們、球員休息室的員工，還有在家看到這些畫面的球迷們對賈吉這些明顯前後牴觸的發言和行為感到疑惑，連布萊恩・凱許曼、海爾・史坦布瑞納，還有其他的洋基隊高層都掙扎著想要找到線索來解讀這位選手深不可測的真實意向。

休賽季一開始時，凱許曼的直覺就是賈吉會離開，但是他沒有任何實質證據來證明他的想法；整個洋基球團沒有人知道賈吉是否喜歡在紐約打球，更何況後來在二〇二二年季後賽期間還發生了那些令人匪夷所思的事。

似乎是因為一整個球季追著歷史紀錄以及那些隨之而來的關注，賈吉在季後賽第一輪面對克里夫蘭守護者隊的分區冠軍系列賽時看起來非常疲憊；賈吉在五場比賽的二十次打擊中只擊出了四支安打，但是其中有兩支是全壘打。

賈吉在系列賽第二戰的五次打擊都無功而返，還被三振了四次；當他第四次因為被三振出局而踏出打擊區的時候，在短短幾天之前幾乎不可能出現的一種聲音伴隨著他走回了球員休息區：洋基球場的球迷居然對賈吉發出了噓聲。

當然，洋基隊球迷的噓聲從沒有放過任何人，連德瑞克·基特和馬里安諾·李維拉也都沒能倖免，但是那些都是在球季剛開始的時候，而不是在十月；用噓聲招呼亞倫·賈吉？在紐約主場？在這個他剛剛創下職棒史上最佳個人成績之後的二〇二二年十月？

「想一想發生的時間和對象，這種負面攻擊真的是又到達了另一個層級，」一位洋基隊的高階主管說。

雖然很讓人驚訝，但是球團人員在近年來已經開始注意到球迷和球團之間的對立氣氛似乎越來越嚴重，特別是在二〇二二年。

自己訂下的高標準當然是部分原因，喬治·史坦布瑞納長久以來就為球隊立下了不切實際的成功條件，總是認為只要沒能拿到冠軍就是失敗。

洋基隊球迷為昂貴的門票、有線電視轉播，還有球隊商品付出了高價，這些高額的金錢與情感投資，在球隊沒能打進世界大賽的情況下都讓他們覺得煩躁；他們才不願意接受這個時代的職業棒球已經讓球團難以再複製一九九六年到二〇〇〇年時的洋基王朝，他們想要再體驗那種撼動內心的刺激感，這可以理解，但是也確實很難成真。

洋基隊和他們的球迷在二〇二〇年代所面臨到的難題，讓人很難不去想到在史坦布瑞納家族接手洋基隊之前、哥倫比亞廣播公司還經營洋基隊的時候，當時球隊總經理李伊．麥克菲爾所說過的一句話。

當時的洋基隊因為球迷緬懷早年的全盛時期，不斷將其與過去的貝比．魯斯、盧．蓋瑞格、喬．迪馬喬、米奇．曼托、懷堤．福特等人做比較而疲於奔命。

「你知道的，」麥克菲爾在一九七二年說，「洋基隊的定位很奇怪，他們不是在和底特律老虎隊、巴爾的摩金鶯隊，還是整個聯盟的其他球隊競爭，他們的競爭對手是過去的那些英靈，這種戰爭是永遠都打不贏的。」

二〇二二年球季一開始的時候，洋基隊看起來似乎有機會驅散掉那些從一九九〇年代起就糾纏著凱許曼的亡靈；洋基隊在球季的前六十場比賽中贏了四十四場，而且展現出來的意志力、拚戰精神，以及不服輸的氣勢幾乎就像是一九九八年洋基隊的翻版。

但是接著而來的卻是一段漫長的煎熬，從選手的傷勢到持續的連敗，差一點讓一切都成了泡影；在六月份的二十二勝六敗之後，洋基隊在七月只拿下十三勝十三敗，八月的戰績更是只剩下十勝十八敗。

在自家主場的狀況很糟，在自己球隊和整個棒球界都備受尊崇的總教練艾倫．布恩，球季間甚至偶爾還會在洋基球場聽到齊聲唱和的「開除布恩」和噓聲。

布恩低調含蓄的傲氣對此一無所懼，他常常會故意走上休息區的階梯，挺直肩膀任由背後的噓聲對他持續攻擊也不為所動。

一整年聽到噓聲的不只是總教練，現場觀眾在保羅·歐尼爾和德瑞克·基特的儀式上也都用同樣的噓聲對待海爾·史坦布瑞納；球團內與海爾熟識的友人都注意到這些嘲諷聲對他的傷害，這也讓整個洋基球團更加注意到這些外來的惡意攻擊已經成為一個大問題。

困擾選手們的不只是噓聲而已，布恩和球隊人員都注意到，球團很難去勸說現在的球員不去刷看社群媒體，儘管他們都知道那些最糟糕的推文往往都對他們充滿了惡意，有時甚至還帶著威脅。

下載推特（Twitter）或是Instagram等軟體就像是隨身在口袋裏帶著一個特別惡劣卻又讓人上癮的噓聲大隊，球隊高層越來越覺得應該要有一個整體的計劃，來幫選手們面對這些新型態的挑釁行為。

這些情況糟到甚至洋基隊的領導階層都受到了嚴重的影響，有一位球隊高層回憶著說，當時球團內部的低氣壓，讓許多人都覺得要是洋基隊在季後賽沒能通過第一輪，海爾·史坦布瑞納很可能在十月份就會將他其實非常尊重的總教練布恩給開除掉；但是就算這個回憶屬實，這些事情也從來沒有影響過凱許曼。

洋基隊勉強過了克里夫蘭這一關，所以布恩的職位也暫時安全，但是球迷們這些突如其來的負面能量仍然在美國聯盟冠軍系列賽期間被不斷投向賈吉。

太空人隊只用了四場比賽就輕鬆收拾了洋基隊，賈吉在十六次打擊中只擊出了一支安打，噓聲越來越響。

不管是隊友、對手，還是球隊的工作人員，大家都覺得不可思議，一位剛剛在球迷面前表現優異的球員，創下了可能一輩子只有一次機會看到的紀錄，結果怎麼會這麼快就成了大家鄙視的對象？就像一位洋基隊高層人士在美國聯盟冠軍系列賽時說的，「經歷過了這樣的對待，他怎麼可能還會想要在這裏打球？」

在基特和羅德里奎茲的全盛時期之後，這將會是對洋基隊影響最深遠的合約協商了，但是現在的狀況似乎一點也不適合再恢復進行下去。

在洋基隊被淘汰不到幾天之後，凱許曼就連絡了歐戴爾，希望能重啟自四月就停滯至今的合約協商；海爾．史坦布瑞納也親自聯繫了賈吉表達他的誠意，他也承諾將會投資足夠的資金在團隊薪資上，以確保賈吉能擁有一支可以贏球的球隊。

很快的史坦布瑞納和賈吉就在佛羅里達州會面，球隊將合約條件提高到了八年三億美元；當然，沒有人會認為這就是最後的價碼，但是最少洋基隊認為雙方之間這一次會談的結果是很正面的。

然而接下來卻又是一個轉折，而且很不幸的是這個轉折是因我而起。

十一月三日我在我工作的《紐約運動網》（SportsNet New York）網站上刊登了一篇文章，這是一個在紐約地區的區域性運動頻道，我在文章內容寫到說紐約大都會隊將不會對賈吉提出合約。關於史坦布瑞納和大都會隊的老闆史提夫・寇恩，我寫到說，「他們彼此關係和諧並且互相尊重，因此沒有必要因為一場高調的競價而改變現狀。」

不到幾個小時我就收到了大聯盟球員工會副執行長布魯斯・邁爾（Bruce Meyer）所傳來的訊息問說，「這個報導的消息來源是什麼?!」

對工會來說，我的文章內容等於指明了有球團老闆在私下共謀；根據美國職棒的集體協商條約規定，球隊不得向媒體透露選手的市場行情，更別說是在彼此商談之後同意不爭取某些球員。這是棒球界特別敏感的議題，因為球團老闆們在一九八〇年代就曾經因為共同串謀壓低自由球員的薪資而被裁罰了兩億八千萬美元的罰鍰，而我居然在無意之間揭開了這個陳舊卻深刻的傷疤。

在收到邁爾的訊息之後，我當然不願意輕易就交代我從哪裏、或是從誰那邊得到文章內的資訊，但是我還是必須向他們說明，我的原意並不是指我掌握了球隊或是老闆之間有過什麼樣的對話討論，會造成這樣的誤解只是因為我在寫作用詞上的疏忽；我對文章中所陳述的內容沒有任何疑慮，唯一能說的，就是「彼此關係和諧並且互相尊重」這幾個字，完全不是指他們在共謀的意思。

球員工會、大概還有賈吉的陣營都沒能接受我的說法，賈吉自己後來也告訴我說，一開始聽到這個消息的時候他很不高興，因為他覺得若真是如此，那他整個自由球員的議約過程就沒有他原先所預期的不受限制了。

幾天之後洋基隊和大都會隊都收到了來自大聯盟辦公室的信，在球員工會的要求之下，大聯盟向兩個球團索取了所有他們與我的通訊紀錄，只要是和亞倫・賈吉有關的全部都要。

當時外界完全不知道這些幕後的戲劇變化，我一點也不想成為新聞人物，但是就在十一月十六日晚上十一點不到，我收到了全國知名的棒球記者、《福斯運動網》（Fox Sports）及《運動員》的肯・羅森索（Ken Rosenthal）傳來訊息，問我能不能和他通話。

羅森索算是禮貌性的關照我說，幾分鐘之後他就會刊登出一篇報導，內容是關於聯盟因為我的文章而對球團串謀進行了調查。

接下來的二十四小時裏，相關的新聞就透過社群媒體、運動談話廣播節目，還有印刷媒體熱辣辣的燒了起來；賈吉的自由球員議約過程因為這些影響而複雜起來，再也沒人可以確定他會不會單純順利的回到洋基隊。

就在同一天，大聯盟會長羅伯・曼弗瑞德在紐約大聯盟總部進行每季一次的球團老闆會議時面對媒體提問，當被問到聯盟的調查行動時他說，「我完全信任球團的行為絕對都遵守了集體協商的各項協定，這起調查的起因是媒體報導的內容，我們的調查結果會向球員工會證明我們是可以被信任的，沒有任何共謀，我相信調查的結果會證明一切。」

幾個小時之後，賈吉贏得了美國聯盟的年度最有價值球員獎，在舉行電話記者會接受訪問時，他說自己讀了幾篇指責球團共謀壓價的文章，他想要再多獲得一些資訊。

十一月二十二日大聯盟的相關調查結束，判定球團無罪，事實上在我和大都會隊以及我和洋基隊之間，本來就不會有任何通訊紀錄足以做為球團之間共謀的證據；我對於紐約大都會隊決定不簽賈吉的報導是正確的，但原因並不是寇恩和史坦布瑞納之間曾經做過了什麼陰謀討論。

儘管如此，所有被牽涉到的人都還是覺得不太舒服，而在這個不尋常的轉折之後，賈吉的自由球員之路卻即將變得更加讓人難以預料。

在大聯盟結束共謀調查的第二天，《大聯盟棒球網》（MLB Network）的社群媒體頻道上貼出了一段影片，內容是賈吉站在一個像是旅館大廳的地方，身上穿著一件米色的連帽上衣，頭上則戴著一頂黑色的棒球帽。

「亞倫・賈吉在舊金山！」一個女性的聲音在手機拍攝的影片裏問著，「你怎麼會在這裏？」

賈吉尷尬的笑了一下，然後說，「來看家人和朋友，就這樣，就這樣。」

「有計畫去哪裏玩嗎？」那位女士追問。

「我們是有一些想法，」賈吉一邊說著一邊走開，像是要保持著不失禮的態度遠離狗仔隊一般，「祝妳有美好的一天。」

這段十四秒的影片剛開始流傳沒有多久，兩名《大聯盟棒球網》的記者就分別在推特上揭露賈吉即將與舊金山巨人隊會面，看起來他就是剛好被抓到了，還被拍下了TMZ[74]風格的爆料影片。

事情的真相卻不是如此。

賈吉和妻子珊曼莎（Samantha）當天下午飛抵奧克蘭機場，計畫要一起和巨人隊會面。巨人隊球隊人員接機之後就開車載著他們在各地看房子，熟悉一下可能的居住環境，然後在整組人過了海灣大橋（Bay Bridge）進入舊金山市之後，巨人隊會向他們介紹球隊美麗的球場，同時也介紹賈吉與他兒時最喜歡的球員、前巨人隊內野手瑞奇．歐瑞利亞（Rich Aurilia）見面，當晚則會在舊金山繼續款待兩夫妻。

但是在那之前，亞倫和珊曼莎想要先到位在第三街的舊金山瑞吉酒店（St. Regis）登記入住，於是所有人都同意要從旅館後門進入，以避開公眾的目光；在最後一刻，賈吉夫婦、經紀人歐戴爾，以及他們整個團隊卻突然決定要在旅館正門大廳下車。

巨人隊同意了，但是球隊高層人員也對這個最後關頭的改變感到困擾；現在他們就和洋基隊一樣，很想要簽下賈吉，卻又完全搞不清楚他在想什麼。

巨人隊的高層人員後來說，就在那位女士拿出手機開始拍攝影片的時候，賈吉的團隊中有人轉過頭來承認說這一切都是安排好的（或許用意就是要對洋基隊施加壓力）；遠在東岸的洋基隊在看到影片時確實有過這樣的懷疑，但是他們無法查證。

凱許曼和歐戴爾一直到十一月底都還在協商，洋基隊預計想要在冬季會議期間達成協議；這項年度盛會將會在當年的十二月五日星期一於聖地牙哥市的曼徹斯特君悅酒店（Manchester Grand Hyatt）展開。

當天早上凱許曼抵達聖地牙哥並在酒店登記入住時，他並不知道賈吉會選擇洋基隊還是巨人隊，他很有信心洋基隊的合約條件非常有競爭力，但是不管是他還是任何其他的洋基隊人員都不知道賈吉心裏到底有什麼想法。

一連好幾個讓球隊擔心的後續發展卻在當天下午就開始報到，很快就讓大家的情緒緊繃了起來，甚至還有人起了想要放棄的念頭。

首先是大聯盟官網（MLB.com）的洋基隊記者布萊恩．霍克在推特上發布消息，說賈吉第二天就會來到冬季會議會場。

看起來這似乎表示洋基隊和賈吉已經接近要達成協議了，所以接下來是不是就會宣布要開記者會了？

但是凱許曼在星期一晚間回答記者提問時卻否定了這個說法，他說洋基隊並沒有約定要和賈

74 TMZ是美國的名人八卦新聞網站，經常派遣狗仔隊在好萊塢影城區域或各大餐廳飯店突襲拍攝名人，並隨機作出簡短提問，後來也接受一般民眾提供爆料影片，並由工作人員後製之後在其網站及電視頻道上播放。

吉會面，也對賈吉的行程計畫一無所知。

這聽起來就不妙了，感覺好像是洋基隊已經被排除在外；在這個簽約最關鍵的時刻，他們卻像是局外人一樣，完全不知道賈吉人在何處，或是有些什麼行程。

當天晚上總教練布恩和幾位洋基隊的高階主管在聖地牙哥君悅酒店的酒吧喝著紅酒，一邊爭論著霍克的報導是否正確，凱許曼則把自己關在房間裏繼續工作。

其中一位球隊高層人士說，有人當天晚上在坦帕市的職業美式足球NFL比賽中，看到賈吉在和坦帕灣海盜隊（Tampa Bay Buccaneers）的四分衛湯姆．布雷迪聊天。

「不然他要怎樣，看完比賽就坐紅眼班機連夜飛來聖地牙哥？」那名高層人士說。

「他不會來啦！」另一位球隊高層人士說，他的語氣上揚帶著希望，但並不確定。

有人建議布恩應該直接傳訊息問賈吉，他立刻拿起了手機，但是馬上想到當時坦帕市的時間已經是清晨三點鐘了。

「對，還是別了，」坐在他旁邊的人說，「那樣感覺有點太緊迫盯人了。」

沒多久之後他們就解散了，但是每個人心裏的不確定感卻在持續滋長；到了早上一切又變得更糟；《時代雜誌》（*Time Magazine*）以封面故事宣布賈吉被他們選為年度最佳運動員，文章中作者尚恩．葛雷格瑞（Sean Gregory）所記錄下來的一段話深深震撼了洋基隊。

「事實上，從高中時就與他相戀的妻子珊曼莎．布拉克希克（Samantha Bracksieck）提醒了他一段他在二〇一〇年還是林登高中（Linden High School）準畢業生時所作的預言，『我說，十年之後我們會是夫妻，』賈吉說，『而且我會是舊金山巨人隊的一員，』賈吉微笑著繼續，『那時我就想，這千萬別被洩漏出去。』」

會是……舊金山……巨人隊……的一員？

老天爺，就在賈吉很可能要做出決定的一天，一早醒來居然要看到這樣的報導。

洋基隊的高層人士從來沒有在任何合約協商期間遇上過這樣的文章內容，這是一種宣布賈吉即將要和舊金山巨人隊簽約的策略手法嗎？（結果並不是，事實上這是一篇賈吉在球季一結束之後就進行的訪問，對於文章在這麼敏感的一天被刊登出來，他也覺得非常不高興。）

這是球隊人員第一次開始內部討論，思考是否賈吉已經不想要再成為洋基人了，或許他並不想要在紐約面對那些伴隨天價合約而來的巨大壓力，所以想要在相對安靜一些的故鄉加州結束他的職業生涯？

就在洋基隊的領導高層還在調整他們的心理狀態時，《紐約郵報》棒球專欄作家以及《大聯盟棒球網》消息人士喬恩・海曼（Jon Heyman）在推特上的一則推文似乎為他們最恐懼的一件事敲下了結論。

「阿森・賈吉（Arson Judge）看起來是要去巨人隊了，」海曼在太平洋時間下午兩點二十分發文，但是卻把賈吉的名字給拼錯了，這也讓這整件事在這最緊張的時刻顯得更加荒謬。

在樓上洋基隊的套房裏，凱許曼和他的副手們陷入了一片寂靜，有幾個人把臉埋進了雙手之中。

他們還沒有收到賈吉或是歐戴爾的通知說他們已經出局，但是海曼是棒球界最頂尖的消息靈通人士之一。

鄰近不遠是總教練布恩的房間，他正踏出浴室換上衣服，準備去參加一場早已規畫好的媒體會談；他從衣櫥裏拉出了一件灰白相間的格子西裝外套和藍色襯衫，同時也注意到電話上一整串來自親友和記者們的訊息，告訴他賈吉和巨人隊之間的事。

「這是怎麼回事？」他回覆了其中一則訊息。

在收到回覆之前，布恩撥了電話給凱許曼問了同樣的問題。

「沒事，」凱許曼說，因為他剛剛收到歐戴爾的通知，說賈吉還沒有做出決定。

在洋基隊的套房裏，球探和球隊高層人員開始轉移注意力到其他的工作項目上，企圖讓自己分心，但是整個房間裏就像是場葬禮，除了打字聲之外就是偶然傳來的嘆息聲，每個人都像被洩了氣一般空虛。

七分鐘之後海曼收回了他的爆料並為其道歉，他說巨人隊並沒有收到賈吉的通知；套房裏的氣氛好了一點，但是整個團隊還是擔心無風不起浪，而且他們還是不知道賈吉人在哪裏，這個狀況對即將簽約的選手來說很不尋常。

有些在旅館裏的記者在網路上注意到，當天稍早有一架從坦帕市起飛的私人飛機預計將會在太平洋時間下午四點多抵達聖地牙哥；當時沒有任何洋基隊的人員知道這件事，但是亞倫和珊曼莎確實就在這架飛機上。

到了聖地牙哥的晚餐時間，仍然沒有人知道賈吉在哪裏；有兩位洋基隊的高層人士走過旅館大廳，他們的肩膀下垂，嘴角也抬不起來。

我看到他們就上前問道，「你們還好吧？」

「唉，你知道的，」其中一位高層人士說，他聳了聳肩，然後快步離開，大概是悶悶不樂的吃飯去了。

然而就在此時，正當整個棒球界都在推測洋基隊和巨人隊之間的競爭到底鹿死誰手時，賈吉卻正在聖地牙哥和教士隊會面。

「什麼？」當天稍晚一位洋基隊高層人員在我收到消息並轉而告知的時候瞪大了雙眼說。

教士隊這支後來居上的意外訪客對賈吉提出了超過四億美元的合約，而當時洋基隊開出的合約條件則仍然是八年三億兩千萬美元。

「那天晚上太瘋狂了，」第二年春天賈吉告訴我說，「我去看了星期一晚上的職業美式足球，看海盜隊的比賽，然後經紀人打電話來告訴我說，『聽好，這是教士隊開出的條件，我們得送你上飛機了。』」

時間從夜晚進入凌晨，部分洋基隊的高層人士把自己投入工作之中藉此分心，其他的則用葡萄酒來達到同樣的效果。

曼徹斯特君悅酒店有兩個酒吧，洋基隊前一晚聚會的那一個在大廳，另一個比較隱密一點的則是在四十樓。

就在四十樓的酒吧，有些洋基隊的工作人員陷入低矮的沙發裏，開始評估在賈吉確定離隊之後的應變計劃是什麼；是想辦法簽下當時市場上剩下最好的自由球員、游擊手卡洛斯．柯瑞亞（Carlos Correa）並繼續拚世界冠軍，還是退一步重整球團，讓新人和潛力新秀上來頂一兩年？

第二個選項頗為誘人，但是卻完全無法配合上合約三億兩千四百萬美元、而且下個球季就要滿三十三歲的王牌投手格瑞特．寇爾；也許洋基隊可以簽下中外野手布蘭登．尼莫（Brandon Nimmo），然後補進越多投手越好？

在那一刻，洋基隊的未來就是那麼難以預料，那些原來只是假設的情境和後續發展現在看起來都像是必須詳加考慮的選項。

凱許曼沒有參加這個聚會，他不想在公開場合被人看到當賈吉宣布加入另一支球隊的時候，他的手上正拿著酒，已經夠生氣的洋基隊球迷們會怎麼想？於是他留在了房間裏，他和歐戴爾通了話，也透過手機訊息連絡上了賈吉。

布恩則和四十樓的那群人在一起，幾小時前在晚餐時所討論過的問題又浮上檯面，他問同事們他是否應該撥電話給賈吉。

前任芝加哥小熊隊總經理，現在在洋基隊工作、同時也是凱許曼好友的吉姆·亨德利（Jim Hendry）聲音粗啞，一陣討論中就是他的聲音最大。

「搞什麼鬼，打給他啦！」亨德利說，「去他媽的直接打給他啦！你是他媽的洋基隊總教練！難道你想要明天一早醒來發現他和別的球隊簽約，才來後悔沒打電話給他嗎？」

布恩原本就已經決定要這麼做，於是他悄悄走出了酒吧，沿著走廊往男廁所的方向走去，他找到了一個安靜的角落按下號碼，賈吉接起了電話。

布恩告訴賈吉說自己有多麼感謝他，也希望他能夠歸隊，他建議賈吉能和史坦布瑞納聯絡；沒過多久，正在義大利度假的史坦布瑞納就開始和賈吉透過手機傳遞訊息，大概到了太平洋時間凌晨三點鐘，他們開始通話。

「怎麼樣可以讓你和家人開心？」史坦布瑞納問，「你想要當一個洋基人嗎？」

賈吉說他想要留下來（終於說清楚了！），但是他需要史坦布瑞納把合約長度延長到九年。洋基隊把合約提高到九年三億六千萬美元，凱許曼、史坦布瑞納、賈吉，還有歐戴爾一起釐清了所有的細節；他們在凌晨三點半達成共識，賈吉也通知了球隊上的幾個隊友，然後就和珊曼莎飛往夏威夷度假去了。

布恩和整個悶悶不樂的團隊在凌晨一點之後就離開了酒吧，不到五個小時之後，他們就被因為看到新聞而不斷傳來的電話聲和手機訊息聲給叫醒。

布恩拿起電話打給了凱許曼。

「這是真的嗎？」他問道。

一切都是真的，整個洋基球團終於可以鬆一口氣了，他們保住了看板明星，一個在行銷上有如魯斯、迪馬喬、曼托還有基特一樣的看板明星；就這麼有驚無險，他們維持住了紐約洋基隊頂級豪門的強悍形象。

# 33 最後要解決的一件小事：「這真的值得嗎？」

二〇二二年休賽季洋基隊還有另外一件事要處理，這件事未必會是什麼頭條新聞，但是重要性卻不亞於和賈吉續約，那就是凱許曼的合約會在十月三十一日到期，他和海爾・史坦布瑞納必須決定他們還要不要繼續合作下去。

在美國聯盟冠軍系列賽敗給休士頓之後，球迷和專欄作家對於凱許曼以及洋基隊的批評比起過去更加激烈，十月二十四日的《紐約郵報》特別引起了洋基隊的注意。

當天報紙上刊載了資深棒球作家喬・謝爾曼的專欄，標題是「寧可錯殺一百，這支洋基隊根本不夠力。」

一開始的引言就毫不留情。

「每一件事都要拿出來檢討，」謝爾曼寫道，「海爾・史坦布瑞納不能只是說說那些耳熟能詳的廢話，什麼沒有達到終極目標、很遺憾讓球迷失望，還有承諾會加倍努力奪回第二十八座冠軍之類的，然後等到大家冷卻下來，又繼續讓幾乎是同樣的一批人回來做同樣的事。」

這看起來就像是在呼籲洋基球團要對球隊高層做出改變，甚至不惜要求要換掉球隊長期的領導者。

同一版的報紙上還有專欄作家伊恩．歐康諾（Ian O'Connor）的文章，標題是「海爾．史坦布瑞納真好運，洋基隊再爛都開除不了他。」

「這些花錢進場的觀眾在保羅．歐尼爾和德瑞克．基特的儀式上都用噓聲招呼史坦布瑞納，他們都受夠了洋基隊說什麼自己心甘情願在十月份接受檢視，結果卻一直在十月份失敗回家，」歐康諾寫道，「這些球迷受夠了這支球隊把時間都花在找藉口上，而沒有多花精力去找改進的方法。」

「他們已經受夠了海爾．史坦布瑞納的領導。」

凱許曼對海爾的忠誠度讓他覺得自己必須挺身而出，他一度考慮過自己是不是應該引咎辭職，免得老闆會因為與他續約而受到更多的批評。

在洋基隊的辦公室裏，大家看著休士頓太空人隊打進世界大賽到最後贏得冠軍，那幾個星期就像是在被酷刑折磨一樣。

「群眾的反應就像是張開了血盆大口，」珍．艾芙特曼說，「而媒體就不斷的往裏面餵食，那些喊著要布萊恩下臺的人，他們心裏未必真的那麼想，但是那就是寫給大家看的，大家就是想看到那些。」

大多數的球迷和記者都認為凱許曼的回歸就是個例行公事，他自己也已經有超過十年以上沒有真正想過要離開球隊，但是與凱許曼親近的友人都知道，沒有什麼事是確定的。

「我覺得他對於球迷和媒體的反應感到很不安，也很焦慮，」艾芙特曼說，「我覺得他確實有想過，『這真的值得嗎？』」

在以實習生的身分踏進洋基隊三十六年之後，在接手了總經理之位二十五年之後，凱許曼會覺得他的洋基生涯可能要結束了嗎？

「我不知道，」凱許曼說，「我真的不知道會發生什麼事，我沒有把目光瞄準在什麼地方，我唯一想著的就是『順其自然』。」

「我喜歡這份工作，但是這些劇烈的反應……我們其實打得很好，只是沒有贏得冠軍而已，這種事本來就不能強求，你知道的，但是我們明明就表現得很好，外界的這些負面批評確實讓我有一點措手不及。」

凱許曼透露，以替球隊招募高階主管聞名的經營管理顧問公司光輝國際（Korn Ferry）曾經派出代表與他聯絡，而他也同意配合，但是他特別強調他並沒有主動洽詢對方，而是被對方徵詢的對象。

「有人和我聯繫，」凱許曼說，「有一個中間人存在，但是我們沒有繼續下去，我們談了很多，像是到底有沒有可能離隊之類的，很多很多。」

如果凱許曼是在為另一位老闆做事，那他可能就走了，但是現在他仍然對這個版本的史坦布瑞納所建立起的職場文化相當滿意。

「他和海爾的關係非常好，我不認為他會想要把海爾丟在這個困境裏一走了之，」艾芙特曼說，「我覺得海爾的長處之一就是他喜歡延續性；以前大家常常開喬治的玩笑說他比較適合一個星期只有一場比賽的美式足球，因為棒球你不能因為單獨一場比賽就要死要活的，海爾和棒球就是個完美的絕配，他理解一百六十二場比賽的球季，不會因為一場比賽就跳上跳下的。」

我問海爾．史坦布瑞納說，在二〇二二年球季結束後他是否曾經擔心凱許曼會離隊，他回答時先列舉了他最欽佩凱許曼的一些特質。

「小凱他非常聰明，」史坦布瑞納說，「他是一個很好的領導者，他會聆聽部屬的意見，也不介意別人的意見與他不同，而且就和我一樣，他取得了很好的平衡；他理解棒球不光只是要派球探出去看職業球員，也不光只是資訊分析而已，而是兩者都要兼具。」

「現在被重視的是生物力學、效能科學，我們會分析每一筆交易，每一位可能簽下的自由球員，盡量用最兼顧各個面向的方式去看；在這方面他和我站在同一陣線，我們的關係很好，我們彼此之間的溝通也順暢無礙。」

「我從不認為他會不想回來，因為我們偶爾會討論到這些事，他熱愛紐約，他熱愛當一個洋基人，他的家人也熱愛紐約；所以我沒有，我沒有擔心過，但是雖然話是這樣說，我也不知道會怎麼樣。」

簡短沉浸在季後賽又一次敗戰的失望情緒，以及外界嚴厲批評所引起的防禦心態之後，凱許曼就把自己又投入在工作之中。

他照常在洋基球場舉行了年度記者會，他和亞倫・賈吉的團隊展開合約協商，然後十一月他到拉斯維加斯（Las Vegas）去參加了總經理會議。

凱許曼在沒有新合約的狀態下仍然繼續工作，現在已經五十五歲的他，就像是回到了十九歲時那樣，雖然一切都是未知數，但是他是一個洋基人，這份連結非常牢固。

就像他在稍後不久說的，「我到現在還是沒有決定我長大以後到底要做什麼。」

十二月五日洋基隊宣布他們與凱許曼簽下了一份新的四年合約，球團裏很多朋友都猜測這會是他的最後一份合約；二〇二三年某一天當我在凱許曼的辦公室問到他這件事時，他卻只是輕輕的聳了聳肩。

幾個星期之後，我在洋基隊進行打擊練習的時候，在球員休息室又更直接的問了他一次，他說，「我一直都是這樣看的，我不知道幾年之後、或是十年之後會發生什麼事，說不定這份合約還沒走完我就被趕走了。」

考慮到海爾・史坦布瑞納有多麼重視延續性，洋基隊的下一個領導者很可能由內部產生；凱文・瑞斯就被認為是球團裏面最有可能的接班人，如果凱許曼真的被解雇了，或是當他自己決定把自己踢到樓上去當一個顧問的話，瑞斯就會被他推薦給史坦布瑞納。

瑞斯是一個大聯盟職棒生涯僅僅只有二〇〇五年和二〇〇六年在洋基隊打了十二場比賽的退役外野手，退休之後他加入了比利・艾普勒所掌管的職業球員球探部，然後接下了艾普勒的位置，成為洋基隊的職業球員球探長。

二〇二三年時瑞斯負責球隊的球員培育部門，那是上一個世代的比爾・利弗賽曾經立下最多功績的角色，由於他曾經身為球員的經驗，以及他對資訊分析和新穎科技所抱持的開放態度，他完全就是凱許曼心目中最欽佩的、文武雙全的全能人才，就像吉恩・麥寇爾和提姆・納林一樣；也許有一天總經理的職位會由瑞斯來接手，但是也有可能凱許曼對工作的沉迷會一絲不減的再延續個十年。

洋基隊以新聞稿在二〇二二年宣布了與凱許曼續約的消息，同時也列舉了許多足以讓他被選入名人堂的成就：五度帶領球隊拿下冠軍，比起歷史上任何球隊都多的連續三十一個球季勝率超過五成（其中二十六個球季擔任總經理）等等；但是獨獨遺漏了最讓洋基隊球迷抓狂，也一直折磨著凱許曼的一點，那就是他們還想要再拿到一次冠軍，然後再一次，然後還要再一次。

這種渴望到了二〇二三年球季結束之後還是沒能得到滿足，洋基隊距離終極目標又更遠了；由於選手的傷勢以及不如預期的表現，這支從球季開打就直指世界冠軍的球隊最後只拿到了八十二勝八十敗的戰績，連季後賽都沒能打進。

失望感讓球迷和媒體更加強了對凱許曼的批評火力，特別是對於他一連串未見成效的交易補強；二〇二一年他和德州遊騎兵隊交易換來外野手喬伊．蓋洛（Joey Gallo），性格敏感的蓋洛顯然無法承受紐約所給予的巨大壓力；二〇二二年他交易換來了奧克蘭運動家隊的王牌投手法蘭奇．蒙塔斯（Frankie Montas），結果蒙塔斯因為肩膀受傷幾乎有整整一年半無法投球；球季結束之後他又以六年一億六千兩百萬美元的合約簽下自由球員投手卡洛斯．羅登，結果羅登一整年因為傷勢的影響，戰績只有三勝八敗和六點八五的投手防禦率。

為了他自己的心理健康，凱許曼試著盡量少看推特和報紙，而掛在他洋基球場辦公室牆上、多年來一直播放著運動節目的電視，現在也被轉到了CNN有線電視新聞網；他知道成天因為這些並不公允的評論而怒火中燒只會影響他的工作表現，他大幅降低了與記者們互動的頻率，也很少回覆他們的電話。

然而傳到他耳裏的訊息已經夠多了，他的部屬和家人常常轉給他看，這些都讓他更加感到挫折；凱許曼以他的戰績紀錄為榮，但是更加為他的部屬們感到驕傲，他覺得麥可．費許曼、提姆．納林等人都被責罵得過度了。

前一年凱許曼說服了曾經在多年之前協助建立起洋基王朝的舊金山巨人隊傳奇主管布萊恩．塞比恩重新回歸洋基隊擔任顧問，他也雇用了多年好友、頗受推崇的球探、也是前大都會隊總經理的歐瑪．米那亞；他對於棒球事務部門在專業知識上的多元性感到滿意，他也對主動出擊保護他的部屬感到鬥志高昂。

二〇二三年總經理會議自十一月六日展開，地點是和二〇一九年休士頓太空人隊作弊醜聞被揭發時一樣、位在亞利桑那州史考茲戴爾市的歐姆尼渡假村（Omni Resort）；二〇二三年會議的第二天，大聯盟要求所有美國聯盟的總經理們都要參加一場媒體見面會。

就算以亞利桑那州的標準來說，那也是一個炙熱的星期，破紀錄的高溫達到華式八十多甚至九十多度（大約攝氏二十六度到接近三十八度），就在許多記者和球隊主管們汗流浹背的時候，凱許曼穿著一件粉紅色的襯衫、臉上戴著太陽眼鏡，和他的媒體主管傑森．齊洛一起走了進來；媒體很快的在戶外石板地庭園的棕梠樹之間簇擁了上來，凱許曼告訴齊洛說他可能要口無遮攔一下，把長期積壓在心裏的話全都丟出來。

幾乎從一開始場面就非常火爆，這種場合通常都是枯燥平淡的官樣文章，說說要增加先發投手或是自由球員外野手之類的，但是凱許曼一連丟出了好幾個「狗屁」，這在筆記本和攝影機之前是很少見的；他大聲和發問的人爭論，然後繼十年前要艾力克斯．羅德里奎茲「他媽的閉嘴」之後，凱許曼又再度丟出了一句高階主管最出名的髒話。

「我們有很多優秀的人才，」凱許曼說，「我以我們的團隊為榮，我也以我們努力的過程為榮，這不表示我們全面運作得有多順暢，也不表示我們就是最好最棒的，但是我認為我們真他媽的棒，我個人非常以我們的團隊為榮。」

以一個正式的棒球新聞記者會來說，這絕對不是常態，凱許曼和媒體的唇槍舌劍一共歷時六十七分鐘，而當齊洛宣布時間已到必須結束時，凱許曼甚至覺得驚訝，這對他來說像是靈魂出竅一樣，時間一下子就過去了。

當天晚上凱許曼和球隊同事們聚餐，然後就回房睡了，但是他最高階的四個參謀：塞比恩、納林、米那亞，以及前小熊隊總經理吉姆．亨德利一起去了旅館的酒吧，並且向彼此表達了對凱許曼為他們辯解的感謝；他們提到個性內斂的費許曼已經忠心追隨凱許曼接近二十年了，凱許曼肯定是因為他才想要挺身一戰。

這群凱許曼的好友們也對他感到同情，他們知道他依然熱愛領導棒球事務部門，也熱愛自己身為一個洋基人，但是這些對他部屬和他個人成就持續不斷的攻擊，已經讓他對這一切失去了樂趣。

在那之後，兩位贏得過冠軍的總經理和一位記者坐在酒吧的另一個角落裏啜飲著紅酒，他們列舉出了最近幾位他們認為會被選進名人堂的球隊高層人員：凱許曼；塞比恩；資深馬林魚隊、老虎隊、紅襪隊以及費城人隊棒球總管大衛．唐布勞斯基；還有西歐．艾普斯汀。

這份名單或許很準確，但是對凱許曼和洋基隊球迷來說一點意義都沒有；追求完美的代價，就是要不斷的面對失望和沮喪，只有偶爾才會得到一點滿足感。

塞比恩曾經說過的，這比賽是個怪獸，你可以把牠壓倒在地，但是牠總是會再爬起來把你打碎，偏偏不知道為什麼，你就是想要再繼續下去。

珍·艾芙特曼說的比較簡潔。

「我覺得，布萊恩認為他還可以帶領洋基隊做到更多。」

# 感謝

布萊恩・凱許曼和負責他媒體關係的左右手傑森・齊洛在我第一次提起要寫這本書的時候都不太感興趣，如果說他們曾經希望我忘記這件事再也不去提起，我一點也不會意外。

但是說到底，他們兩位從一開始的語帶保留，到後來都相當大方的給了我許多時間和權限，這一點我衷心感激；凱許曼接受了多年、多次、而且高頻率的訪問，齊洛則幫助我在球團的各個階層找到訪問對象，他們兩位都是非常忙碌的人，我非常感謝他們所投入的時間。

其實每一個人都很忙，所以不管是誰同意接受深入訪問都會讓我感動不已，感謝每一個消息來源，不管你們是否同意具名受訪。

以下幾位付出了大量的時間，也提供了他們獨特的眼光、回憶以及意見，我想要特別提出來感謝他們：珍・艾芙特曼、比利・艾普勒、提姆・納林、巴克・休瓦特、比爾・利弗賽，還有提姆・布朗（Tim Brown），謝謝你們願意接下那些看起來像是永遠不會停止的電話和訊息。

謝謝麥可・馬格利斯（Michael Margolis）、凱特琳・布瑞南（Kaitlyn Brennan），以及洋基隊公關部門員工們每天所提供的協助。

謝謝克里斯・卡爾林（Chris Carlin）多年來的友誼以及對我堅定不移的支持。

研究助理瓦昆・提安家（Joaquin Tianga）和亨利・馬丁諾（Henry Martino）以及負責事實查核的喬治・翰恩（George Henn），謝謝你們三位。

CAA創新藝人經紀公司的布萊恩・賈克伯斯（Brian Jacobs）和艾斯特・紐伯格（Esther Newberg），以及雙日出版社（Doubleday）的傑森・考夫曼引領我進入了寫書的領域，讓我美夢成真。

SNY紐約運動網的史提夫・拉伯（Steve Raab）、布萊德・寇摩（Brad Como）、麥特・當恩（Matt Dunn），以及阿瑪拉・格勞斯基（Amara Grautski）在我寫書的時候給了我支持與信任；大衛・曼戴爾（Dave Mandel）、傑拉德・吉奧佛歐（Gerard Guilfoyle）、道格・威廉斯（Doug Williams）、沙奧・利卡塔（Sal Licata），以及《紐約棒球夜》（Baseball Night in New York）的整個製播團隊則創造了一個讓每一天都既有趣又有意義的工作環境。

戴爾及凱莉・歐提斯（Dael and Kelly Oates）在這整個過程中展現出興致、給了我支持、也一直讓我覺得有趣；潔西・拉瑟（Jesse Rosser）和華納・瓦達（Warner Wada）借給我一個位在海邊的住處，讓我完成了這本書的一大部分，以及另外兩本書。

露比・拉瑟（Ruby Rosser）在辛苦上班工作之外還辛苦整理我們的家務，才讓我有足夠的空間完成這本書。

前面提到過的亨利・馬丁諾，他對棒球快速發展的興趣激起了我寫這本書的意願。

薇奧拉・馬丁諾（Violet Martino）在我寫這本書時是一位非常有趣的小嬰兒。

我在寫到比利・馬丁時常常想起我過世的祖父雷蒙・馬丁諾（Raymond Martino），他偶爾會毫無憑據的堅持說馬丁是他的表親；從湯尼・拉澤里（Tony Lazzeri）、喬・迪馬喬、尤吉・貝拉，一直到菲爾・里祖托，洋基隊在許多第一代和第二代義大利裔美國人心目中占有著一個非常特殊的位置，這本書也因此對我意義深重。

我的父母姬妮和雷・馬丁諾（Jeannie and Ray Martino），他們教會我怎麼當一個好配偶、一個好家長、一個專業人士，以及一個世界的成員；除此之外就沒有什麼別的了。

# 參考資料

## 書籍

Appel, Marty. *Pinstripe Empire*. New York: Bloomsbury, 2012.

Creamer, Robert. *Babe: The Legend Comes to Life.* New York: Simon & Schuster, 1974.

Curry, Jack. *The 1998 Yankees: The Inside Story of the Greatest Baseball Team Ever*, New York: Twelve, 2023.

Feinsand, Mark, and Bryan Hoch. *Mission 27: A New Boss, a New Ballpark, and One Last Ring for the Yankees' Core Four*. Chicago: Triumph, 2019.

Geivett, Bill. *Do. You Want to Work in Baseball?* New Jersey: BookBaby, 2017.

Hoch, Bryan. *62: Aaron Judge, the New York Yankees, and the Pursuit of Greatness*. New York: Atria).2023.

Klapisch, Bob and Solotaroff, Paul. *Inside The Empire: The True Power Behind the New York Yankees*. New York: Mariner Books, 2019.

Levitt, Daniel R. *Ed Barrow: The Bulldog Who Built the Yankees' First Dynasty*. Lincoln: University of Nebraska Press, 2008.

Lewis, Michael. *Moneyball*. New York: W. W. Norton, 2003.

Madden, Bill. *Steinbrenner: The Last Lion of Baseball.* New York: Harper, 2010.

Madden, Bill, and Moss Klein. *Damned Yankees: Chaos, Confusion, and Craziness in the Steinbrenner Era.* Chicago: Triumph Books, 1990.

Mann, Jack. *The Decline and Fall of the New York Yankees.* New York: Simon & Schuster, 1967.

O'Connor, Ian. *The Captain.* New York: Mariner, 2012.

Olney, Buster. *The Last Night of the Yankee Dynasty: The Game, the Team, and the Cost of Greatness.* New York: Ecco, 2004.

Pennington, Bill. *Billy Martin: Baseball's Flawed Genius.* New York: Mariner Books, 2016.

——. *Chumps to Champs: How the Worst Teams in Yankees History Led to the Dynasty.* New York: Mariner, 2019.

Roberts, Selena. *A-Rod: The Many Lives of Alex Rodriguez.* New York: Harper, 2009.

Sherman, Joel. *Birth of a Dynasty: Behind the Pinstripes with the 1996 Yankees.* New York: Rodale, 2006.

Torre, Joe. *Chasing the Dream: My Lifelong Journey to the World Series.* With Tom Verducci. New York: Bantam, 1997.

Torre, Joe, and Tom Verducci. *The Yankee Years.* New York: Doubleday, 2009.

## 文章

Anderson, Dave. "Sports of the Times; The Yankees Stick Is Standing Tall." *New York Times*, Aug. 30, 1981.

Armour, Mark. "The CBS Era Yankees." 2018. National Pastime Museum. thenationalpastimemuseum.com.

——. "Lee McPhail." Sabr.org, Asher, Mark. "Yanks' New GM Got Good Jump at Catholic." *Washington Post*, Feb. 4, 1998.

Bradley, Jeff. "Don Mattingly Reaches Postseason for First Time as Yankees Clinch Wild Card." *New York Daily News*, Sept. 30, 1995.

Chass, Murray. "Yanks Dismiss Michael After Losing Doubleheader." *New York Times*, Aug. 4, 1982.

——. "Yanks Fire 3 Top Minor League Officials." *New York Times*, Sept. 20, 1995.

Curry, Jack. "Baseball; Yankees Trade Roberto Kelly to Reds for O'Neill." *New York Times,* Nov. 4, 1992.

——. "Hal Steinbrenner Becomes Yankees Boss." *New York Times*, Nov. 20, 2008.

Fast, Mike. "What the Heck Is Pitchf/x?" In *Hardball Times Baseball Annual*, 2010 (Skokie, Ill.: Acta Sports, 2009).

Gregory, Sean. "Aaron Judge: Athlete of the Year." *Time*, Dec. 6, 2022.

Harness Racing Museum and Hall of Fame. "Frederick L. Van Lennep." harnessmuseum.com.

Kepner, Tyler. "Swindal Divorce Shakes Up Yankee Hierarchy." *New York Times*, March 29, 2007.

Kirschenbaum, Jerry. "Freddie Is Setting the Pace." *Sports Illustrated*, April 9, 1973.

Leiber, Jill. "Will the Boss Behave Himself?" *Sports Illustrated*, March 1, 1993.

Lewiston *Sun Journal*. "Standout Maine Coach Killed in Auto Crash." Nov. 17, 1979.

Lindbergh, Ben. "Moneyball with Money: How Billy Beane and Brian Cashman Became Friends, Won Games, and Influenced People." *Ringer*, April 21, 2021.

Lupica, Mike. "When Don Mattingly Recaptured Donnie Baseball in 1995: 'I Was Me Again.'" MLB.com, Feb..9, 2022. mlb.com.

Marchand, Andrew. "Will Jean Afterman Be Baseball's First Female GM? The Sport Should Be So Lucky." ESPNNewYork.com, April 12, 2017. espn.com.

Martinez, Michael. “No Regrets for Thrift.” *New York Times*, Sept. 24, 1998.

Matthews, Wallace..“Rough Seas Ahead for Captain, Yanks?” ESPNNewYork .com, Nov. 17, 2010. espn.com.

McCaffrey, Jen. “We’re Not Going to Be Pushed Around Anymore: Oral History of the A-Rod/Jason Varitek Fight.” *Athletic*, July 19, 2019.

McCarron, Anthony. “Randy Levine Says Wearing Pinstripes Aided Derek Jeter; Captain Free to Test Free Agent Waters.” New York *Daily News*, Nov. 18, 2010.

Nelson, John. “The Punch: Martin’s Victim Tells His Side of the Story.” *Beaver County Times*, Oct. 31, 1979.

O’Connor, Ian. “How to Survive 22 Years as Yankees GM? Brian Cashman Can Thank His Hall of Fame Father.” ESPN, Sept. 25, 2019. espn.com.

Olney, Buster. “How the Yankees Inked Aaron Judge: Inside a Wild 24 Hours in San Diego.” ESPN, Dec. 14, 2022. espn.com.

——. “No Need for a Foe When A-Rod Is a Friend.” *New York Times*, March 3, 2001.

——. “Yankees Subtract a Star but Add a Legend.” *New York Times*, Feb. 19, 1999.

Parker, Kathy. “End of an Era: Pompano Park.” Harness Racing Fan Zone, May 31, 2022.

Price, S. L. “Brian Cashman: Yankees GM Is an Iconic and Fearless Figure.” SI.com, Aug. 25, 2015.

Reid, Tony. “Billy Martin Killed in Fiery Crash.” *Washington Post*, Dec. 26, 1989.

Sherman, Joel. “George Steinbrenner’s Obsession with Dave Winfield Changed Yankees Forever.” *New York Post*, June 2, 2020.

——. “Yankees Prepared to Brush Jeter Back.” *New York Post*, Nov. 17, 2010.

Shusterman, Jordan. "Yankees GM Brian Cashman Revisits His College Days at HOF Induction." Foxsports.com, April 11, 2022.

Spence, Harlan. "Paul O'Neill and the Trade That Changed Everything." Pinstripe Alley, Aug. 8, 2014. pinstripealley.com.

Unruh, Jacob. "Meet Dick Groch, the Scout Who Signed Derek Jeter." *Oklahoman*, June 27, 2015.

Wagner, James. "Meet the Biggest Prankster in Baseball: Yankees GM Brian Cashman." *New York Times*, Sept. 29, 2020.

Withers, Tom. "Steinbrenner Names Michael GM in His Final Hours." UPI, Aug. 20, 1990.

## 電視節目

*The Captain*. Directed by Randy Wilkins. ESPN Films, 2022.

*The Deal*. Directed by Colin Barnicle. ESPN Films, 2014.

*Four Days in October*. Directed by Gary Waksman. ESPN Films and MLB Productions, 2010.

*60 Minutes*. CBS. Jan. 12, 2014.

入魂 36

# 洋基之道

## 布萊恩・凱許曼打造棒球王朝的經營革命

## The Yankee Way: The Untold Inside Story of the Brian Cashman Era


作者　安迪・馬提諾（Andy Martino）
譯者　文生大叔

**堡壘文化有限公司**
總編輯　簡欣彥
副總編輯　簡伯儒
責任編輯　簡伯儒
行銷企劃　黃怡婷
封面設計　萬勝安
內頁構成　李秀菊

出版　堡壘文化有限公司
發行　遠足文化事業股份有限公司（讀書共和國出版集團）
地址　231新北市新店區民權路108-3號8樓
電話　02-22181417
傳真　02-22188057
Email　service@bookrep.com.tw
郵撥帳號　19504465 遠足文化事業股份有限公司
客服專線　0800-221-029
網址　http://www.bookrep.com.tw
法律顧問　華洋法律事務所　蘇文生律師
印製　韋懋實業有限公司
初版1刷　2025年5月
定價　新臺幣 600 元
ISBN　978-626-7506-99-8
eISBN　978-626-7506-98-1 (PDF)
eISBN　978-626-7506-97-4 (ePub)





國家圖書館出版品預行編目（CIP）資料

洋基之道：布萊恩・凱許曼打造棒球王朝的經營革命／安迪・馬提諾（Andy Martino）著；文生大叔譯. -- 初版. -- 新北市：堡壘文化有限公司出版：遠足文化事業股份有限公司發行, 2025.05
面；　公分. --（入魂；36）
譯自：The Yankee way : the untold inside story of the Brian Cashman era.
ISBN 978-626-7506-99-8（平裝）

1.CST: 凱許曼(Cashman, Brian, 1967-)　2.CST: 職業棒球
3.CST: 經理人　4.CST: 傳記　5.CST: 美國

785.28　　114005171